本书得到北京信息科技大学2016年度教学改革项目"大
（项目编号：2016JGYB23）资助

U0592860

大学生
职业导航

COLLEGE STUDENT CAREER
NAVIGATION

梁栩凌/廉串德/韩　圣/等　编著

经济管理出版社

ECONOMY & MANAGEMENT PUBLISHING HOUSE

图书在版编目（CIP）数据

大学生职业导航/梁栩凌等编著. —北京：经济管理出版社，2019.1

ISBN 978-7-5096-6398-1

Ⅰ.①大…　Ⅱ.①梁…　Ⅲ.①大学生—职业选择　Ⅳ.①G647.38

中国版本图书馆 CIP 数据核字（2018）第 028009 号

组稿编辑：杨　雪

责任编辑：杨　雪　潘艳芳

责任印制：黄章平

责任校对：董杉珊

出版发行：经济管理出版社

　　　　　（北京市海淀区北蜂窝 8 号中雅大厦 A 座 11 层　100038）

网　　址：www. E-mp. com. cn

电　　话：（010）51915602

印　　刷：三河市延风印装有限公司

经　　销：新华书店

开　　本：720mm×1000mm /16

印　　张：15.5

字　　数：279 千字

版　　次：2019 年 8 月第 1 版　　2019 年 8 月第 1 次印刷

书　　号：ISBN 978-7-5096-6398-1

定　　价：56.00 元

CONTENTS

上 篇

理论篇

第一章

职业导航概述

第一节　职业导航基本概念

一、职业

1. 职业含义及分类

职业是参与社会分工,利用专门的知识和技能,为社会创造物质财富和精神财富,获取合理报酬,作为物质生活来源,并满足精神需求的工作。社会分工是职业分类的依据,在分工体系的每一个环节上,劳动对象、劳动工具以及劳动的支出形式都各有特殊性,这种特殊性决定了各种职业之间的区别。按照职业间的区别,可以把职业分为不同类别。

依据就业者付出劳动的性质来分类,可以分成脑力劳动职业和体力劳动职业。依据对专门知识和技术所需要的程度来分类,可以分成专门职业和非专门职业或一般职业。从职业指导的角度,又可分成现实型职业、研究型职业、艺术型职业、社会型职业、企业型职业以及常规型职业六类。目前,我国采用《中华人民共和国职业分类大典》的分类标准,把我国职业划分为由大到小、由粗到细的四个层次:大类(8个)、中类(66个)、小类(413个)、细类(1838个)。细类为最小类别,亦即职业。

2. 职业特征

(1)职业的社会性。职业是人类在劳动过程中的分工现象,它体现的是劳动力与劳动资料之间的结合关系,其实也体现出劳动者之间的关系,劳动产品的交换体现的是不同职业之间的劳动交换关系。这种劳动过程中结成的人与人的关系无疑是社会性的，他们之间的劳动交换反映的是不同职业之间的等价关系，这反映了职业活动、职业劳动成果的社会属性。

（2）职业的规范性。职业的规范性应该包含两层含义：一是指职业内部的操作规范性，二是指职业道德的规范性。不同的职业在其劳动过程中都有一定的操作规范性，这是保证职业活动的专业性要求。当不同职业在对外展现其服务时，还存在一个伦理范畴的规范性，即职业道德。这两种规范性构成了职业规范的内涵与外延。

（3）职业的功利性。职业的功利性也叫职业的经济性，是指职业作为人们赖以谋生的手段在劳动过程中所具有的逐利性一面。职业活动既满足职业者自己的需要，同时也满足社会的需要，只有把职业的个人功利性与社会功利性结合起来，职业活动及其职业生涯才具有生命力和意义。

（4）职业的技术性和时代性。职业的技术性指不同的职业具有不同的技术要求，每一种职业往往都表现出相应的技术要求。职业的时代性指由于科学技术的变化，人们生活方式、习惯等因素的变化，导致职业打上那个时代的"烙印"。

二、职业生涯规划

1. 职业生涯规划含义及分类

职业生涯规划，是指个人发展与组织发展相结合，对决定一个人职业生涯的主客观因素进行分析、总结和测定，确定一个人的事业奋斗目标，并选择实现这一事业目标的职业，编制相应的工作、教育和培训的行动计划，对每一步骤的时间、顺序和方向做出合理的安排。

职业生涯规划可以划分为短期规划、中期规划和长期规划。短期规划为五年以内的规划，主要是确定当下的职业目标，规划完成的任务。中期规划为五年至十年的规划，它既是长期规划的具体化，又是短期规划的依据。长期规划为十年以上的规划，主要设定较长远的目标。

2. 职业生涯规划的特性

（1）可行性。规划要有事实依据，并非是美好幻想或不着边的梦想，否则将会错失职业生涯良机。

（2）适时性。规划是预测未来的行动，确定将来的目标，因此，各项主要活动何时实施、何时完成，都应有时间和时序上的妥善安排，以作为检查行动的依据。

（3）适应性。规划未来的职业生涯目标，牵涉到多种可变因素，因此，规划应有弹性，以增加其适应性。

（4）连续性。人生每个发展阶段应能持续、连贯地衔接。

3. 影响个人职业生涯规划的因素

（1）个人因素。影响职业生涯规划的个人因素包括责任心、自信心、自我认识、自我调节等。责任心指个人对自己和他人、对家庭和集体、对国家和社会所负责任的认知、情感和信念，以及相应的遵守规范、承担责任和履行义务的自觉态度、关注和投入。自信心是一种反映个体对自己是否有能力成功地完成某项活动的信任程度的心理特性，是一种积极、有效的表达自我的意识特征和心理状态，也称为信心。自我认识是自我意识的认知成分，它是自我意识的首要成分，也是自我调节控制的心理基础。自我调节是个体认知发展从不平衡到平衡状态的一种动力机制。

（2）家庭因素。家庭是人生活的重要场所，一个人的家庭也是造就其素质从而影响职业生涯的主要因素之一。一般父母对自己的子女会有一种期望，这种期望在人的幼年时期留下印象，并随时间的推移而强化，较高的期望会有激励作用。父母所从事的工作职业是人们观察社会工作职业的开始，父母对自己的职业认同与否，对自己将来是否愿意从事这种职业有很大的影响。

（3）社会因素。社会是人才得以活动及发挥才干的舞台，也是影响人们成长与成功的重要条件和因素。社会的政治经济形势、涉及人们职业权利方面的管理体制、社会文化与习俗以及职业的社会体系等社会因素决定着社会职业岗位的数量与结构，决定着社会职业岗位出现的随机性与波动性，从而决定着人们对不同职业的认定和步入职业生涯、调整职业生涯的决策。

4. 职业生涯规划的作用

（1）职业生涯规划有助于确定职业发展目标。通过分析，认识自己、了解自己，估计自己的能力、智慧以及性格，找出自己的特点，明确自己的优势，正确设定自己的职业发展目标，并制订行动计划，使自己的才能得到充分发挥，以实现职业发展目标。

（2）职业生涯规划有助于引导个人发挥潜能，提升竞争力。职业生涯规划有助于个人集中精力，全神贯注于自身优势，有助于发挥个人潜力，最终实现成功的目标。

（3）职业生涯规划有助于增强发展的目的性和计划性，提升成功的机会。职业生涯发展要有计划、有目的，不可盲目地"撞大运"。很多时候我们的职业生涯受挫就是由于职业规划没有做好。好的计划是成功的开始，古语讲，凡事"预则立，不预则废"就是这个道理。

三、职业导航

1. 导航概述

导航原用于航天、定位等工科领域，近几年，导航应用领域不断扩展，如旅游、公安、地震预测、气象预报等。那么，导航是否可以应用到职业领域呢？导航的基本功能是：我要去哪里？我现在在哪里？如何去？两者在功能上和逻辑上是相符的。从形象意义上描述，人生职业发展的过程，正似海上航行的航船，也如飞行在天宇中的航天器，需要规划与导航，否则将迷失方向，"如果不知道将要去向何方，结果通常是哪儿也去不了"。因此，对职业进行导航也是必不可少的，可以帮助大学生找到正确的求职之路。

职业导航的方向是突破定向、单向的思维模式，多方位调动学生的思维模式和接受多样化的思维方式。作为导航，关键是拓宽学生思路，进而培养其信心，让他们认识到自己潜在的发展空间；在动态指导过程中给予他们动态支持，让他们吸取他人经验，在获得经验的同时认同自己，并对日后的职业规划产生潜移默化的影响。

2. 职业导航内涵

职业导航是指个体在职业期望与职业价值观自我评价的探索动机的推动下，对自我和获得职业发展相关的环境因素进行分析、探索与自我导航，并形成一定专业技能、获得相应职业认知和情感反馈的过程，其最终目的是实现职业生涯的自我发展和整合。在这一阶段，个体会考虑自身的兴趣、价值观、工作偏好等因素，接受必要的教育或培训，并从伙伴、朋友和家庭成员那里搜集关于未来职务、职业生涯及职业的必要信息。对大学生群体来说，大学生职业导航是指以科学发展为统揽，坚持以人为本，运用职业生涯规划理论和技术更好地引导大学生自主自动地志存高远、刻苦学习、勤奋钻研、积极实践，不断实现人生理想与追求，自觉地把自己培养成为德、智、体、美全面发展的社会主义建设者和接班人。

第二节　职业导航基本内容

根据影响职业导航的个人、工作、社会、家庭和发展情况等因素，职业导航主要包括以下五部分内容：个人素质分析、职业信息分析、社会环境分析、家庭环境分析、职业发展路径分析。

一、个人素质分析

个人素质分析是分析现有工作人员的受教育程度及所受的培训状况。一般而言，受教育与培训程度的高低可显示工作知识和工作能力的高低，任何企业都希望能提高工作人员的素质，以期望人员能对组织做出更大的贡献。但事实上，个人受教育程度与培训程度的高低，应以满足工作需要为前提。因而，为了达到适才适用的目的，个人素质必须和企业的工作现状相匹配。个人素质分析可使用自我评价的方法，从价值观、兴趣爱好、能力特点、行为风格进行分析。

1. 价值观——最看重什么

例如，最看中人的良知，喜欢善良、诚实、稳健的人，不喜欢为利益而不惜一切的人；最看中人的本身才能，不喜欢表面哗众取宠、实质无能之辈；最看中人对工作及事物的态度，喜欢积极、有所追求的人，不喜欢对世事充满消极态度、没有上进心、没有责任的人。

2. 兴趣爱好——喜欢干什么

（1）个人性格。如既有外向的一面，又有内向的一面。外向时，只要有什么活动，大概都会参加；内向时，可以让人忽略他的存在。根据外向、内向和关注人、关注事可以把人分为四个类型，如图1-1所示，分别是支配型、影响型、安定型和分析型，不同类型的人具有不同的性格。

图1-1　兴趣爱好分析

支配型表示和直接、高要求、好竞争的行为风格有关。高度支配型的个人希望能够掌控整个状况，并且无时无刻都想要下命令和指挥解决方法。此形态的人们重视结果和效率。他们想尽快达到目标，但却不重视其他人的感受。

影响型是描述外向社会化行为的 DISC 因子。具有高度影响型的人们开放、友善又合群。他们喜欢与人为伍，而且在任何社交场合都感到自在和自信。高度影响型的人们特别容易被他人的注意力和赞美所激励，并且时常希冀成为众人目光的焦点。

安定型是 DISC 四项因子当中的第三个因子。它和耐心、毅力，以及同情的特质有关。安定型的个人既热情又优雅，但缺乏社交自信。他们喜欢与他人为伍，但大多扮演的是倾听者而非讲话者的角色。高度安定型行为的最重要元素是需要时间，他们的用词都经过缜密的思考，所采取的动作也一定是三思而后行的。

分析型是第四个，也是最后一项 DISC 因子。它和以理性镇定的态度面对人生有关。高度分析型的个人对事实和细节感兴趣，倾向以实际且长期的方式看待事情。他们很少会有情绪化或冲动的行为，它们比较喜欢有计划的行动，而且他们会把所有已知的可能性都考虑进去。

（2）个人兴趣。如喜欢踢足球和打篮球；喜欢小说、漫画；喜欢侦探、传记、人文类书籍，对言情类很不屑；喜欢一个人散步；喜欢写东西；等等。

3. 能力特点——能够干什么

（1）善于领导、决策；

（2）善于计划，有长远的眼光、有开拓精神；

（3）善于具体问题具体分析，实战性较强；

（4）善于事物的实际操作和应用；

（5）动手能力比较强；

（6）善于将无形的东西用有形的东西来描绘；

（7）善于口头表达、分析推理、资料整理。

4. 行为风格——适合干什么

（1）性格取向分析。性格双向，视具体事情而定。适合谈判类的工作。

（2）社交能力分析。爱交朋友，善于沟通、善良，偶尔与同学做一些思想工作营造氛围。在社交活动中通常扮演的是"领导者"，同时制造氛围。适合领导类的工作。

（3）思想能力分析。思想较为独立有主见，对事物有自己的看法和见解。同时，喜欢听取各方不同意见，不容易受外界影响。想法和处世比较客观、全面，有稍许虚荣心，希望有舞台、有掌声。适合教师、决策者类的工作。

（4）创新能力分析。喜欢做有创造性的事情，平时通过做一些有挑战性的事情锻炼自己的创造性思维，喜欢通过模仿而创造出更加优秀的事物，不喜欢按禁锢的模式亦步亦趋。适合设计类的工作。

（5）对待事物细心程度分析。对于每件事非常专注与细心，不喜欢做事拖拖拉拉。喜欢有挑战的事物，压力与动力成正比，善于在逆境中完成目标。对于所在意的事物观察很敏锐，可以注意到每一个细节。适合精细的机械类工作。

（6）规划总结能力分析。善于制订合理的计划，捕捉计划中不可实施的漏洞，善于总结规律，对自己感兴趣的事物有极强的好奇心，具有较强的逻辑分析能力，善于梳理复杂问题。适合研究、创新类的工作。

二、职业信息分析

1. 职业信息概念、作用

"信息"是当代社会使用频率很高的一个概念，我们也常说这是一个信息的时代。通常我们把信息理解为消息、情报、指令、数据以及信号等一切可传递和交换的知识和内容，它通过书刊报纸、广播电视以及网络媒体等传播，而这里的职业信息是与职业、就业有关的消息和情况，主要内容包含宏观信息和微观信息。

伴随着现代新的技术革新尤其是全球通信和互联网络的发展，职业信息对职业指导的基础性作用表现得尤其重要。在职业指导过程中，向求职者、劳动者提供相应的职业信息，以及与各方面交换职业信息，帮助职业指导对象制定决策等，都决定着职业指导人员需要对各种职业信息进行采集与处理。职业指导提供相应的信息，可以帮助个人了解社会对不同职业角色的具体要求，培养职业角色意识，了解企业文化、价值、经验和规范，确定职业理想，增强个人的社会适应能力，有利于个人的社会化、有利于树立正确的职业观、有利于个人做出明智的职业选择、有利于身心的健康和个人的发展。

2. 宏观信息分析

宏观信息一般指大的背景信息，即有关就业的背景资料、政策规定与就业形势等。例如，全国以及求职者所在地区的经济形势、人才供求行情、产业结构格局以及国家在该地区实施的就业政策制度，具体包括毕业生所关心的医疗、保险、户口、档案等方面的政策法规，还有大学生就业、创业的优惠政策等。

了解宏观职业信息，对大学生整体把握就业趋势至关重要。通过分析近些年的就业形势，获取有关就业政策、人才市场行情，尤其是国家对大学生就业的鼓励和优惠政策，可以让大学生从宏观上把握自己的就业方向，知道哪些行业景气、哪些行业国家重点扶持等，有助于帮助大学生做出正确的职业分析。

3. 微观信息分析

微观信息一般指具体的岗位信息和培训信息。岗位信息包括招聘单位的情况（单位的经营范围、管理规模、人事制度以及在同行中的竞争力情况等）和应聘岗位的要求（具体岗位的性质、任务、工作环境、条件以及对应聘人选的技能要求）。只有充分了解了岗位信息，才能客观分析这份工作是否适合自己。如果适合才能更好地在面试官面前展现自己的优势，提高自己的求职命中率。

同样，在毕业生中，部分学生选择通过培训考试进而升学或者找到很好的工作，所以培训考试信息也是毕业生不能忽略的。此外，一些择业指导书、择业技巧、择业方法的视频也可作为择业的参考信息，也属于微观职业信息的范畴。充分掌握上述微观职业信息，对大学生来说，可以为职业规划做出具体的计划，有助于落实职业规划，把计划落到实处。

三、社会环境分析

所谓社会环境分析，就是对我们所处的社会的政治、经济、文化等宏观环境因素的分析。社会环境对我们个人职业生涯发展有着重大影响，通过对社会环境的分析，可以更好地寻求各种职业发展的机会及道路。

（1）政治环境分析。主要包括政治制度与体制、政府的态度等。政治环境的好坏影响着宏观经济形势，从而也会影响就业状况。国内政局安定，必然促进经济繁荣。人民安居乐业，市场需求增长，必然促进就业的发展。因此，政治稳定对个人职业生涯发展道路是有利的。和平稳定的社会，能够创造稳定的就业环境，给予人更多的就业机会，能够促进激发个人潜力，创造更多的成长机会。

（2）经济环境分析。构成经济环境的关键战略要素：GDP、利率水平、财政货币政策、通货膨胀、失业率水平、居民可支配收入水平、汇率、能源供给成本、市场机制、市场需求等。经济环境的局势对就业也会产生影响。从时间来看，经济发展景气时，就业环境较好，提供岗位较多；经济发展低迷时，就业环境较差，岗位饱和，就业困难。从空间来看，在经济发展水平较高的地区，企业相对集中，优秀企业较多，个人职业选择的机会就比较多，因而有利于个人职业的发展；相反，在经济落后的地区，个人职业选择的机会相对较少，个人职业发展也会受到限制。

（3）文化环境分析。社会文化是影响人们行为、欲望的基本因素，它主要包括民族特征、文化传统、价值观、宗教信仰、教育水平、社会文化设施、风俗习惯等。良好的社会文化有利于提供良好的就业环境，也能提升求职者素质。在良好的社会文化环境中，人们更可能受到良好的教育，学习优秀的文化传统，培养正确的价值观，从而为职业发展打下更好的基础。

总的来说，中国现在正处于最好的历史发展时期，虽然社会上还有一些没有解决的矛盾，但是政治上相对稳定，法治化进程已经开始；经济发展迅速，市场经济步入正轨；文化环境良好；社会上充满各种人才发展的机遇。通过分析和了解影响职业的社会环境因素，有助于我们制定正确的职业生涯规划，使自己在变化的社会环境中不断进步。

四、家庭环境分析

家庭环境分析指的是对家庭软、硬环境的分析。家庭软环境，是指笼罩着特定场合的特殊气氛或氛围，它诉诸人的内在情绪和感受，对人起着潜移默化的作用，是家庭生活中人与人之间相互联系时所形成的一种气氛。家庭硬环境，是指特定的物质条件，它是人得以发展的基础条件。每个人从出生伊始就受到家庭环境的影响，这种影响是多方面且深远的，往往一个好的家庭环境能够影响人的一生。

（1）软环境。主要指分析家庭的心理道德环境。作为家庭环境的核心，它是人类社会化发展的"温床"。它对家庭成员之间的良好关系、父母的道德水平、对孩子的教育方式、人的自我概念的发展、师生关系、行为问题等均有较大影响。当今社会的主题是和谐，讲求的是人与自然、人与人以及人与社会的和谐，而家庭软环境就是和谐中分出的一个大的课题。以人为本的观念，以和谐为主题的生活，家庭软环境的协调性是最重要的。只有家庭软环境良好，才能为个人的就业提供良好的家庭支持，有了家庭支持和鼓励，就业的成功率就会有所提升。

（2）硬环境。主要指家庭中可以用量化指标来评判和衡量的环境因素，比如家庭的成员结构、资源分配、生活方式等。良好的家庭硬环境无疑有利于学生的成长，而成长不良的学生的家庭硬环境均存在家庭结构缺陷、家庭资源的配置不合理、父母的道德文化水平低下和职业状况较为不良等情况。这些不良的家庭硬环境严重影响着他们的道德修养、学习习惯与行为方式等，从而导致学生品行不佳。这些硬环境是很难改变的，一旦形成就会影响个人的心理和性格，进而对就业产生影响。

五、职业发展路径分析

职业发展路径概括地说就是每个人都有从自己现在和未来的工作中得到成长、发展和获得满足的强烈愿望和要求，以及为了能够在职业生涯中顺利成长和发展，从而制定自己成长和发展的职业计划的过程。个人的职业发展能否圆满成功，主要取决于设立的目标是否恰当。确定个人发展目标应结合下列六个步骤。一是进行客观的自我评价。主要是对个人做出一个全面的分析，内容包括发展需求、兴趣、素质、能力与缺陷等。二是分析企业及社会环境因素。在设立长期或短期目标时，应注重企业的环境及当前的社会因素。三是结合自身岗位选择发展路径。根据自身岗位及技能选择合适的发展路径，在原有的基础上进行深造将事半功倍。四是设立阶段性的目标，是指不可好高骛远，应结合由近及远的方法，逐步设立目标。五是接受公司建议。虽然设立的目标是个人的发展，但也应服从企业的发展方向，尽量与企业目标相协调。六是合理地调整及修正目标。目标设立之后并非必须保持不变，可结合完成情况与社会因素，进行科学的调整。

此外，企业也要根据内部的需要以及员工的发展请求，积极鼓励员工朝专、精的职务发展，并提供一定的学习培训课程，在企业中为不同专业的不同人才提供平等的升值机会，为员工的职业发展提供良好的空间与帮助。为了培养更多的复合型人才，鼓励员工深化个人爱好及特长，企业可采取员工在不同路径中的职业发展进行转化的策略。只要员工的相应专业能力满足岗位的要求，且综合素质及能力较强，也符合其他路径的岗位层次的基本要求，那么便可以按照动态岗位的管理方式及岗位的职务层次管理条例，举行竞选考核，合格之后方可进行岗位的转化，最终实现职业发展路径的相互转化。

第三节　职业导航的价值

近年来，我国实施科教兴国战略和可持续发展战略，国家对高等教育事业的发展十分重视。但目前我国高等教育仍然存在着很多弊端，这些弊端导致了毕业生知识面狭窄、专业单一、适应性差、后劲不足，严重影响了学生的生存能力、创造能力和良好道德品质的形成，严重影响了学生综合素质的提高和高校人才培养的质量。大学生作为我国人才的主力军，需要借助职业生涯规划，尽早地认识自我、发展自我、完善自我，培养个人的素质和修养，设计一生的事业发展路径。因此，只有了解职业导航对大学生和对社会的价值，方能在思想上足够重视。

一、职业导航对大学生的价值

职业生涯导航是大学生实现个人全面发展的需要。职业生涯在人生中占有重要的时间比例。低层次的需求——衣、食、住、行等方面的需求，要通过职业生涯获取合理的报酬来满足。高层次的需求也需要通过职业生涯来实现，因为只有在职业生涯中多为社会创造物质财富和精神财富，多为社会做贡献，才能获得别人的尊重，才能实现自身价值。因此，职业生涯导航能够促进人不断提升自我素质、实现自身价值的升华，促使人们追求拥有健康的生理体质、健全的人格、丰富的知识、多方面的能力、良好的人际关系和丰富多彩的人生活动体系的全新生活方式，实现人的全面发展。

职业生涯导航有利于实现大学生人生策划的最佳定位。职业导航的五大要素是知己、知彼、抉择、目标和行动。其中，知己、知彼是抉择、目标、行动的基础。知己是对自己的了解，包括个人的兴趣、能力、价值观、个性、性向、职业锚以及父母的管教态度、学校与社会教育对个人产生的影响。知彼是探索外在的世界，包括行业的特性、所需的能力、就业渠道、工作内容、工作发展前景、行业的薪资待遇等。知己是了解自己本身的特性，知彼是了解工作舞台的特性，两者具有密切关系，俗话说，"知己知彼，百战不殆"。职业生涯导航的主要任务就是使自我分析与职业分析达到平衡，以实现自己人生策划的最佳定位。

职业生涯导航是大学生职业成功的有效路径。著名管理学专家诺斯威尔对职业生涯规划的内涵是这样界定的：个人结合自身情况以及眼前的制约因素为自己实现职业目标而确定行动的方向、时间和方案。这里说的个人职业规划指的是在了解自我的基础上确定适合自己的职业方向和目标，并制定相应的计划，为个人走向职业成功提供最有效的路径，也就是我们常说的如何把"我想做的事情"与"我能做的事情"有机地结合起来，在社会的需求下如何实现的问题。

面对严峻的就业形势，为自己未来的职业发展着想，大学生们有必要按照职业生涯导航理论加强对自身的认识与了解，找出自己感兴趣的领域，确定自己能干的工作及优势所在，明确切入社会的起点及提供辅助支持、后续支援的方式，从而寻求自己职业成功的有效路径。

二、职业导航对社会的价值

职业生涯导航可以为员工提供平等的就业机会，对促进企业持续发展具有重要意义。职业生涯导航考虑了不同员工的特点和需要，并据此设计不同的职业发展途径和道路，有利于不同类型员工在职业生活中扬长避短。在职业生涯导航中，年龄、学历、性别的差异不是歧视，而是不同的发展方向和途径，这就为员工在组织中提供了更为平等的就业和发展机会。因此，职业生涯导航的深入实施，有利于组织人力资源水平的稳定和提高。

职业生涯导航有利于人尽其才，避免人力资源的浪费。个人所制定的事业发展目标和职业生涯计划的实现，除了个人的努力外，还需要组织创造条件。因此，作为组织，应该了解每个人的气质、性格、能力、兴趣、价值观和理想等，特别要了解每个人职业发展的计划和设想，从而为他们创造实现事业目标的环境和条件。这样才能为社会和组织做出更大的贡献。同时，与薪水、奖金、待遇、地位和荣誉的单纯激励相比，切实针对员工深层次职业需要的职业生涯导航具有更有效的激励作用，能进一步开发人力资源的职业价值。

第四节　职业导航的发展历史

一、西方的职业生涯导航

西方职业生涯导航最早起源于 1908 年的美国。西方工业革命后，传统大学教育培养的大学生在就业方面出现了一系列的问题，西方高校开始对大学生进行职业辅导，美国波士顿大学教授帕鑫斯（F. Parsons）提出了"选择一项职业"要比"找一份工作"更重要的理念，并提出了职业辅导的步骤。

1908 年，有"职业指导之父"之称的帕森斯针对大量年轻人失业的情况，成立了波士顿职业指导局，迈出了职业辅导活动体系化的第一步。从此，职业指导开始系统化，在随后的几十年中，心理测验的蓬勃发展促进了职业指导的扩展。当时的职业指导主要关注人职匹配，内容以测评和提供职业资讯为主。到 20 世纪五六十年代，舒伯等提出"生涯"的概念，于是生涯导航不再局限于职业指导的层面。在舒伯的理论中，生涯导航更加注重职业对人的意义。该理论认为，一个完美的人生，未必仅仅依赖于职业角色的完美，更多地依赖非职业角色也能使人生有更多自我实现的可能性。

二、我国的职业生涯导航

职业生涯导航学说于 20 世纪 90 年代中期从欧美国家传入中国，并获得一定的发展。国内在职业生涯导航教育领域出现了两个较大的流派：一派是以心理学背景为主的学院派，侧重于从心理学角度讲授职业生涯导航课程，注重个人人格心理完善和长远的生涯发展；另一派是以企业人力资源管理经验背景为主的实务派，侧重于从人力资源管理角度开设职业生涯导航讲座，强调求职技巧，以帮助学生找到工作为目标。

学院派的代表主要是高校。目前，高校开设的职业生涯导航教育主要借鉴的是西方职业生涯规划理论与工具，缺乏中国本土化的生涯规划理论与实践经验。在职业生涯导航教育时更多地强调了竞争意识、职场取胜的方法、满足自我需要的手段与途径，而忽视了仁爱、责任、担当、感恩、厚德、忠义等中国传统文化思想。由此造成了中国高校的职业生涯导航教育缺乏"灵魂"，失去了活力，甚至出现了一些职业生涯导航课堂学生大量逃课的现象。

同时，由于高校职业生涯导航的师资不足，理论研究不够深入，对职业生涯导航的认识出现了一定偏差，把职业生涯导航仅定义为"找工作"这样的狭窄范围。甚至更有人认为职业生涯导航不值得做，因为"计划赶不上变化"。在实践过程中，因为老师的专业背景不同，对职业生涯导航的教育也存在一定的偏差。比如，具有心理学专业背景的老师偏重心理学方面的指导，重在心理认知，更多地采用心理测量，把测量结果与相关职业进行简单对应；而具有就业指导背景的老师则把更多重点放在如何做简历，提高面试技巧，介绍社会用人需求和经济发展上，而忽视人内在的需求和差异，强调"先就业，后择业"的就业模式。由于在认识上和操作上存在误区直接影响到了高校开展职业生涯导航的教育课时、教育场地、教育投入以及教育效果等，这也成为高校职业生涯导航健康发展的瓶颈。

实务派的代表主要是企业。随着全球经济一体化进程的加快，国内与国际企业之间的竞争变得更加激烈，企业内部管理问题也不断暴露。企业如何科学地吸引人才、激励人才、留住人才、发展人才、提高员工的满意度和忠诚度成为解决问题的关键，而有效地开展员工职业生涯导航与管理活动，有利于帮助员工职业理想的形成，还可以帮助企业人力资源部门进行岗位指导，同时，可以帮助员工更好地发挥自身价值。因此，无论是企业的高层，还是企业的人力资源管理部门，都应该关注这一问题。然而，对于目前的人力资源管理现状而言，多数企业没有建立合理的员工职业生涯导航，对员工职业生涯的管理还停留在口头上，没有落实，这必将影响企业的发展和壮大。

第二章

职业生涯规划的基本理论

第一节　帕森斯的特质因素理论

一、理论背景

帕森斯特质因素理论产生于 20 世纪初的美国。当时的社会有大量移民涌入，同时大批农民进入城市，退役军人也加入到就业大军之中，毕业生离校后难寻工作。于是帕森斯创办了波士顿职业指导局，并建立了职业生涯咨询的特质因素理论。到了 20 世纪 30 年代，美国政府在明尼苏达大学设立了就业安定研究中心，先后由威廉森、罗圭斯特、戴维斯主持工作，发展完善了职业生涯规划辅导的特质因素理论，并形成了后来的明尼苏达职业辅导学派。

二、理论内容

帕森斯的特质因素理论又称帕森斯的人职匹配理论。特质因素论是最早的职业辅导理论，它是指在清楚认识、了解个人的主观条件和社会职业岗位需求条件的基础上，将主客观条件与社会职业岗位相对照和匹配，最后选择一个与个人匹配的职业。

1909 年，美国波士顿大学教授弗兰克·帕森斯（Frank Parsons）在其《选择一个职业》的著作中提出了人与职业相匹配是职业选择焦点的观点。他认为，每个人都有自己独特的人格模式，每种人格模式的个人都有其相适应的职业类型。该理论建立在差异心理学的基础上，认为所有的人在发展与成长方面都存在着差异，每个人都具有不同于别人的个性特点，即特性。这种特性与某种职业因素存在着相关。人的特性又是可以运用科学手段客观地测量的，职业因素也是可以分析的，职业指导就是要解决人的特性与职业因素相适应的问题，达到一种合理的匹配。可以说，特质因素理论进行职业指导是以对人的特性测评为基本前提。它提出了在职业决策中进行人职匹配的思想，奠定了人才测评理论的基础，至今仍然正确、有效，并影响着职业管理学、职业心理学的发展，推动了人才测评在职业选拔与指导中的运用和发展。

三、理论的实践应用

第一步是评价求职者的生理和心理特点（特性）。通过心理测量及其他测评手段，获得有关求职者的身体状况、能力倾向、兴趣爱好、气质与性格等方面的个人资料，并通过会谈、调查等方法获得有关求职者的家庭背景、学业成绩、工作经历等情况，并对这些资料进行评价。

第二步是分析各种职业对人的要求（因素），并向求职者提供有关的职业信息。包括：

● 职业的性质、工资待遇、工作条件以及晋升的可能性；

● 求职的最低条件，诸如学历要求、所需的专业训练、身体要求、年龄、各种能力以及其他心理特点的要求；

● 为准备就业而设置的教育课程计划，以及提供这种训练的教育机构、学习年限、入学资格和费用等；

● 就业机会。

第三步是人职匹配。指导人员在了解求职者的特性和职业的各项指标的基础上，帮助求职者进行比较分析，以便选择一种适合其个人特点又有可能得到并能在职业上取得成功的职业。

其中，应注意两个问题。首先，对个人特质和职业特点要有准确的认识，并尽可能详细地加以分析；其次，必须区分持久的与暂时的、关键的与次要的特质，重点匹配持久的和关键的特质，如：性格比兴趣更持久、天分比能力更持久、个人行事方式比知识更关键等。这样就能最大限度地发挥特质因素理论在职业生涯规划中的作用。

第二节 霍兰德的人格类型理论

一、理论背景

人格类型—职业匹配理论是美国约翰·霍普金斯大学心理学教授、著名的职业指导专家约翰·霍兰德（Holland）提出的，实质在于人格与职业的相互适应。[①]

20世纪60年代，霍兰德在帕森斯观点的基础上，结合当时的人格心理学概念，提出职业选择是个人人格在工作世界的表露和延伸，即人们在工作选择和经验中表达自己的个人兴趣和价值。他认为人的人格类型、兴趣与职业密切相关，兴趣是人们活动的巨大动力，凡具有使人产生兴趣的职业，都可以提高人们的积极性，促使人们积极地、愉快地从事该职业，而且职业兴趣与人格之间存在很高的相关性，每一特殊类型人格的人，都会对相应职业类型中的工作或学习感兴趣。

二、理论内容

在现实的文化中，霍兰德教授认为可以将人的人格分为六种类型：现实型、研究型、艺术型、社会型、企业型与传统型。

1. 现实型

人格特点：愿意使用工具从事操作性强的工作；动手能力强，做事手脚灵活，动作协调；不善言辞，不善交际。

职业类型：各类工程技术工作、农业工作；通常需要一定体力，需要运用工具或操作机械。

主要职业：工程师、技术员；机械操作、维修安装工人、木工、电工、鞋匠等；司机；测绘员、描图员；农民、牧民、渔民等。

2. 研究型

人格特点：抽象能力强，求知欲强，肯动脑筋，善思考，不愿动手；喜欢独立和富有创造性的工作；知识渊博，有学识才能，不善于领导他人。

职业类型：主要指科学研究和科学实验工作。

---

① 张澜．霍兰德职业人格与大学生职业选择新探［J］．人民论坛，2012（36）：175.

主要职业：自然科学和社会科学方面的研究人员、专家；化学、冶金、电子、无线电、电视、飞机等方面的工程师、技术人员；飞行驾驶员、计算机操作人员等。

3. 艺术型

人格特点：喜欢以各种艺术形式的创作来表现自己的才能，实现自身价值；具有特殊艺术才能和个性；乐于创造新颖的、与众不同的艺术成果、渴望表现自己的个性。

职业类型：主要指各种艺术创造工作。

主要职业：音乐、舞蹈、戏剧等方面的演员、艺术家、编导、教师；文学艺术方面的评论员；广播节目的主持人、编辑、作者；绘图、书法、摄影家；艺术、家具、珠宝、房屋装饰等行业的设计师等。

4. 社会型

人格特点：喜欢从事为他人服务和教育他人的工作；喜欢参与解决人们共同关心的社会问题，渴望发挥自己的社会作用；比较看重社会义务和社会道德。

职业类型：主要指各种直接为他人服务的工作，如医疗服务、教育服务、生活服务等。

主要职业：教师、保育员、行政人员；医护人员；衣食住行服务行业的经理、管理人员和服务人员；福利人员等。

5. 企业型

人格特点：精力充沛、自信、善交际，具有领导才能；喜欢竞争，敢冒风险；喜欢权力、地位和物质财富。

职业类型：主要指组织与影响他人共同完成组织目标的工作。

主要职业：企业家、政府官员、商人、行政部门和单位的领导者、管理者等。

6. 传统型

人格特点：喜欢按计划办事，习惯接受他人的智慧和领导，自己不谋求领导职位；不喜欢冒险和竞争；工作踏实、忠诚可靠，遵守纪律。

职业类型：主要指与各类文件档案、图书资料、统计报表之类相关的各类科室工作。

主要职业：会计、出纳、统计人员；打字员；办公室人员；秘书和文书；图书管理员；导游、外贸职员、保管员、邮递员、审计人员、人事职员等。

三、理论的实践应用

根据霍兰德人格类型理论，对于高校大学生来说，对其进行职业生涯辅导主要从以下四个步骤来展开。

1. 全面分析和评价自己——"知己"

大学生要根据自己的生理、心理特点对自我进行探索，包括了解个人的兴趣、能力、资源、智商、情商、对成功的标准及诉求、优势、劣势等。通过心理测量及其他测评手段，对自己身体状况、能力倾向、兴趣爱好、气质与性格、家庭背景、学业成绩、工作经历等方面的个人资料进行客观综合的评价。

2. 了解职业及职业环境——"知彼"

职业生涯规划还要充分了解相关环境，评估环境因素对自己职业生涯发展的影响，分析环境条件的特点、发展变化情况，把握环境因素的优势与劣势，了解本专业和本行业的地位、优势及发展趋势等。这时要多问问自己，社会需要什么样的人，什么样的行业和职业具有良好的发展前景，理想的职业需要具备什么能力与素质等。

3. 寻求个人与职业的最佳结合点——"人职匹配"

在了解自己与了解职业的基础之上，职业生涯规划的关键点就是实现人职匹配，即选择与个人人格类型相一致或相近的工作环境，这其中应该包含职业定位和实施策略的问题。根据霍兰德人格类型理论，大学生所追求或从事的最佳职业应该根据自己的人格类型与霍兰德六角形模式的一个顶点匹配的程度来确定，若不匹配，应该根据自己的人格类型，选择与之相邻的两个顶点之一类型的工作。如果你是属于研究型的人，你可以选择从事科学研究、教师、工程师等工作，也可以选择实践型的工作，如技术性、操作性的工作——仪器修理、建筑安装等，或者选择艺术型的工作，如作家、美术设计等，这些工作都与你的人格类型相一致；若条件不允许，可以退而求其次，选择从事传统型或者社会型的工作，如出纳、会计、行政助理、管理员、打字员等或者教师、辅导人员、公关、导游等，这些职业的工作环境与你的人格类型是相似的；但如果你选择了企业型工作环境的职业，如推销员、政治家、贸易商等，则不会太适合你，你的兴趣、特长以及这些职业对你的要求决定了你不会喜欢这些职业，在这些领域工作，要想取得成功也是不容易的。

4. 实践与校正

职业规划实际上是一个持续不断的探索过程，在这个过程中，每个人都根据自己的天资、能力、动机、需要、态度和价值观慢慢地形成较为明晰的与职业有关的自我概念。这就要求大学生在职业实践中做到三点：一是对自己重新进行再认识，以前对自己的评价是否过高了，或者是评价出了差错；

二是要重新认识职业，再次分析目前从事的职业是否为自己真正的兴趣所在；三是要勇敢地面对现实，毕竟现在的就业岗位还没有多到任由大学生自主选择的地步。若所从事的职业与自己的人格特质还未到绝对相斥的地步，实际上是可以通过加强学习、锻炼，调整心态，慢慢适应的，因为一个职业除了自己喜欢外，更要考虑社会需要和社会价值，个人价值必须通过社会价值来实现，职业目标也需要在职业实践中来进行校正。

第三节　罗伊的亲子影响理论

一、理论背景

罗伊（Anne Roe）是一位临床心理学家，她的人格理论约在 20 世纪 60 年代提出，她依据自己所从事的临床心理学经验及对各类杰出人物有关适应、创造、智力等特质的研究结果，综合了精神分析论、莫瑞的人格理论与马斯洛的需要层次论，形成了其人格发展理论。

二、理论内容

罗伊的理论试图说明遗传因素和儿童时期的经验对于未来职业行为的影响。罗伊认为，早年经验会增强或削弱个人高层次的需求，进而影响人的生涯发展。她特别强调早期经验对个体以后的择业行为有重大影响。罗伊的理论假设每一个人天生就有一种扩展心理能量的倾向，这种内在的倾向配合着个体不同的儿童时期的经验，塑造出个人需求满足的不同方式，而每一种方式对于生涯选择的行为都有不同的意义。

罗伊也认为需求满足的发展与个人早期的家庭气氛及成年后的职业选择有着密切的关系。如个体成长过程中，父母对他（她）是接纳的还是拒绝的，家中气氛是温暖的还是冷漠的，父母对（她）的行为是自由放任的还是保守严厉的，这些都会反映在个人所做的职业选择上。

三、理论的实践应用

罗伊认为，父母对个体早期的教养方式对其今后的职业选择有很大的影响。她把父母对孩子管教的态度按照"温暖"和"冷漠"两个方面，大致划分为三种类型。

第一种是"关心子女型"中的"过度保护型"父母，他们会毫无保留地满足子女的生理需求，却不见得能满足子女对爱与自尊的需求，即使这些需求都能得到满足，子女的行为也未必表现出对社会认可的行为。所以，在这种氛围下长大的子女，日后显示出较多的人际倾向，而且不是出自防御的心理机制。"过度要求型"的父母，对于子女需求的满足往往附加某些条件，也就是当子女表现出顺从的行为，或表现出父母认可的成就行为时，其生理需求或爱的需求才能得到满足，这种在父母的高标准、严要求下长大的孩子会变成完美主义者，他们会为表现得不够完美而焦虑，因而在做职业选择时较为困难。

第二种"逃避型"父母的教养态度下，无论是受到拒绝或忽视，儿童需求满足的经验都是痛苦的，即不论生理需求还是安全需求的满足都会有所欠缺，更谈不上高级需求的满足。所以，这类儿童日后会害怕和他人相处，宁可在自己的工作岗位上靠自己的努力满足自己的需求。

第三种"接纳型"家庭的氛围大体上是温暖的。在温暖、民主气氛下长大的孩子，各类层次的需求不会缺乏，长大之后也能做独立的选择。

总之，童年的经验与职业选择有极大的相关关系。每一个家庭对于子女的养育方式都不尽相同，养育方式上的差异，致使个人心理需求的满足方式与程度有层次上的出入。因此，父母的教养态度对孩子的职业选择有重要的影响力，应该让孩子从小去发展自己的能力倾向及职业兴趣，这样他们对终生的择业行为才有正确的观念及选择的能力，也愿意承担选择后的责任。

第四节　鲍丁的心理动力理论

一、理论背景

美国心理学家鲍丁（Bordin）、纳奇曼、施加等以弗洛伊德个性心理分析理论为基础，吸取了特质因素论和心理咨询理论的一些概念和技术，对职业团体进行了大量的研究，于20世纪60年代后期提出了一种强调个人内在动力和需要等动机因素在个人职业选择过程中的重要性的职业选择和职业指导理论，称之为"心理动力论"。

二、理论内容

心理动力论者认为，职业选择是个人综合快乐原则与现实原则的结果。个人在人格与冲动的引导下，通过升华作用，选择可以满足其需要与冲动的职业。职业指导的重点应着重"自我功能"的增强。若心理问题获得解决，则包括职业选择在内的日常生活问题也可顺利完成而不需再加指导。他们还认为，社会上所有职业都能归入以下范围的职业群：养育的、操作的、感觉的、探究的、流动的、抑制的、显示的、有节奏的运动等，并认为这一理论除了对那些由于文化水平和经济因素而无法自由选择的人之外，还适用于其他所有的人。

此外，心理动力论者依据传统精神分析学派的观点，探讨职业发展的过程，视工作为一种升华作用，而影响个体职业选择的动力来源则是个人早期经验所形成的适应体系、需要等人格结构。它们影响个人的能力、兴趣及态度的发展，进而左右其日后的职业选择与行为有效性。个人生命的前六年决定着他未来的需要模式，而这种需要模式的发展受制于家庭环境，成年后的职业选择就取决于早期形成的需要。如果缺少职业信息，职业期望可能因此受到挫折，在工作中会显示出一种婴儿期冲动的升华。若个人有自由选择的机会，则必将以自我喜欢的方式选择满足其需要而又免于焦虑的职业。

三、该理论的利弊

鲍丁的心理动力理论的优点在于其综合性，对个体需要的重视以及对自我探索的强调，强调职业资料的重要性，而该理论的不足是太重视个体早期经验，目标实现费时，偏向低层次的需求。

第五节　舒伯的生涯发展理论

一、理论背景

舒伯（1953）根据自己"生涯发展型研究"的结果，参照布勒（Bueller）的分类，将生涯发展阶段划分为成长、试探、决定、保持与衰退五个阶段，其中有三个阶段与金斯伯格的分类相近，只是年龄与内容稍有不同，舒伯增加了就业以及退休阶段的生涯发展。

二、理论内容

舒伯的职业生涯发展理论建立在一种生涯整合观念之上，强调的是主客观的互相作用，这种互相作用实际上系统地阐述了一种生涯发展的应然模式，并被视为一种独立的理论流派。要理解舒伯的生涯发展理论，就必须了解该理论所依赖的整合性观念。主要包括以下三个要点：①人是有差异的；②职业选择与适应是一个连续过程；③职业发展过程具有可塑性。舒伯在理论上的贡献主要有他的生涯发展阶段理论和生涯层面理论（又称生涯角色理论）。

1. 生涯发展阶段理论

成长阶段（出生至 14 岁）。这个阶段的特征是：人开始考虑自己的将来，逐渐具备一定的生活控制能力，获得胜任工作的基础，并且在该阶段末期，越来越意识到自身发展的重要性和关心长远的未来。

探索阶段（15~24 岁）。这个阶段是职业认同阶段，个人在这一时期里有了初步的职业选择范围，并且为之准备教育或者实践。

建立阶段（25~44 岁）。个体在这个阶段开始确定自己在整个生涯中应有的位置，并开始转换为家庭照顾者的角色。

维持阶段（45~65 岁）。个体已经找到了适合的领域，并努力保持在这个领域的成就。

衰退阶段（65 岁以后）。该阶段的重心逐步由工作向家庭和休闲转移。

2. 生涯层面理论

舒伯认为，人的一生是一个角色扮演和角色变换的过程，而角色的扮演和变换主要受生涯发展阶段的影响。他形象地将这种关系通过一个综合图形——"生涯彩虹图"来描绘，如图 2-1 所示。通过这个形象的图片，我们可以发现舒伯把人生分为三个层面：第一是时间层面，就是一个人的生命历程；第二是广度层面，就是一个人终其一生所扮演的各种不同角色；第三是深度层面，就是扮演每个角色时所投入的程度。这三者的结合，就是舒伯所理解的生涯，具体包括五个阶段：

（1）成长阶段（出生至 14 岁）。这一阶段的主要任务是：经由与家庭、学校中重要人物的认同，而发展出自我概念。此阶段的一个重点是身体与心理的成长。透过经验可以了解周围环境，尤其是工作世界，并以此作为试探选择的依据。

（2）探索阶段（15~24 岁）。这一阶段的主要任务有：自我概念与职业概念的形成、自我检视、角色尝试、学校中的职业探索、休闲活动与兼职工作。

（3）建立阶段（25~44 岁）。这一阶段的主要任务是：凭借尝试错误以确定前一阶段的职业选择与决定是否正确。若自觉决定正确，就会努力经营，打算在此领域久留。但也有一些专业的领域，还未尝试就已开始了建立阶段。

（4）维持阶段（45~64 岁）。主要任务是：守住这份工作，继续将它做

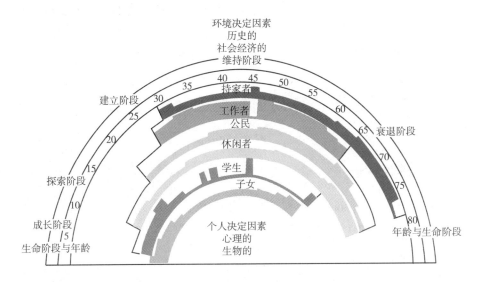

图 2-1　职业生涯彩虹图

资料来源：Super, D. E. Career education and the meaning of work ［M］. Washington DC：The office of career education（U. S. Office of education），1976.

好，并为退休做计划。

（5）衰退阶段（65 岁至死亡）。这一阶段的主要任务：在体力与心理能力逐渐衰退时，工作活动将改变，必须发展出新的角色，先是变成选择性的参与者，然后成为完全的观察者。

三、理论的实践应用

用舒伯的发展理论进行职业生涯方面的辅导要掌握好辅导策略、辅导措施及辅导方法。

根据舒伯的基本观念，生涯辅导工作首先需要了解个体的发展状况，通过生涯评估的方式，就个人的潜能与问题，进行综合而积极的分析。生涯发展理论特别强调，必须深入地了解每个人的发展状况，特别是对工作观念、生涯成熟程度以及自我观念等方面的内容，包括有关能力倾向与兴趣的资料，必须经过辅导人员与个体共同讨论后，才能作为辅导与咨询措施的依据。

通过以上的评估，咨询员可有针对性地对"选择不确定的人""生涯成熟度不够者""生涯成熟的人"采取不同的辅导措施。

在辅导过程中，辅导人员可利用"生涯自传""抉择日记""画生涯彩虹图"等方法，使个体回顾自己发展历程中的一些特殊经验，生活中重要人物的影响，个人的态度与感受，以及各个阶段所扮演的角色和个人目标间的差异，并对每一次的决定加以分析，以增进个体对自己发展历程的认识，引导他积极参与到解决问题及自己设计未来发展计划的行动中。

第六节　克朗伯兹的社会学习理论

一、理论背景

克朗伯兹（Krumbolt）汲取班杜拉的社会学习精华，兼顾心理与社会的影响作用，以期帮助面临职业生涯发展困惑的人群。

二、理论内容

克朗伯兹的社会学习理论认为，个体职业生涯发展的根本选择是由内在的因素和社会环境因素来共同决定的。主要包括四个因素：遗传因素和特殊的能力、环境状况和事件、学习经验、工作取向的技能。同时，这四个因素有交互作用，对个体职业生涯规划产生影响，其中个人成长经历中独特的学习经验尤为重要。

（1）遗传因素和特殊的能力。在某种程度上，个人遗传的一些特质会限制其对职业或学校教育选择的自由，如种族、性别等。个别特殊能力及由之产生的兴趣与技能，对个人未来职业规划等也有较大影响，如音乐能力、美术能力、动作协调能力等。

（2）环境状况和事件。许多来自外部环境，非个人所能控制的因素会影响个体职业生涯规划，如社会经济的发展影响工作机会的数量和性质；政府政策对不同职业的从业要求、不同职业的投资回报率、劳动法的变更修订等。

（3）学习经验。每个人独特的学习经验，都在其进行职业生涯决策时扮演着重要的角色。日常生活中，个体受到刺激与强化的类型、性质以及两者配合出现的时机常常影响个人职业生涯偏好和生涯技能发展。两种最简约的学习经验如下。①工具式学习经验。包含三个主要部分：一是前因，即包含环境状况和事件、个人在生活中遇到的刺激；二是内隐与外显的行为，指内在的认知和情绪反应和外在行动；三是后果，直接由行动所造成的影响，以及当个体体验到这些后果时的认知与情感反应。②联结式学习经验。某些环境的刺激会引起个人情绪上积极或消极的反应。如果原来属于中性的刺激与社会上使个体产生积极或消极情绪反应的刺激同时出现，这种伴随在一起的联结关系，会使中性的刺激也具有积极或消极的反应。

（4）工作取向的技能。个体内在的遗传因素和特殊能力，外在社会上各种影响因素以及不同的学习经验等，会以一种交互影响的方式使个人形成特有的职业技能取向，如解决问题的能力、职业价值观、情绪认知等。

三、理论的实践应用

本部分主要讨论克朗伯兹的社会学习理论对高职院校职业生涯规划课程内涵建设的启示。

1. 课程内涵建设应充分关注高职学生的群体特征

对遗传特质和个人特殊能力的关注是克朗伯兹深入发展职业生涯规划"特质取向"理论的体现，克朗伯兹把这种个人特质的分析划分为促进个人职业生涯选择的内因的一个方面，需要与其他方面结合起来进行生涯决策。

对于高职院校的课程设置而言更应关注高职学生的群体特点。高职学生在校学习的三年正处于个体职业生涯发展探索期中的转换期和试验期，在这期间，学生应进入就业市场或接受专业训练，将一般性的职业选择转换为特定的选择，然后初步确定职业选择并试探可行性，必要时要重复探索过程。

2. 课程内涵建设应紧密结合高职学生就业的劳动力市场需求

克朗伯兹认为，生涯的选择一方面是个人自主的选择结果，另一方面是受社会所提供的就业机会与要求的影响，即人选择职业，职业也选择人。所以职业生涯发展不仅要关注个体的特质，同时要研究外在环境的变化。

目前，在高职职业生涯教育的课程设置中缺少对高职毕业生就业市场的深入分析，毕业生调查报告分析更多地局限于就业率和就业薪酬的统计，忽略就业质量的研究，如专业对口率、毕业生就业率和企业用人满意度、个人职业发展愿景、社会企业对高职学生素质的要求等问题。对于高职学生而言，要把个人的职业发展与劳动力市场的变化和高职院校人才培养定位紧密结合起来。

3. 课程内涵建设应全面结合高职院校工学结合人才培养模式

克朗伯兹认为，个体学习经验对生涯规划、决策所需要的技能、心态均有着深远的影响。高职院校开展"工学结合"顶岗实习期间，学生的学习经验是促进学生个体职业生涯发展的良好契机，在职业生涯规划课程内容设置中应该全面结合起来，如新生入学初期加强职业意识启蒙，中期的顶岗实习阶段开展引导辅导，后期进行就业技巧培训等。

在职业生涯规划课程内涵建设中，不仅要结合高职学生的群体特点和劳动力市场的变化，促使学生掌握正确的规划方法，同时，应有效结合学习经验理论，在学生进行顶岗实习期间，对学生的认知及情绪进行正面的干预和影响，培养他们评估决策的能力，促进学生自主合理地开展自身的职业探索及决策。

第七节　金斯伯格的生涯发展阶段理论

一、理论背景

美国著名职业指导专家金斯伯格（Eli Ginzberg），对职业生涯的发展进行过长期研究，并对实践产生了广泛影响。1951 年，金斯伯格出版了《职业选择》一书，对青少年职业选择的过程与问题做了深入的研究，提出了职业发展的幻想期、尝试期和现实期三个发展阶段，认为职业在个人生活中是一个连续的、长期的发展过程。

二、理论内容

金斯伯格的职业发展理论形象地以儿童的成长过程为例，揭示了企业新进员工职业意识或职业追求的变化发展过程，并将这种过程分为幻想期、尝试期和现实期三个阶段：

（1）幻想期：处于 11 岁之前的儿童时期。儿童们对大千世界，特别是对于他们所看到或接触到的各类职业工作者，充满了新奇、好玩的感觉。此时期职业需求的特点是：单纯凭自己的兴趣爱好，不考虑自身的条件、能力水平和社会需要与机遇，完全处于幻想之中。

（2）尝试期：11～17 岁，这是由少年儿童向青年过渡的时期。从此时起，人的心理和生理在迅速成长发育和变化，有独立的意识，价值观念开始形成，知识和能力显著增长和增强，初步懂得社会生产和生活的经验。在职业需求上呈现出的特点是：有职业兴趣，但不仅限于此，更多地客观审视自身各方面的条件和能力，开始注意职业角色的社会地位、社会意义，以及社会对该职业的需要。

（3）现实期：17 岁以后的青年年龄段。即将步入社会劳动，能够客观地把自己的职业愿望或要求同自己的主观条件、能力，以及社会现实的职业需要紧密联系和协调起来，寻找适合自己的职业角色。这个时期所希求的职业不再模糊不清，已有具体的、现实的职业目标，表现出的最大特点是客观性、现实性、讲求实际。

三、理论的实践应用

金斯伯格的职业发展理论揭示了新员工在职业发展过程中的不同阶段往往具有不同的特点和需求，对于企业人才开发具有重要的指导意义，为企业有针对性地制定"阶梯式"人才培养方案提供了有力的理论依据。

上海国家机场股份有限公司场区保障部（以下简称保障部）党委以金斯伯格职业发展理论为依据，以社会主义核心价值体系和党的十八大精神为指导，立足于解决保障部全面提升内部管理水平和建设"美丽机场"重要目标对青年监管人才的迫切需求，实施了"1 +3 +5"青年监管人才培养工程，通过项目化的运作方式，构建了一套全覆盖、全方位、全流程的青年人才培养机制，培养出了一支素质全面、结构合理的青年人才梯队。

第八节 施恩的职业锚理论

一、理论背景

职业锚理论产生于在职业生涯规划领域中具有"教父"级地位的美国麻省理工学院斯隆商学院，著名的职业指导专家埃德加·H. 施恩（Edgar. H. Schein）教授领导的专门研究小组。斯隆管理学院的 44 名 MBA 毕业生自愿形成一个小组，接受施恩教授长达 12 年的职业生涯研究，包括面谈、跟踪调查、公司调查、人才测评、问卷等多种方式，最终在此试验的基础上，分析总结出了职业锚（又称职业定位）理论。

二、理论内容

所谓职业锚，又称职业系留点。锚，是使船只停泊定位用的铁制器具。职业锚，实际就是人们选择和发展自己的职业时所围绕的中心，是指当一个人不得不做出选择的时候，他无论如何都不会放弃职业中那种至关重要的东西或价值观，是自我意向的一个习得部分。

职业锚强调个人能力、动机和价值观三方面的相互作用与整合。职业锚是个人同工作环境互动作用的产物，在实际工作中是不断调整的。

三、理论的实践应用

1. 在大学生职业选择中的应用

职业锚理论是职业生涯规划理论的重要组成部分，个人职业锚是其职业生涯规划的基础和核心。所以，运用职业锚理论开展大学生就业指导工作，有利于高校就业指导工作朝着科学化、专门化、专业化和专家化的方向发展。

（1）技术/职能型职业锚。对于技术/职能型职业锚的学生，他们在追求自己的专业领域时有十分出色的表现，牢固地掌握专业理论知识和专业技能对他们来说十分重要。所以指导重点应放在课业上、专业技术上，如进行课堂讨论、鼓励学生参与科研项目、社会实践活动等，以便为将来的职业发展打下坚实的专业基础。

（2）管理能力型职业锚。对于管理能力型职业锚的学生，管理是他们的最终目标，他们相信自己具有某种管理岗位上所需的技能和价值观。所以指导重点是创造各种机会让这类学生参与组织管理的实践活动，如让他们担任团总支、学生会、社团等学生组织干部。

（3）自主/独立型职业锚。对于自主/独立型职业锚的学生，自由和独立是他们最大的向往，他们要求能自主地安排自己的时间、工作和生活方式，不愿意受各种束缚，那么指导他们的重点：一是培养他们独立思考的能力，如安排一些任务让他们独立完成；二是要指导这类学生把握好自由的"度"。

（4）安全/稳定型职业锚。对于安全/稳定型职业锚的学生，他们寻求组织的认同，高度的感情安全，没有太大的抱负等，所以指导重点是提供一些挑战性较小、创新性要求不高的工作让他们做，如办公室的日常事务工作。同时，教师要加强这类学生的风险意识教育、心理素质教育等。

（5）创造型职业锚。对于创造型职业锚的学生，自主创业是这类学生的最终目标，指导重点是积极地鼓励。因为毕业生的自主创业是时代的要求，也是我国高校毕业生就业体系改革所大力提倡的。

2. 在企业中的运用

职业锚理论可以协助企业的人事经理正确恰当地安排员工的工作，也可以为从事职业发展指导的咨询师们提供一个科学的依据，帮助人们做出客观的职业选择。

（1）了解员工的职业锚类型。可根据职业锚类型来对员工的职业锚进行调查，如著名职业咨询专家约翰·霍兰德的职业人格类型：实际性向、调研性向、社会性向、常规性向、企业性向和艺术性向；也可通过对员工的职业倾向和职业价值观的调查了解员工的职业锚类型，如根据工作实际通过设计调查表和访谈的方式了解员工的职业价值观。

（2）为员工设置不同的职业路径。职业路径是组织为内部员工设计的自我认知、成长和晋升的管理方案。它在帮助员工了解自我的同时也是组织掌握员工的职业需要。良好的职业路径设计，一方面有利于组织吸收并留住最优秀的员工，另一方面也能激发员工的工作兴趣，挖掘员工的工作潜能。

（3）利用职业锚引导员工职业发展。不同职业锚的个体所感受到的工作压力程度是不同的，对工作情境的要求也不同。因此，针对不同职业锚类型的个体采用相应的培训方法，最大限度地利用个体的优势，发挥个体的潜能，对获得职业成功是十分重要的。

第三章

自我探索与测试工具

第一节　自我认知的方法

　　自我认知是指个人对自己的了解和认识，其中包括认识自我的优点与缺点，意识并调整自己的情绪、意向、动机、个性和欲望，并对自己的行为进行反省等。

　　自我认知的方法有橱窗分析法、心理测量法以及自我评价法。

一、橱窗分析法

　　橱窗分析法，是一种借助直角坐标的不同象限来表示人的不同部分的分析方法，它以别人知道或不知道为横坐标，以自己知道或不知道为纵坐标，橱窗分析法也是进行自我认知的一种常用方法（见图3-1）。

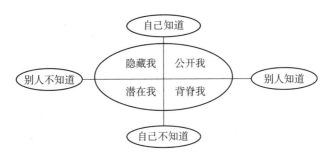

图3-1　橱窗分析法坐标图

橱窗分析法是心理学家把对个人的了解比作一个橱窗，由四个"我"组成："公开我""隐藏我""潜在我"及"背脊我"。在进行自我剖析时，重点要了解"潜在我"和"背脊我"两个部分。

橱窗1　"公开我"：自己知道、别人也知道的部分，其特点是个人展现在外，无所隐藏。比如身高、年龄、学历、婚姻状况等。

橱窗2　"隐藏我"：自己知道、别人不知道的部分，其特点是属于个人私有秘密，不外显。比如自私、嫉妒等平常自己不愿袒露的缺点，以及心中的愿望、雄心、优点等不敢告诉别人的部分。我们可以采取撰写自传或日记的方式来了解自我，可以了解我们自身成长的大致经历和自我计划情况等。

橱窗3　"潜在我"：自己不知道、别人也不知道的部分，其特点是开发潜力巨大，但通常别人和自己都不容易发觉。我们可以通过人才测评来发现自己平时注意不到的潜力，也可以在学习和生活过程中，多做尝试来发现自己的潜力。

橱窗4　"背脊我"：自己不知道、别人知道的部分，其特点是自己看不到，别人却看得清清楚楚。我们可以采取同自己的家人、朋友等交流的方式，也可以借助录音、录像设备了解自我，对自己的缺点尽量做到开诚布公，对别人提出的意见有则改之，无则加勉。

通过四个橱窗可知，须加强了解的是橱窗3和橱窗4。橱窗3是"潜在我"，认识、了解"潜在我"，是自我认识的重点之一，把个人潜能开发出来，也是职场新人的头等大事。橱窗4是"背脊我"，如果自己诚恳地、真心实意地征询他人的意见和看法，就不难了解"背脊我"。要做到这一点，需要开阔的胸怀，能够正确对待他人的意见，有则改之，无则加勉。

二、心理测量法

心理测量是一种对行为样本所做的客观化与标准化的测量，也指依据一定的心理学理论和操作程序，给人的能力、人格、心理健康等心理特性和行为确定出一种数量化的价值。

心理测量按其功能可分为能力测验、智力测验和人格测验，它通过测试个体生活态度、需求模式、职业兴趣和信念态度等方面，来探求人们工作的内在动力。心理测量对大学生有如下作用：

（1）使大学生认识自我。职业选择的基本前提之一是认识自我，大学生只有正确地认识自己各个方面的特征，在职业选择时才有所依据。在认识自我的基础上，才能够形成自我职业概念。

（2）引导大学生量身定制职业生涯规划。"男怕入错行"，许多大学生对自己的职业方向困惑不已，他们担心"一失足"的选择会使自己在职场上事倍功半，甚至半途而废，浪费大量的时间和精力，影响长远发展。心理测量能够预测个体间的差异，推测某个个体在未来某一领域成功的可能性。

（3）扬长避短，提高大学生的就业竞争力。心理测量的结果客观、全面、科学，不但可以为学生就业咨询提供参考，帮助学生了解自己的能力倾向、性格特征，确定自己最有可能成功的职业和专业，规划自己的职业生涯，又能帮助大学生查明心理问题或心理障碍，并有针对性地治疗，同时，了解自己的弱项，以便及时"补过自新"，扬长避短，不断完善和优化自我。

三、自我评价法

自我评价是自我意识的一种形式，是自我意识发展的产物，是主体对自己思想、愿望、行为和个性特点的判断和评价。正确的自我评价是帮助人们确定正确的奋斗方向的条件。在实践的鉴别中，在与他人的比较中，要使思维方法尽可能地全面些、辩证些、灵活些。根据评价主体不同，自我评价法分直接评价和间接评价两种。

（1）直接评价。直接的自我评价是指对不同时点或领域的自己进行评价的过程。首先，要熟悉自己的自然条件，包括健康情况、心理状态、情感特点、爱好倾向、知识水准、专业特长、智力情况以及能力特点，还可以测定一下自己的生物节律周期、智商指数、气质类型、性格类型等，以此作为参考。其次，是用自己在不同领域的实践中（如对各个科目的学习）取得的不同成绩相比较，以发现自己的优点，确定奋斗的目标。

（2）间接评价。间接的自我评价法，是指通过与他人行为的对照及情况的对比，发现自我熟悉的错位。"不识庐山真面目，只缘身在此山中"，这是一些人不能对自己做出正确的自我评价的原因之一。当事者迷，那么就不妨用与他人相比较的方法及用自己在不同领域中取得的不同成果比较的方法鉴别一下。

自我评价对人的自我发展、自我完善、自我实现有着特殊的意义。自我评价也具有重要的社会功能，它极大地影响人与人之间的交往方式，也决定着一个人对待他人的态度，还影响对他人的评价。在学习活动中，大学生通过主动确立学习目标，及时进行自我诊断，以自我评价的结果来指导和改进学习活动，调节和控制自己的行为偏差，最终提高学习目标的实现水平。这正是自我评价的导向功能的体现。

第二节 职业能力的自我探索

职业能力是人们从事其职业的多种能力的综合。职业能力测试是通过某些测试来预测某人的职业定位以及适合的职业类型，一般属于一种倾向性的测试，又称之为职业能力倾向性测试。通过职业测试能更好地确定一个人对其从事职业的综合考量。针对职业综合能力，我们主要从知识评估、技能评估和职业能力评估三方面进行探索。

一、知识评估方法

1. 知识具有的特征

①隐性特征：知识具备较强的隐蔽性，需要进行归纳、总结和提炼。②行动导向特征：能够直接推动人的决策和行为，加速行动过程。③动态特征：知识不断更新和修正。④主观特征：每个人对知识的理解，都会加入自己的主观意愿。⑤可复制/转移特征：知识可以被复制和转移，可重复利用。⑥延展生长特征：知识在应用、交流的过程中，被不断丰富和拓展。⑦资本特征：知识就是金钱。⑧倍增特征：知识经过传播不会减少，而会产生倍增效应。一个知识两人分享，就至少有两条。⑨熟练特征：知识运用越熟练，有效性越高。⑩情境特征：知识必须在规定的情境下起作用，人类选择知识一般都会进行情境对比。⑪心智接受特征：知识必须经过人的心智内化，真正理解，才能被准确运用。⑫结果导向特征：知识不但加速过程，也导向一个可预期的结果。⑬权力特征：掌握知识的人，即便不在职务高位，也拥有一定的隐性权力。⑭生命特征：知识有产生和时效的特征，有生命长短，不是永久有效的。

由于知识所具备的特征，知识的评估方法主要为测验法。

2. 测验法的注意事项

①选用的测量工具应适合于研究目的的需要。②主持测验的人应具备使用测验的基本条件。如口齿清楚、态度镇静、了解测验的实施程序和指导语、有严格控制时间的能力，并严格按测量手册上载明的实施程序进行测验等。③应严格按测验手册上载明的方法计分和处理结果。④测验分数的解释应有一定的依据，不能随意解释。

二、技能评估方法

技能一般可以分为三种类型，包括功能性技能、与工作相关的技能和适应性技能。功能性技能是指那些与某项具体的工作没有必然关联性的通用性技能，如日程安排、数据采集、分析和处置问题等能力。与工作相关的技能是指具体的、专业化的、针对某一特定工作的基本技能，如会计记账等。适应性或自我管理技能是指一些个人的特质，它们也经常被形容为个性特征，这些能力有助于求职者推销自己及其才能。正是这些被称为适应性技能的个人品质将自己与其他合格的候选人区别开来，最终得到一份工作，获得最高的评价，得到加薪和晋升的机会。

确认技能的方法主要有分析个人成就及使用相关测试工具。

（1）分析个人的成就。所谓的成就，即所完成的活动、目标、项目和本职工作。方法之一是描述那些自己为之自豪的成就，然后列出完成这些成就所需要的技能。方法之二是把自己的成就写成故事，然后指出其涉及的技能。理查德·鲍勒斯（Richard Bolles）于1996年在《快速求职路线图》的小册子中列举出数以百计的技能，他的这本小册子使这种发现技能的方法流行开来。

（2）使用相关的测试表或查询工具。美国在职业技能描述及测试方面的工作非常完善，设计了许多职业技能测试表格。我们可以通过阅读人事部门的职务描述来了解工作所需要的技能，或者是通过查看《美国职业大典》了解某个职位。另外，在美国的许多计算机检索程序中也包含了与职业描述相关的技能清单，如加州的 Eurekasigi Piss（交互式指南和信息系统）、CIS（职业信息系统）等。

三、职业能力评估方法

（1）量表测量法。量表测量法中的量表就是评定量表，评定量表是用来量化观察所得印象的一种测量工具。在心理健康状态评估和诊断过程中，常需对个体或群体的心理和社会心理现象进行观察，并对观察结果用数量化的方式进行评估的解释，这一过程称为评定，评定要按照标准化程序来进行，这样的程序便是量表测量法。

（2）他人评定法。通过他人来评估被评估对象的职业能力。自我评估较为主观，存在自我感觉良好等现象，为了避免自我主观的局限性，需要被评估对象周围的人员对其进行评估，如同事、上级、下级、客户等。通过他人客观的评定，能够反映出被评定者的实际工作能力，对于评估职业能力是一种有效的方法。

（3）自我反省法。真正的"自省"不仅是思想上意识到，口头上表达出来，更重要的是要在行动中有所改变。自我反省往往是从行为的反省开始，最终归纳到自己的思想、态度和不合理的动机和信念上。可以通过列出自我反省清单反省自己在职业能力上的特征或者不足。

（4）实践验证法。职业能力是在实践的基础上得到发展和提高的，一个人长期从事某一专业劳动，能促使人的能力向高度专业化发展。例如，计算机文字录用人员，随着工作的熟练和经验的积累，录入的速度会越来越快，准确性也会越来越高。个体的职业能力只有在实际工作中才能不断得到发展、提高和强化。

第三节　气质类型的自我探索

一、气质与气质类型

气质指个体表现在心理活动和外部行为方面的动力特点，即心理过程和心理行为发生的强度、速度等方面特点的总和。在人的各项活动中可以看出，有的个体在活动中经常表现出活泼好动、反应灵活的特点；有的个体经常表现出安静稳重、反应迟缓的特点；在生活实践中，有的个体经常显得十分急躁，情绪容易不受控制；有的个体则经常表现出不动声色、情绪体验细腻的特点。

气质最早是希波克拉底提出来的，后来罗马医生盖仑（Galen）作了整理。他们认为，人体内有四种液体，即血液、黏液、黄胆汁和黑胆汁。这四种液体，在每个人体内所占比例不同，黄胆汁占优势，确定为胆汁质；血液占优势，确定为多血质；黏液占优势，确定为黏液质；黑胆汁占优势，确定为抑郁质。这四种气质是比较典型的，但表现在某一个人身上，往往是介于这种和那种之间，即混合型。

关于希波克拉底气质类型的分类，巴甫洛夫在神经活动的研究中为其提供了理论基础。根据巴甫洛夫的研究，发现高等动物的大脑神经兴奋与抑制有三个基本特征：强、平衡性和灵活性。这些特点组合形成四种基本的高级神经活动类型：强、不平衡型；强、平衡灵活型；强、平衡不灵活型；弱型。这四种类型的表现与四种传统气质类型的对照如表3-1所示。

表3-1　气质类型、心理特征及行为表现对照

高级神经活动类型		气质类型	心理特征	行为表现
强型	不平衡型	兴奋型	胆汁质	感受性低，耐受性高，反应快而灵活，情绪兴奋性高，外倾明显冲动	积极热情，情绪易冲动，反应迅速而灵活，外倾，暴躁
	平衡型	灵活性高活泼型	多血质	感受性低，耐受性高，反应快而灵活，情绪兴奋性高，具有可塑性外倾	活泼好动，敏感，反应迅速，注意力易转移，兴趣、情绪易变，喜欢与人交往，具有外倾性
		灵活性低安静型	黏液质	感受性低，耐受性高，反应速度慢，是稳定性情绪，兴奋性低，内倾明显	安静、稳定、情绪不易外露，反应速度慢，善于忍耐，具有内倾性
弱型		抑郁型	抑郁质	感受性高，耐受性低，反应速度慢，刻板，不灵活，情绪兴奋性高，体验深，严重内倾	多愁善感，孤僻，行动迟缓而不灵活，具有严重内倾

资料来源：［美］奥托·克劳格. 赢在性格［M］. 电子工业出版社，2016.

二、气质类型与职业发展

不同气质类型的人均有其所适合从事的职业，同时，该职业也与工作世界地图一一对应。

戴尔·普雷迪格将四分法与霍兰德关于职业的六分法相结合，形成工作世界地图。每个工作系列的位置都是依据其首要的工作任务而定的，总共有四种重要的工作任务，即地图提供由数据—观念和人—物区分的四个象限的信息，然后又结合职业兴趣分类。工作世界地图把工作系列分为 12 个区域（以下简称 1~12 号职业），如图 3-2 所示。

图 3-2 显示的 12 个区域具体可归纳为四种气质类型，即胆汁质、多血质、黏液质和抑郁质，不同气质类型影响到不同的职业选择。

（1）胆汁质与职业选择。胆汁质的个体精力旺盛，具有热情、大方、善交际、动作敏捷、精力充沛的特点，但却经常缺乏耐心，思维往往是粗枝大叶不求甚解，行为也常常感情用事、刚愎自用。一般说来，他们倾向于选择与人或者物为主要工作对象的职业，适合做反应迅速、动作有力、应急性强、危险性较大、难度较高而费力的工作。他们适合从事导游员、勘探工作者、

图3-2 工作世界地图

资料来源：Peidger D. J. A World of Work Map for Career Exploaritonal［J］. Vociatoanl Guidanee Quarterly，1976（24）：198-208.

推销员、节目主持人、演讲者、外事接待人员，以及企业家等职业。其与工作世界地图（见图3-2）中的商务操作和技术型的职业中的5、6、7号职业素质要求比较吻合。

（2）多血质与职业选择。多血质类型个体的特点是活泼、热情、好动、敏感、反应迅速、喜欢与人交往、注意力容易转移、兴趣和情绪容易变换、具有外倾性。他们情绪丰富，求知欲强，兴趣广泛，容易应付和适应新的环境场面，善于交际。他们一般适合于抛头露面和人际交往方面的职业，适合从事公关及各种商业活动，适合做社交性、文艺性、多样化、要求反应敏捷且均衡的工作，而不太适应做需要细心钻研的工作。他们可从事广泛范围的职业，如外交官、管理人员、驾驶员、医生、律师、运动员、新闻记者、冒险家、服务员、侦察员、干警、演员等。其与工作世界地图（见图3-2）中商务往来和社会服务范围内的1、2、11、12号职业素质要求比较吻合。

（3）黏液质与职业选择。黏液质类型个体的特点是安静、稳定、反应缓慢、沉默寡言，情绪不易外露，注意力稳定但又难于转移，善于忍耐，具有内倾性的特点。他们一旦认准自己满意的职业目标便耐性十足，不达目的决不罢休，这种坚持不懈的韧性往往能弥补其他方面素质的欠缺而帮助选择者获得成功。他们可从事的职业有外科医生、法官、管理人员、出纳员、播音员、会计、调解员，以及银行工作、监督工作、审计工作等。其与工作世界地图（见图3-2）中的科学型范围内的8、9、10号职业素质要求比较吻合。

（4）抑郁质与职业选择。抑郁质类型个体的特点是情绪体验深刻、孤僻、行动迟缓而且不强烈，具有很强的感受性，善于觉察他人不易觉察的细节，具有内倾性的特点。抑郁质者不善于交际，细心谨慎，一般能够兢兢业业干工作，适合从事持久、细致、精细或具有保密性的工作，如档案员、技术员、打字员、排版工、检查员、记录员、化验员、刺绣雕刻工、机要秘书、保管员等，而不适合做要求反应灵敏、处理果断的工作。其与工作世界地图（见图3-2）中商务操作和科学型范围内的3、4、8、9号职业要求比较吻合。

三、气质测验及应用

气质测验是对不同气质类型的人进行测评，判断其所适合从事的职业的一种测验方法。在我国，比较有名的气质测验是陈会昌气质量表，又称"陈会昌六十气质量表"，是由山西省教科院陈会昌等编制，共60道题，每种气质类型有15道题。该气质测验无论对个人还是对企业都有一定的作用。

从个人角度看，进行气质测验很有必要，通过科学的气质测验可以使人们清楚地认识自己的气质类型特点，对于调整自我、塑造自我，更好地适应工作的要求将有重要的意义，了解自己的气质，可以有的放矢地调整，使学习更上一层楼。另外，在露西和戈特德瑞以霍兰德的理论为基础性的实证研究中发现，个体的职业选择与职业兴趣具有某种程度的稳定性与持续性。无论男女，其工作适应性程度与职业稳定性的关系随着年龄的增长而增加，而且气质一致性程度较高者，其职业稳定性亦较高，反之则较低。现代社会有很多的职业岗位且日新月异，任何人都不可能先逐一认识和尝试每一种职业，然后再来决定自己对它是否有兴趣、是否适合。因此，需要从大处着眼，先选择适合自己的职业类型，再仔细挑选适合自己的工作岗位，一步步筹划未来，使自己的职业生涯发展道路更加顺畅和辉煌。

另外对于企业来说，气质类型与人员配置也有比较重要的联系。因为气质具有互补性，这种互补性可运用于实际工作中的人员搭配，形成理想的群体气质结构上的互补。因此，在领导班子与人员合作的搭配关系中，存在最佳的配合、忧乐参半的配合与不妙的配合。具体如下：

（1）最佳配合：多血质—黏液质或抑郁质；胆汁质—黏液质或抑郁质。

（2）忧乐参半的配合：胆汁质—多血质；黏液质—抑郁质。

（3）不妙的配合：多血质—多血质；黏液质—黏液质；胆汁质—胆汁质；抑郁质—抑郁质。

第四节　性格类型的自我探索

一、性格与性格类型

性格是一种个体内部的行为倾向，表现在个人对现实的态度和行为方式中的较为稳定而有核心意义的心理特征，是人与人相互区别的重要方面。它具有整体性、结构性、持久稳定性等特点。

性格类型是心理学家按照一定的原则对性格所做的分类。性格是人格的重要组成部分。个体在一定的社会条件下表现出来习惯化了的行为反应与情感，形成相对稳定的人格心理特征。

二、MBTI 性格类型测验

MBTI 职业性格测试是国际最为流行的职业人格评估工具，也是一种对个性进行判断和分析的理论模型。从纷繁复杂的个性特征中，该测试归纳提炼出四个关键要素——动力、信息收集、决策方式和生活方式，从而把不同个性的人区别开来。

MBTI 性格类型测验由四个维度的不同偏好构成，分别是外向（E）—内向（I）；感觉（S）—直觉（N）；思考（T）—情感（F）；判断（J）—感知（P）。同时，把人的性格分为 16 种类型，分别是：ESFP、ISFP、ENFJ、ENFP、ESTP、ISTP、INFJ、INFP、ESFJ、ISFJ、ENTP、INTP、ESTJ、ISTJ、ENTJ、INTJ。[①]

该理论可以帮助解释为什么不同的人对不同的事物感兴趣，擅长不同的工作，并且有时不能互相理解。这个工具已经在世界范围内运用了将近 30 年的时间，夫妻利用它增进感情、老师学生利用它提高学习、授课效率，青年

---

① 曾维希，张进辅 . MBTI 人格类型量表的理论研究与实践应用［J］. 心理科学进展，2006（2）：255-260.

人利用它选择职业，组织利用它改善人际关系、团队沟通、组织建设、组织诊断等多个方面。在世界 500 强中，有 80%的企业有 MBTI 的应用经验。

三、MBTI 测验结果的应用

MBTI 性格类型倾向测验题目共有 28 道（见附录 1），每 7 题为一部分，找出你选择最多的那个字母，按顺序进行排列，排列后根据表 3-2 找到自己的类型并查看性格特征，具体每一种性格类型分析如表 3-2 所示。

表 3-2　16 种性格类型

ISTJ 内倾感觉思维判断	ISFJ 内倾感觉情感判断	INFJ 内倾直觉情感判断	INTJ 内倾直觉思维判断
ISTP 内倾感觉思维知觉	ISFP 内倾感觉情感知觉	INFP 内倾直觉情感知觉	INTP 内倾直觉思维知觉
ESTP 外倾感觉思维知觉	ESFP 外倾感觉情感知觉	ENFP 外倾直觉情感知觉	ENTP 外倾直觉思维知觉
ESTJ 外倾感觉思维判断	ESFJ 外倾感觉情感判断	ENFJ 外倾直觉情感判断	ENTJ 外倾直觉思维判断

资料来源：［美］奥托·克劳格. 赢在性格［M］. 电子工业出版社，2016.

（1）ISTJ 性格特征。ISTJ 性格特征为勤劳，关注细节，对组织有忠诚度；做事力尽完美；重信用，并具有坚持性；尊重传统和等级制度；喜欢与现实、工作努力、关注事实和结果的人共事。其潜在的缺点为因受惠于日常工作而忽视具有长远意义的目标；可能忽视人际交往的细节；工作方法刻板、不灵活，对变革较少持开放态度；期望他人和自己一样，同样注意细节和服从管理程序。建议其除了关注现实问题，要关注更深远的、定向于未来的问题；考虑人的因素，向他人表达其应得的赞赏；为避免陈规，尝试寻找新的选择，要培养耐心，应付那些需要用不同方式沟通或忽视规则和程序的人。

（2）ISTP 性格特征。ISTP 性格特征为尊重事实，只信服被论证的结果；喜欢独立工作，依靠逻辑和足智多谋解决即时出现的组织问题；喜欢与行为定向、关注即时情境的人共事。其潜在的缺点为只关注对自身重要的事而对其他事漠不关心；在先前的努力获得成果前，缺少坚持性；努力不足，过度注重有利性而走捷径。建议其增强开放性，关心他人，与他人共享信息；发展坚持性，改变沟通模式；加强计划性，付出更多努力获取想要的成功。

（3）ESTP 性格特征。ESTP 的性格特征为讲究实效、足智多谋、注重现实；喜欢在复杂的情境中找到解决问题的方法；喜欢与活泼、结果定向型、重视直接经验的人共事。其潜在的缺点为当快速行为时，显得苛求、强硬、感觉迟钝；过分集中于即时行为，从而失去行为更广阔、深远的意义；会被工作以外的活动吸引。建议其抑制自己的任务型定向，分析他人的情绪感受；在快速决定之前，事先计划，考虑更多的因素；以适当的观点看待工作和娱乐。

（4）ESTJ 性格特征。ESTJ 性格特征为理智、善分析、果断、意志坚定；喜欢运用过去的经验解决问题，直接、明确地识别问题的核心；尊重组织内部的等级；喜欢根据相关的事实和细节进行逻辑分析，从而控制情境；喜欢与努力工作、有坚定决心把工作做好的人共事。其潜在的缺点为决策太迅速，也给他人施以同样的压力；不能察觉变革的需要，因为相信一切都在正常运作；在完成任务的过程中，忽视人际间的小细节；长期忽视自己的感受和准则，可能会被自己的情感击垮。建议其决策之前需考虑各种因素，包括人的因素；促使自己看到他人要求变革而获得的利益；学会赞赏别人；从工作中抽点时间考虑和识别自己的情感和价值观。

（5）ISFJ 性格特征。ISFJ 性格特征为仁慈、忠诚、体谅他人、善良，不怕麻烦，帮助需要帮助的人；对细节和日常惯例非常耐心，责任感强；付出努力，自愿为他人提供服务，做事力求完美；认真遵守传统程序和规则；喜欢与认真、从事组织性任务的人共事。其潜在的缺点为过于谨慎小心，尤其是对待未来发展；向他人表明自己观点时，显得意志不太坚定；因安静、忘却自我的特性而低估自己；过度依赖自己的经验，不能根据环境和其他需要灵活调整。建议其评估好工作中的风险，以积极、全面的观点看待未来；发展更多的自信和直率；学会宣扬自己的成就；对其他形式的做事方式需保持开放态度。

（6）ISFP 性格特征。ISFP 性格特征为温和、体贴、灵活、具有开放性；富有同情心，尤其对那些需要帮助的人；喜欢在合作和充满和谐气氛的环境中工作；喜欢在团队中担任协调者的角色，用自己个人的忠诚激发他人工作的积极性；喜欢与安静地享受工作愉悦感的人共事。其潜在的缺点为可能太信任他人，不愿持怀疑态度；为避免冲突而不批评他人；只关注眼前的损失；过度自我批评，容易受伤害。建议其以怀疑的态度分析他人提供的信息；学会给他人负面反馈，处理好冲突；需要发展更广阔、更朝向未来定向的观念；对他人更果断，对自己有更多赞赏。

（7）ESFP 性格特征。ESFP 性格特征为友好、活泼开朗，爱开玩笑，天性喜欢与他人相处；关注解决即时出现的问题；喜欢对情境进行现实和具体的评估；喜欢与有活力、轻松愉快、关注现实的人共事。其潜在的缺陷是为保持和谐，过度强调主观性论据；行动前不太考虑眼前的事实；可能花太多的时间在社会关系上而忽视任务本身；常常有始无终。建议其减少非个体性冲突，做决策时需理智分析决策的意义；进行管理工作前应事先制订计划；平衡花费在任务和社会性交往上的时间。

（8）ESFJ 性格特征。ESFJ 性格特征为乐于助人，机智，富有同情心；注重秩序；把与他人和谐相处看得很重要；尊重规则和权威；喜欢考虑准则以及对人们的影响，也关注相关的事实和有用的细节；喜欢与诚恳、具有合作性、乐于帮助他人的人共事。其潜在的缺点为避免和回避冲突；因致力于令他人满意而忽略自己；提供自己认为是对组织和对他人最好的建议；不经常有时间客观地反思过去、展望未来。建议其学会注意差异性和冲突处理；学会分离出自己的需要；学会更客观地听取真正需要什么；做决策时，考虑决策的合理性、全局性。

（9）INFJ 性格特征。INFJ 性格特征为相信自己的眼光，具有同情心和洞察力；喜欢独立工作或与那些热衷于关注人们的成长与发展问题的小群体共同工作；恪守职责，完善、始终如一地工作。其潜在的缺点为面对批评不太坦率；因不太愿强迫别人而过度保守；仅从单一维度考虑他们认为对将来最有益的事。建议其学会及时给他人建设性的反馈，需要不断征求他人的建议和获得他人反馈；以更放松和开放的态度面对现状。

（10）INFP 性格特征。INFP 性格特征为具有开放性，是理想主义者，具有洞察力；喜欢独立工作或在能发挥创造性的小团体里工作；喜欢思考真正对他人和自己重要的问题，找出具有创造性的可能；喜欢处在有重要价值观、令人愉悦、效忠组织的人们中。其潜在的缺点为因完美倾向而延误完成任务；没有调整理想适合客观现实；思考多于行动。建议其要学会怎样工作而不是只注意追求理想；用自己的准则分清事实和逻辑；建立和执行行动计划。

（11）ENFP 性格特征。ENFP 性格特征为热情、富有洞察力、多才多艺，不知疲倦地寻求新的希望和前景；喜欢在团队中工作，致力于从事能给人们带来更好的改变的事情；喜欢进行首创性管理；工作中提倡和支持人们的自主性；喜欢与想象力丰富、致力于人们未来发展的人共事。其潜在的缺点为在没完成已经提出的计划之前又转移到新的想法和计划上；忽视相关的细节和事实资料；过分扩展，尝试做的事情太多；因寻求可能的最佳结果而拖延工作。建议其根据重要性事先做好安排，先做最重要的，然后坚持到底；关注重要的细节；学会筛选任务，不要试图去做所有具有吸引力的任务；为达成目标，使用制订计划和进行时间管理的技巧。

（12）ENFJ性格特征。ENFJ性格特征为关注人际关系，理解、宽容和赞赏他人，是良好沟通的促进者；喜欢与他人一起工作，致力于完成与人们的发展有关的各种任务；喜欢与那些关注变革并通过变革改变人们生活的人共事。其潜在的缺点为可能会理想化他人，因而遭受他人表面忠诚的蒙蔽；可能回避有冲突的问题；因重视人际关系而忽视任务；过度自我批评。建议其认识人们的局限性，捍卫真正的忠诚；学会建设性地处理冲突；学会同时关注任务中的细节问题和完成任务的人；认真听取客观的评价，少一些自我批评。

（13）INTJ性格特征。INTJ性格特征为独立而极具个性化，具有专一性和果断性，相信自己的眼光，漠视众人的怀疑；喜欢独自完成复杂的工程；喜欢工作中果断、理智、勇于接受挑战、致力于完成远期目标的人。其潜在的缺点为可能显得强硬，他人不敢接近；长时间不告诉他人自己的想法，可能很难实际操作理想化的想法；过度关注任务而忽视他人的贡献。建议其多询问和征求他人的反馈和建议；与参与任务的人早一些沟通和讨论自己的想法和战略计划；当事实资料不支持自己的想法时，应面对现实；明确他人的贡献，鼓励和承认他人。

（14）INTP性格特征。INTP性格特征为讲究合理性，喜欢理论和抽象的事物，好奇心重，不太关注环境和人；喜欢单独工作；在寻求各种可能的选择时，喜欢以自身内部的逻辑构建问题和解决问题；喜欢与独立的思考者、关注解决复杂问题的人共事。其潜在的缺点为过于抽象，因而坚持下去不太符合现实需要；过于理性化，解释起来太理论化；过多注意团队中一些小的不一致的地方；可能以批评式分析的方式对待他人，行动不考虑个体感受。建议其关注现实中的细节，确立完成任务的具体步骤；简单地陈述事实；为获得他人的合作，放弃细小的问题；更好地认识他人，更多地表达对他人的赞赏。

（15）ENTP性格特征。ENTP性格特征为富于创新，具有战略眼光，多才多艺，具有创业能力；喜欢与他人一起从事需要非凡智慧的创造性活动；喜欢探索未来的前景和发展模式，理智地分析每一个正向和反向的结果；喜欢与独立的、按理论模型解决复杂问题的人共事。其潜在的缺点为过多依赖模型而忘记现实状况；因竞争心而不会赞赏他人的付出；因过分扩展自己而筋疲力尽；可能抵制正规的程序和准则。建议其注意各个方面的因素和基本的事实；承认他人贡献的有效性；设立现实性的开始与结束的期限，知道何时该结束；学会怎样在组织里工作。

（16）ENTJ性格特征。ENTJ性格特征为具有逻辑性、组织性、客观性、果断性；喜欢与他人一起工作，尤其从事管理工作和制订战略计划时喜欢复杂问题并足智多谋地解决问题；喜欢与结果定向型、独立的、有能力的、注重解决复杂问题的人共事。其潜在的缺点为关注任务而忽视人们的需要和对组织的贡献；忽略现实的考虑和对现实局限性的认识；决策太迅速，表现得缺乏耐心，盛气凌人；忽视和抑制自己和他人的情感。建议其考虑人的因素，赞赏他人对组织的贡献；行动前先检查现实的、人力的、环境的资源是否可获得；决策前花些时间考虑和反思各个方面的因素；学会鉴别和重视自己和他人的情感。

第五节　职业兴趣的自我探索

职业兴趣是兴趣在职业方面的表现，是指人们对某种职业活动具有的比较稳定而持久的心理倾向，使人们对某种职业给予优先注意，并向往之。

职业兴趣是个人进行职业规划时需要注意的 15 大要素之一，兴趣对一个人个性的形成和发展，以及一个人的生活和活动有巨大的作用。

一、霍兰德职业兴趣测验

1959 年，霍兰德在长期职业指导实践的基础上提出了著名的职业兴趣理论。该理论将人的兴趣类型分为以下六种：①社会型（S）。偏好对他人进行传授、培训、教导等方面的社会活动，不喜欢与材料、工具、机械等事物打交道。社会型的人表现出重视社会和伦理道德问题的价值观。②企业型（E）。对领导角色和冒险活动感兴趣。喜欢从事领导他人实现组织目标或获取经济效益的活动。企业型的人重视政治、经济上的成就。③常规型（C）。偏好对数据资料进行明确、有序的整理工作。如整理书面资料。常规型的人看重商业、经济上的成就。④现实型（R）。动手能力强，偏好具体任务。不善言辞，缺乏社交能力，擅长与物打交道。喜欢摆弄和操作工具；不喜欢和人打交道。现实型的人表现出看重具体事物的价值观。⑤研究型（I）。擅长对各种现象进行观察、分析和推理，不喜欢组织、领导方面的活动。研究型的人看重科学研究。⑥艺术型（A）。偏好模糊、自由和非系统化的活动。并在这些活动中创造艺术作品，厌恶明确、秩序和系统化的活动。艺术型的人想象力丰富，看重美的品质。

根据上述理论，霍兰德开发了职业倾向量表。该量表共七个部分，分别是：①你心目中的理想职业（专业）；②你所感兴趣的活动；③你所擅长获胜的活动；④你所喜欢的职业；⑤你的能力类型自评；⑥测试统计；⑦你所看重的东西——职业价值观。其中第二至第五部分都涉及霍兰德对职业倾向划分的六种类型：R 型——机械操作能力、I 型——科学研究能力、A 型——艺术创作能力、S 型——解释表达能力、E 型——商业洽谈能力和 C 型——事务执行能力。第六部分是对前四个部分共 192 题的统计。

二、测验结果的应用

（1）为大学生职业选择提供理论依据。我们可以通过《霍兰德职业倾向测试》帮助大学生相对精确地了解自身的个体特点和职业特点之间的匹配关系，同时，为其在进行专业选择和职业选择时提供客观的理论依据。

当我们就业择业的时候，我们的人格与职业环境的匹配是形成职业满意度、成就感的基础。霍兰德提出的人格类型与职业类型模式指出，不同类型人格的人需要不同的生活或工作环境。类型与环境不和谐，该环境或职业就无法提供个人能力与兴趣所需的机会与奖励。职业兴趣是职业选择中最重要的因素，也是职业成功的重要因素。在职业兴趣测试的帮助下，学生可以清晰地了解自己的职业兴趣类型和在职业选择中的主观倾向，从而在纷繁的职业机会中找寻到最适合自己的职业，避免职业选择中的盲目行为。

（2）了解企业需求，培养优秀人才。现在有不少企业在招募新员工时，也已经开始进行职业兴趣的测评，了解申请者的职业兴趣人格类型。从高校就业指导的角度考虑这个问题，可以知道，如果能够坚持以霍兰德的职业兴趣理论为指导，不仅可以有意识地培养适合某个（某类型）企业的人才，还可以在求职中减少盲目性。

第六节　职业价值观的自我探索

职业价值观是指人生目标和人生态度在职业选择方面的具体表现，也就是一个人对职业的认识和态度以及他对职业目标的追求和向往。理想、信念、世界观对于职业的影响，集中体现在职业价值观上。

职业价值观测验是对一个人关于职业的认识和态度进行的测试。职业价值观决定了一个人的职业期望，影响着其对职业方向和职业目标的选择，决定着其就业后的工作态度和工作绩效水平，从而也决定了其职业发展情况。职业价值观测验对于个人选择职业类型和职业发展方向，以及企业招聘、选拔和培养人才具有重要的指导意义。

职业价值观测验共有 52 道题目（见附录 2），每个题目都有五个备选答案，被试者根据自己的实际情况或想法，选择一个答案。通过测验，被试者可以大致了解自己的职业价值观倾向。

各职业价值观的维度分数表示对职业中可能获得的各种回报的重视程度，分数越高（尤其是前三项高分者），则越重视这方面的回报，被试者的这种职业价值观倾向也就越明显。择业时，如果有针对性地考虑这些方面的因素，选择与自己职业价值观相近的最适合自己的工作环境和工作领域，将有助于激发今后的工作热情，获得事业的成功。

根据职业价值观测验的结果，可以将被试者分为以下 14 种类型。

（1）帮助—贡献型。该类型的人希望自己的工作和知识能对他人和社会有所帮助。这种类型的人富有同情心，关心他人，把他人的痛苦视为自己的痛苦，不愿干表面上哗众取宠的事，把默默地帮助不幸的人视为无比快乐。他们总是为他人着想，把为大众的幸福和利益尽一分力作为自己的追求。希望自己的付出对社会是有帮助的，他人会因为自己的行为而受惠颇多。医生、教师、警察等社会型的工作很适合该类型的人。

（2）审美—艺术型。该类型的人希望自己的工作能有机会多方面地欣赏周围的人、事、物，或任何自己觉得美丽且有意义的事物，并且希望自己的工作成果能够使这个世界更加美丽或能使他人也有美的感受。这种类型的人通常具备一定的艺术才能，感情丰富，富有创造力和想象力。画家、设计师、音乐家、舞蹈家等艺术型的工作很适合这种类型的人。

（3）思考—创新型。该类型的人希望自己在智慧、知识与人生的体会上有所提升。他们在工作中追求知性上的刺激，经常不断地进行智力上的操作，喜欢动脑子思考问题，坚持学习以及探索新事物，解决新问题。这种类型的人知识渊博，有才能，想法新颖，十分重视在工作中是否能提供学习和进修的机会，注重个人发展。适合研发人员、学者等研究型工作。

（4）成就—实现型。该类型的人希望自己的工作能得到他人的认可，对工作的完成和挑战成功感到满足。这种类型的人在工作中目标明确，有强烈的发展和提升意识。他们一心一意想发挥个性，实现自我，尽力挖掘自己的潜力，施展自己的本领，追求目标的实现和他人的肯定，并视此为有意义的生活。适合项目经理、公司管理等企业型工作。

（5）自主—独立型。该类型的人对工作的自主性要求比较高，希望随心所欲地安排自己的工作方式、工作时间和工作习惯。追求能充分发挥自己独立性、自主性和完全施展个人能力的工作环境，他们按照自己的方式、步骤或想法去工作，不受他人的干扰和制约，宁愿放弃提升或加薪的发展机会，也不愿意放弃自由与独立。适合高校教师、科技工作者、设计师、作家等艺术型、研究型工作。

（6）地位—声望型。该类型的人自尊心强，渴望能有社会地位和名誉，希望受到众人尊敬。他们希望自己的工作有较高的社会地位，能使自己得到他人的尊敬和社会的认同。适合教师、公务员、医生、高层管理人员等研究型、社会型、企业型工作。

（7）影响—支配型。该类型的人能够影响或控制他人，使他人照着自己的意思去行动。通常善于决断，工作作风凌厉，做事有担当。他们追求并致力于成为管理者，希望可以整合其他人的努力成果，并将组织的成功与否看成衡量自己工作的标准。适合部门经理、高级主管、校长等管理工作，职业倾向主要体现为企业型和一部分社会型职业。

（8）报酬—财富型。该类型的人希望选择的工作能够给予他们足够多的经济回报，他们往往确信没有钱在这个世界上是万万不能的，认为人与人之间最主要的关系是金钱关系，他们在选择工作的时候，更多的是考虑这份工作是否能够明显、有效地改变自己的财务状况。企业型的高薪职业比较适合这类人。

（9）社交—人脉型。该类型的人希望通过工作认识各种各样的人，结交新朋友，形成自己的人脉。这种类型的人为人热情，善于与人交往，对于参加各种活动乐此不疲。适合销售、市场、人力资源、教师、咨询师等社会型、企业型工作。

（10）安全—稳定型。该类型的人追求工作中的安全与稳定感，希望远离突如其来的变动。他们因为能够预测到稳定的将来而感到放松。他们关注公司的稳定、工作的保障和收益的安全。公务员、教师、医生等稳定的工作比较适合这种类型的人。

（11）舒适—安逸型。该类型的人希望工作环境舒适、优越，各类设备齐全。可能导致焦虑、紧张和恐惧情绪的工作令他们十分厌恶，他们追求的工作气氛轻松、工作压力小，能够使他们心平气和地处理事务。办公室人员等工作环境好、工作压力小的工作比较适合。

（12）团队—融洽型。该类型的人重视工作中人与人之间的关系，希望能建立良好的同事关系。他们认为友好、轻松、团结的集体能让他们更好地工作。科研人员、技术人员、培训师等需要良好合作团队的工作比较适合。

（13）新奇—冒险型。该类型的人喜欢面对来自专业领域的挑战，喜欢解决看上去无法解决的问题，战胜强硬的对手，克服无法克服的困难等。他们充满工作热情，千篇一律的工作对他们没有任何吸引力，新奇、变化、冒险和各种困难才是他们工作的动力。遇到困难，他们一般也会舍弃传统的方法，而选择创新的方法来解决。证券、投资类人员等企业型工作比较适合该类人员。

（14）规则—秩序型。该类型的人希望自己的工作有条理、有秩序、有很强的计划性。这种类型的人一般细心、仔细，工作一丝不苟，希望自己的任务有明确的规范和要求。助理、会计等事务型工作比较适合该类型的人。

第四章

职业发展环境分析

第一节　职业的结构和分类

一、职业的结构

职业结构有广义和狭义之分。狭义的职业结构是指社会劳动力在各种职业之间分布的数量、比例及相互之间的关系。广义的职业结构除了狭义的职业结构所包含的内容外，还包括各职业中劳动者的教育构成、产业分布、空间分布等。它可以反映具有不同技术知识、技能的劳动者在不同职业、不同产业、不同行业、不同地区的分布数量及比例关系。

职业结构的变动与发展，是职业自身演进与外在因素双重作用的过程。一方面，职业结构是职业自身演进的过程。随着生产力水平的提高与劳动分工的发展，职业种类与内涵发生着变化，职业的技能与要求、劳动工具等职业内在因素也发生着变化。另一方面，职业结构是经济体制和产业政策等外在制度因素对其调整的过程。

二、职业的分类

所谓职业分类，是指按一定的规则、标准及方法，按照职业的性质和特点，把一般特征和本质特征相同或相似的社会职业，分成并统一归纳到一定类别系统中的过程。

目前世界各国对职业分类基本上采取了横向分类和纵向分类两种方法。

横向分类是根据各种职业的性质进行的分类，纵向分类法是在横向分类法的基础上，分别对每一类型的职业，根据其工作的难易程度、繁简程度、责任轻重以及所需人员的资格条件等，把同一种职业类型划分成不同的等级，以揭示职业的层次性。

采用不同的分类标准和方法，会把职业划分成不同的种类，产生不同的分类结果。按照三次产业的方法，可把各类职业划分为三个产业：第一产业，包括种植业、养殖业和矿业；第二产业，包括建筑业和制造业；第三产业，主要指服务业。按照体力劳动和脑力劳动的不同，把工作人员分为白领工作人员和蓝领工作人员。

1. 国际职业分类标准

国际标准职业分类（简称 ISCO）是国际劳工组织（ILO）为给各国提供统一准则而制定的职业分类标准。早在 1923 年的第一届国际劳工统计学家会议上，人们就讨论了制定职业分类国际标准的需要。1949 年，这一项目正式启动。1958 年，《国际标准职业分类》初版发行，之后又经 1968 年、1988 年、2008 年三次修订，形成目前的最新版本《国际标准职业分类（2008）》（简称 ISCO - 08）。几十年来，ISCO 确已成为世界各国制定和修订职业分类体系的蓝本，也为促进国际间相关领域的交流做出了贡献。

ISCO 将职业区分为大类、小类和细类，自 ISCO - 88 起，又在大类和小类之间增加了中类，使分类更加细致完整。ISCO 的前两版 ISCO - 58 和 ISCO - 68 对职业进行分类所依据的基本标准是该职业所要完成的工作类型，这其中暗含着完成该工作所需具备的技能。到了 ISCO - 88 和 ISCO - 08，技能水平和技能的专业程度作为划分标准被明确提出并得到了进一步的强调。

2. 我国职业分类标准

我国的职业分类记录于《中华人民共和国职业分类大典》上，《中华人民共和国职业分类大典》编制工作于 1995 年初启动，历时四年，1999 年初通过审定，1999 年 5 月正式颁布。1999 年版的《中华人民共和国职业分类大典》将我国职业归为八个大类，66 个中类，413 个小类，1838 个细类（职业）。八个大类分别是：第一大类：国家机关、党群组织、企业、事业单位负责人，其中包括 5 个中类，16 个小类，25 个细类；第二大类：专业技术人员，其中包括 14 个中类，115 个小类，379 个细类；第三大类：办事人员和有关人员，其中包括 4 个中类，12 个小类，45 个细类；第四大类：商业、服务业人员，其中包括 8 个中类，43 个小类，147 个细类；第五大类：农、林、牧、渔、水利业生产人员，其中包括 6 个中类，30 个小类，121 个细类；第六大类：生产、运输设备操作人员及有关人员，其中包括 27 个中类，195 个小类，

1119 个细类；第七大类：军人，其中包括 1 个中类，1 个小类，1 个细类；第八大类：不便分类的其他从业人员，其中包括 1 个种类，1 个小类，1 个细类。

由于经济社会的不断发展，我国社会职业构成发生了很大变化。为适应发展需要，2010 年逐步启动了各个行业的修订工作，2015 年表决通过并颁布了新修订的 2015 版《中华人民共和国职业分类大典》，并对四个方面进行了修改、调整和补充：①对职业分类体系的修订；②对职业信息描述内容的修订；③对职业信息描述项目的调整；④增加绿色职业标识。

第二节 职业发展趋势分析

一、职业发展总体趋势

改革开放以来，由于产业结构的发展，一些新型的行业和职业在我国不断兴起，如租赁业、房地产业等再度兴起，服务性职业的社会地位提高，保险业、广告业、旅游业、娱乐业迅速发展，这些都是经济发展的直接结果。

科技进步也给职业发展带来了巨大冲击。现代科技的发展，带来了许多新技术、新产品和新工艺。这些新技术、新工艺的研究、开发、应用必然导致部分职业的新旧更替。科技发展使职业发展越来越呈现出这样的特点，即脑力劳动职业发展速度越来越快，体力劳动职业将越来越少，经济部门和服务性行业的职业越来越多，行政管理等行业的需求越来越少。

二、未来职业的特点

职业的教育含量增大。各种就业岗位，需要更多的受过良好教育、掌握最新技术的技术工人，单纯的体力劳动或机械操作职业将明显减少。在发达国家，制造业中蓝领工人失业率高于从事管理工作的白领员工；而白领员工，如银行、广告等从事服务性工作的人员失业率又明显高于从事开发和研究工作的员工。未来白领和蓝领阶层的界线将越来越模糊，职业逐渐向专业化方向发展。

职业要求不断更新。一些职业，因新的工作设备和条件变化，对职业内容有了新的要求。如行政工作人员，在以前只要求具备较好的组织协调能力、分析问题解决问题能力、文字能力、口头表达能力等。但现在除要求他们具备上述能力以外，还要求具备社会交往及计算机辅助管理、办公自动化操作能力等。

永久性职业减少。只有少数人能拥有"永久性"的工作，而从事计时、计件或临时性职业的人会越来越多。

三、我国未来主导职业

我国的人事管理机构根据全国各类专业协会的有关统计资料，对我国未来急需的人才进行了分析和预测。分析结果认为，我国未来一个世纪的主导职业包括：会计、计算机技术、计算机软件开发、环境保护、中医和健康医学、咨询服务、保险、法律、老年医学、家庭护理和服务、专业公关、市场营销、生物化学和生物技术、心理学、旅游管理与服务、人力资源管理16种职业。这十六种职业的基本情况及相关专业如下：

会计类。随着社会经济的发展和财务管理的规范化，社会上的各种企业事业单位对会计的需求也大大提高，会计将成为各行业中的一个热门专业，社会地位和收入也较高。该行业的从业者应是具有助理会计师、会计师和高级会计师等不同职称或专业资格认证的专业人才，一般需要具有会计专业、财经专业、统计学专业等专业的学历或学位，并通过国家各等级的会计师资格考试，获得会计师上岗的各种资格证书。

计算机技术类。随着计算机技术的发展和广泛应用，计算机硬件、软件的开发、应用和维护成为社会中各行业工作的重要组成部分，并配置部分计算机技术人员从事计算机软、硬件方面的安装、调试和维护工作。因此，各行业对计算机技术方面专业人才的需求也越来越大，待遇也比较优厚，这些行业需要的专业人才包括计算机硬件工程师、程序员、网络管理员、系统维护专家及数据库管理人员等，这些专业人员一般需要获得计算机、信息技术、电子技术或相关专业的学历或学位。

计算机软件开发类。计算机技术的普及促进了计算机软件业的飞速发展，软件开发成为计算机行业的重要开发领域，软件设计专家成为软件开发业的热门人才。软件开发专家主要从事操作系统、开发工具、应用软件等计算机软件的开发工作，要求具有计算机软件专业或相关专业的学历或学位，并具有一定的软件开发经验。这项职业在未来相当长的时间里，将成为社会上的高技术和高待遇的职业。

环境保护类。随着环境污染的加重和国家与公众环保意识的增强，社会对环境保护类专业的人才需求将呈直线上升趋势。环境保护具体包括环境监测、环境质量评价、环境治理（环境工程）和环境卫生等方面的工作，需要环境科学、地理学、生物学、环境化学、环境工程学等方面的专业人才。

中医和健康医学类。改革开放以来，我国的人均收入和生活水平有了大幅度的提高，人们对自己的生活状态和健康状况也越来越关注，健康医学也应运而生，医用保健品的市场也越来越大，中医学和健康医学成为一个受大众关注的领域。由于西医对一些疑难病症的疗效不大，而中医在辨证治疗和整体治疗方面具有独到之处，而且与当今的生物制药领域有密切的关系。因此，社会对中医师和健康医学人才的需求量将逐渐增加。通常这方面的从业者需要获得生物医学或中医学专业方面的学历或学位。

咨询服务类。当今的社会是一个信息膨胀的社会，信息获取已经成为科学技术发展和商业运作的关键环节。社会分工的精细化和专门化促进了信息咨询和相关咨询行业的发展，并成为社会发展和进步的一个主导职业。目前，社会上的咨询行业有企业咨询、心理咨询、信息咨询（包括各种信息服务咨询）、教育咨询等。从事咨询业需要具有教育学、心理学、管理学、信息科学、经济学等方面的学历或学位。

保险类。社会经济结构的变化和各种不可预期的因素给人们的工作和生活增添了很多不确定的因素，这就需要有完善的社会保障体系，社会保障体系不断完善促进了保险业的发展，保险业的发展将人们生活中的不确定因素造成的损失降低到最小的限度。社会对保险业务员、管理人员、精算师和索赔估价员的需要也不断提高，待遇也高于一般的职业。一般从事保险业的人员需要具有保险专业、金融专业、经济类专业、管理类专业的学历或学位。

法律类。随着社会的发展和进步，法律法规也不断健全和完善，国家颁布的各种法律法规将越来越多、越来越详细，一般的老百姓对众多的法律条文不可能了解得很清楚，从事司法工作的政府机构也需要高素质、高学历的法律人才。同时，为了更好地开展法律咨询和处理各种刑事和民事案件，律师在社会上的需求量将越来越大，律师行业将成为一个高智力、高社会地位和高收入的职业。从事律师行业需要具有法律或其他任何专业领域的学历或学位，并获得国家的律师资格证书。

老年医学类。人口老龄化是全世界包括我国在内面临的一个严峻的问题。随之而来的就是老年人的医疗、社会保障、心理问题等一系列社会问题，如何解决这样一个庞大群体上述方面的需求成为一个重要的、亟待解决的问题。其中，老年医疗和保健是最突出的一个问题，从事老年医学方面职业的社会需求也将大大提高。社会将急需医学、老年医学、健康保健和护理等方面的专业人才，从事老年人医疗保健事业。如此大的社会需求也将为这个行业的从业者带来丰厚的经济回报，同时也将为老年人的身心健康做出贡献。

家庭护理和服务类。社会生活和工作节奏的加快使家庭成员的压力加大，照顾病人、老人和孩子成为年轻和中年父母的沉重负担，家庭护理的需求量也因此大大提高。相关的热门人才为幼儿教师和家庭服务人员，这类人员通常不需要很高的学历。但是，对于这个行业的管理者，则需要具备社会服务、管理学等方面的学历或学位的专门人才。

专业公关类。公关和企业形象设计对一个公司或企业的发展是至关重要的，公关行业因此成为极有发展前景的职业，该职业的从业者一般需要获得公共关系学、社会服务类专业、经济贸易类专业、管理类专业的学位，并具有相关的工作经验。

市场营销类。市场营销对企业产品销售公关是非常重要的一个环节，在当今和未来社会发展中，产品的独立承销商和销售网络的建立将成为企业运作的主要形式。这些承销商和销售网络同时负责为公司进行广告宣传和相应的技术或销售服务。证券及金融业、通信、医疗器械、计算机与网络设备、一般的商业机构（如商场）等经营商品或某一产品的企业或公司均需要市场营销方面的人才。从事这方面工作的人员一般需要具有市场营销学、管理学或经济类专业的学历或学位。

生物化学和生物技术类。生物化学和生物技术是近些年科学研究与生物技术开发的一个热门领域，该领域在生物制药、保健品开发、治疗疑难病症的药品的研制、人工蛋白质的合成等方面有巨大的发展潜力。目前的新药主要是生物化学家与生物技术专家开发出来的，并对治疗和预防疾病起到了主要的作用。该领域的从业者一般需要具有生物化学、生物技术、生物医学或分子生物学等专业的学位。

心理学类。我国已经将心理学列为 21 世纪重点发展的十几个学科之一。自 1997 年起，国家教育部在北京师范大学、浙江大学、华东师范大学等重点院校建立了心理学理科基础研究人才培养基地。此后，国家在心理学领域的投入力度逐年加大，心理科学也逐渐成为一个受国家和社会关注的专业，在社会各行业中的需求量也不断提高。从事心理学方面的职业需要获得心理学专业或应用心理学专业的学位。

旅游管理与服务类。随着人们收入和生活质量的提高，人们对户外娱乐、休闲和旅游活动经济上和时间上的投入也逐渐增加，并促使旅游业迅速发展。旅游业是投入少、收益高的行业，获取的利润较为丰厚，在未来旅游业将迅速发展。人们在旅游方面的消费也将大幅度提高，随之对旅游代理公司的需求将大幅度增加，同时将带动相关产业的迅速发展。旅游业的发展将促进社会经济的全面发展，旅游业将成为国家重点开发的产业之一。该职业的从业者一般需要具有旅游管理或管理学、地理学或相关专业的学位或学历。

人力资源管理类。未来社会的竞争是人才的竞争，谁拥有人才谁就将在激烈的竞争中拥有立足之地。在近几年的发展中，无论是政府机构还是企业，都建立了专门负责招聘人才的人事机构或人力资源部。其职能已不再是传统的人才档案的管理，其主要的职能是招聘和培训员工，使人尽其才，物尽其用，最大限度地开发人力资源的潜力，创造最大的经济效益和社会效益。人力资源管理也因此备受企事业单位的重视，并成为政府机构和企业的重要职能机构。在未来社会发展中，对人力资源专家的需求将不断增大。从事这方面职业需要具有人力资源管理、心理学或管理学等方面的学历或学位。

第三节　行业与用人单位分析

一、行业与用人单位分类

按照单位性质分类，用人单位可以分为：①党政机关；②科研设计单位；③高等教育单位；④中初教育单位；⑤医疗卫生单位；⑥其他事业单位；⑦国有企业；⑧三资企业；⑨其他企业；⑩农村建制村；⑪城镇社区；⑫部队；⑬其他。

按照单位行业分类，用人单位可以分为：①农、林、牧、渔业；②采矿业；③制造业；④电力、热力、燃气及水生产和供应业；⑤建筑业；⑥批发和零售业；⑦交通运输、仓储和邮政业；⑧住宿和餐饮业；⑨信息传输、软件和信息技术服务业；⑩金融业；⑪房地产业；⑫租赁和商务服务业；⑬科学研究和技术服务业；⑭水利、环境和公共设施管理业；⑮居民服务、修理和其他服务业；⑯教育；⑰卫生和社会工作；⑱文化、体育和娱乐业；⑲公共管理、社会保障和社会组织；⑳国际组织，㉑军队。

二、行业与用人单位分析方法

行业分析的方法通常有道琼斯分类法、标准行业分类法、国民经济行业分类法和证券市场行业分类法。

（1）道琼斯分类法。此方法通常将大多数股票分为三类：工业、运输业和公用事业，然后选取有代表性的股票。

（2）标准行业分类法。此法把国民经济划分为以下 10 个门类：农业、畜牧狩猎业、林业和渔业；采矿业及土石采掘业；制造业；电、煤气和水；建筑业；批发和零售业、饮食和旅馆业；运输、仓储和邮电通信业；金融、保险、房地产和工商服务业；政府、社会和个人服务业；其他。

（3）国民经济行业分类法。按照此方法，我国将国民经济划分为 16 个大门类。

（4）证券市场行业分类法。上证指数分类法，将上市公司分为五类：工业、商业、地产业、公用事业和综合类；深证指数分类法，将上市公司分为六类：工业、商业、金融业、地产业、公用事业和综合类。

三、典型行业与用人单位分析

1. 机关单位的用人特点与个人职业生涯发展

机关单位用人通常考虑以下特点：

（1）政治性与大局观。机关事务工作者要自觉树立宗旨意识、大局意识，为奉献于党和人民的事业而感到光荣。

（2）公共性与规范观。机关事务管理要做到公开、公平、公正，并必然要求机关事务管理规范化。

（3）利益性与廉政观。机关事务工作者特别是领导干部，要时刻牢记"严以修身、严以用权、严于律己"的要求，并切实做到坚守廉洁从政的底线。

（4）事务性与奉献观。机关事务工作者需要增强职责认同，强化奉献意识，从而提升工作热情。

（5）适度性与节俭观。机关事务工作必须始终坚持基本保障、基本服务的适度原则，提倡节俭，反对浪费。

相对以上用人特点，机关单位职工个人职业生涯需从个人层面和组织层面进行设计：

（1）个人层面。找准位置，清楚地了解自己，包括性格、能力、兴趣、自身局限和其他特质等，了解各种职业必备的条件及所需的知识，在不同岗位上占有的优势、不足和机会、前途以及职业生涯路线的选择。还要制定职业发展目标。确定职业发展（远、中、近）目标，制定实施计划与措施。注重评估与反馈。

（2）组织层面。重视职工的职业生涯规划的开发管理。第一，以个人评估为基础对职工进行分析与定位。职工要对自己的价值观、职业兴趣等做出评估。第二，成立专门的咨询、服务管理机构。为职工提供一个"公平、公正、公开的"竞争平台。第三，制定职业生涯开发行动方案。根据职工的不同需求，要为其制定包括目标职位等开发任务及实施条件和措施等。第四，帮助职工实现职业生涯规划。定期地对员工加以监测和管理。从职业发展的前、中、后各阶段进行整合管理。

2. 事业单位的人才招聘特点与个人职业生涯发展

事业单位招人用人通常考虑以下特点：

（1）建立和推行事业单位人员聘用制度，要贯彻党的干部路线，坚持党管干部原则。

（2）坚持尊重知识、尊重人才的方针，树立人才资源是第一资源的观念。

（3）坚持公开、平等、竞争、择优的原则。

（4）事业单位除按照国家公务员制度进行人事管理的以及转制为企业的以外，都要逐步实行人员聘用制度。

（5）实行人员聘用制度的事业单位中，原固定用人制度职工、合同制职工、新进事业单位的职工，包括工勤人员，都要实行聘用制度。

相对以上用人特点，事业单位工作人员应从三个方面进行职业生涯设计：

第一，找准职业锚。职业生涯发展实际上是一个持续不断的探索过程，每个人都在根据自己的天资、能力、动机、需要、态度和价值观等自身因素而逐渐形成较为明晰的与职业有关的自我概念。随着对自己越来越了解，就会形成一个占主导地位的"职业锚"，职业锚实际上就是人们选择和发展自己的职业时所围绕的中心。

第二，分析内外部条件。事业单位职工在制定个人的职业生涯规划时，要分析环境条件的特点，环境的发展变化情况，自己与环境的关系，自己在环境中的地位，根据各自不同的性格、追求、需要和价值观，通过分析定位，确定自己的职业锚。

第三，做好职业生涯规划。事业单位人事部门应对职工的职业生涯规划有长远而系统的计划，在岗位设置管理的基础上，帮助职工制定职业生涯规划。首先，让职工进行比较准确的自我评价；其次，通过对职工的分析与单位岗位的分析，帮助职工确定生涯路线并画出职业生涯路线图；最后，制定不同的职业生涯策略。

3. 企业单位的人才招聘特点与个人职业生涯发展

企业单位招人用人通常考虑以下特点：

（1）以德为先。没有良好的职业道德、人生观和价值观的人才，会缺乏奉献精神，严重时会将个人的不良倾向波及并影响到整个团队，从而给团队带来较大的管理难度和管理风险。

（2）良好的团队精神。缺乏团队精神的人将会与团队格格不入，无法融入团队，很难有机会施展自我，最终无法为团队创造出应有的绩效。

（3）较扎实的基础知识。具备良好的语文和数学知识对以后掌握新知识、新技能也非常有利。

（4）认同企业文化。认同企业文化与被聘后人才的稳定程度有关。人才不稳定，会给企业带来不必要的负担。

（5）较好的发展潜力。较好的发展潜力是一个人能否快速成长的先决条件。企业为这样的人才所付出的成本可能不会很高，但创造的价值却是不断增长的。

相对以上用人特点，企业工作人员应从五个方面进行职业生涯设计：

（1）职业通道管理。是指根据公司业务、人员的实际情况，建立若干员工职业发展通道（即职系）。使具有不同能力素质、不同职业兴趣的员工都可以找到适合自己的上升路径。

（2）员工职业生涯设计。是针对每个员工而言。公司可以设立职业发展辅导人制度，上层的直接主管或资深员工可以成为员工的职业辅导人。职业辅导人在新员工进入公司试用期结束后，应与该员工谈话，有条件的可以使用测评工具对员工进行个人特长、技能评估和职业倾向调查。帮助新员工根据自己的情况，明确职业发展意向、设立未来职业目标、制订发展计划表。

（3）能力开发。公司应结合员工职业发展目标为员工提供能力开发的条件。能力开发的措施可以包括培训、工作实践和业务指导制度等。公司可以根据实际情况，有针对性地提供包括在职、脱产等各种形式的培训，并鼓励员工自我培训。

（4）检查评估。公司应定期对职业生涯管理制度的执行情况进行检查，同时，对员工进行能力、绩效的评估，确定能力开发成果，分析员工是否达到或超出目前所在岗位资格的要求，距离下一步职业目标的差距，为下一步的发展提供依据。

（5）反馈修正。是指阶段性的检查评估结束后，向员工反馈评估结果，根据评估结果，帮助员工分析前进途中的问题。

第五章

职业生涯目标的确立

第一节 职业生涯决策

职业生涯决策是个人根据各种条件经过一系列活动后确立目标，以及为实现目标而制定优选的个人行动方案。职业生涯决策是个人在多项选择之间权衡利弊，以达成最大价值的过程。它是生涯成败的关键、是实际行动的依据、是实现价值的保证，其包括以下内容：

①要有明确的职业目标。②职业决策需要结合自己的气质、性格、特长、兴趣和能力。③要考虑到实际情况，并具有可执行性。④正确面对问题，不要逃避问题。⑤要有职业决策的三条底线：一是不要危害社会；二是不要危害他人；三是不要危害自己。⑥向自己信任的人求助。可以同自己的朋友、学长、家长、配偶来交流，这个阶段也可以求助职业顾问。⑦善于系统长远分析但不要只做利弊分析，在生涯发展中没有统一有效的程序，所以要琢磨的是在职业中如何发挥自己的优势。⑧对已经做了的决定特别是重要事项的决定，不要朝秦暮楚，不要游离不定，积极地行动才能有助于问题的解决。

一、职业生涯决策 SWOT 分析法

SWOT 分析法原本来自市场营销领域，通常是市场战略分析家们用来分析企业内外部环境、制定企业最终发展战略的一种技术。然而，技术方法本身是不具有专业性的，我们也可以借用 SWOT 分析法来为个人的职业生涯决策服务。并且从 SWOT 的方法理念来看，在职业生涯决策过程当中使用 SWOT 技术也是切实可行的。原本对企业内部环境的优势分析和劣势分析，在职业

生涯决策的过程中就可以转换为对个体自身的优势和劣势分析，而所谓的企业外部环境中的机会分析和威胁分析，就相当于对职业环境因素以及各种可供选择的职业前景的分析。综合自身的优势和劣势，认清周围的职业环境和前景，个体可以减少职业决策的难度，更容易进行职业选择。因此，SWOT分析也可以看作是职业生涯决策过程中的一种可利用技术。通过这种方法，个体能够更准确地进行自我评估，更清晰地认识自己的职业生涯机会，从而能根据社会就业市场的状况和个人的情况做出最佳的决策。

（一）SWOT 分析在职业生涯决策中的具体应用

1. 个体的 SWOT 矩阵

个体通过与他人相比较，考察自己周围的职业环境，认清自身的优势和劣势，以及周围职业环境的机会和威胁，就可以构建出自身的 SWOT 矩阵，如表5-1所示。个体在进行 SWOT 分析时，可以采取多种方法来确定自身的优势与劣势、机会与威胁。目前，最常使用的是关键提问法，即连续不断地向自己提问，从答案中进一步了解自己。一般来说，在进行 SWOT 分析时，应遵循以下四个步骤：①评估自己的长处和短处，因为我们每个人都有自己独特的价值观、性格、兴趣和能力。②找出你的职业机会和威胁。③提纲式地列出今后五年内你的职业目标。④提纲式地列出一份五年后的职业行动计划。

表5-1　个人职业决策中的 SWOT 分析矩阵

	优势	劣势
外部因素	指个体可控制并可利用的内在积极因素 ● 工作经验 ● 教育背景 ● 丰富的专业知识和技能 ● 特定的可转移技巧（如沟通、团队合作、领导能力等） ● 人格特质（如职业道德、自我约束、承受工作压力的能力、创造性、乐观等） ● 广泛的个人关系网络 ● 在专业组织中的影响力	指个体可控并努力改善的内在消极因素 ● 缺乏工作经验 ● 学习成绩差，专业不对口 ● 缺乏目标，且对自我的认识和对工作的认识都十分不足 ● 缺乏专业知识 ● 较差的领导能力、人际交往能力、沟通能力和团队合作能力 ● 较差的寻找工作的能力 ● 负责的人格特征（如职业道德败坏、缺乏自律、缺少工作动机、害羞、情绪化等）

续表

	机会 指个体不可控但可以利用的外部积极因素	威胁 指个体不可控但可以使其弱化的外部消极因素
内部因素	• 就业机会增加 • 再教育的机会 • 专业领域急需人才 • 由于提高自我认识、设置更多具体的工作目标带来的机遇 • 专业晋升的机会 • 专业发展带来的机会 • 职业道路选择带来的独特机会 • 地理位置的优势 • 强大的关系网络	• 就业机会减少 • 由同专业的大学毕业生带来的竞争 • 具有丰富技能、经验、知识的竞争者 • 拥有较好的寻找工作技巧的竞争者 • 名校毕业的竞争者 • 缺少培训、再学习造成的职业发展障碍 • 工作晋升机会十分有限或者竞争激烈 • 专业领域发展有限 • 公司不再招聘与你同样学历或专业的员工

资料来源：Jepsen D. A. The development perspective on vocational behavior：A review of theory and research［M］. New York：Johns Willey & Sons，1984：194-195.

2. 定量的 SWOT 分析

单纯确定个体的优势、劣势、外在机会、外在威胁中的各个具体因素，这只是 SWOT 分析的初步分析阶段，如果想要更科学地做出职业决策，则需要进行更进一步的 SWOT 分析，即给 SWOT 矩阵中每个纬度的每一项因素配以权重，并根据权重进行定量分析。

对于不同的职业，个体的每一项优势劣势、机会威胁对其影响程度都是不同的，而且我们在进行 SWOT 分析时，如果只考虑每项因素的大致影响，那么随着分析项目的增加，可能这种分析就无法得出客观真实的结果，个体也很难分出自己相对于其他竞争对手在进行新的职业选择时是否具有比较优势。所以只有根据当时、当地的人才市场的具体情况，用数量化的方式把个人优势、机会结合起来与劣势、威胁相比较，才能够清晰地分析出自己选择这项职业是否比他人具有优势，从而才能做出最优的职业决策。

定量的 SWOT 分析是从数学运算的角度近似地反映问题的全貌，更科学的 SWOT 分析是采用其他更高级的数学方法来求值，如运筹学、模糊数学等方法。但是考虑到个体能力、时间和资源的有限，有时仅采用前面初级量化的 SWOT 分析对于个体的职业决策便已足够。

（二）职业生涯决策中使用 SWOT 分析法的不足及其相关对策

1. SWOT 分析法的静态性导致的缺陷及其对策

职业生涯决策的关键在于个人的职业目标和现实可得机会的匹配上，决策并不意味着最后的结果，一个决策者可能会从后面的阶段重新返回前面的主阶段或子阶段。因此，职业生涯决策的过程充满着动态性、连续性和发展性。在实际的工作过程中，人们的每一次经历、每一种职业体验以及由于年龄的增长而引起的价值观和需要观念的改变，都会导致对自我的重新认识，从而会修正自己的职业目标，因而职业生涯决策所依据的重点也会发生变化。但是，SWOT 分析本身却是一种基于某个时间段的静态分析方法，它不能够结合过去、现在和未来的发展趋势做出综合评判，而且在职业生涯决策中实施 SWOT 分析，个体通常是依据自己已经存在的现实形态和观点来分析自我和周围环境，而很少考虑到未来环境的发展所可能带来的机会和威胁，这种目光短浅的做法会导致个体忽略很多新的可能性。

要克服 SWOT 分析法静态性导致的不足，个体在使用 SWOT 分析法时就应该重视信息的及时反馈，一方面要加强自我觉察能力，要时刻站在未来老板的立场上衡量自身值得赞赏和仍需要改进的地方，另一方面还需要密切注意市场环境的变化，通过网络、报刊等媒介来追踪最新的就业趋势，根据具体的环境变化及时修正和调整自身的 SWOT 矩阵，从而做出更加准确的职业决策。

2. SWOT 分析的主观性导致的缺陷及其对策

个体评估是 SWOT 分析的主要手段，然而由于评价手段自身的主观性问题也同样导致了 SWOT 分析方法的准确性降低。心理学研究指出，人们往往会夸大自身的优势，忽视自己的缺点。因此，在进行 SWOT 分析时，个体可能会做出不太准确的自我评估，从而导致职业决策的失误。并且人格特征也会对 SWOT 分析的结果造成影响。在进行 SWOT 定量分析时，每项因素配以的权重也会因为个体的差异而产生不同。这些因素都会直接影响 SWOT 分析的准确度，继而影响个体职业生涯决策的成功与否。所以个体在进行职业生涯决策的过程中使用 SWOT 分析法时，最重要的就是要跳出自我。

首先，个体必须清楚地认识到，SWOT 评估只是为了帮助自己辨清自身的优势和劣势，其结果直接关系着自身未来的职业道路，意义非常重大。在评价过程中，个体应该尽量避免过度的谦虚和过度的理想，要敢于面对自己的不足，这样才能在职业计划中有一个良好的开始。其次，个体可以寻求外在资源的帮助。一方面，可以使用一些职业测评手段和个人特质诊断工具帮助自己客观地认识自我、辨清外在的机会和威胁。另一方面，个体还可以请教他人帮助诊断。以前的绩效评估、同事和上级的评价，甚至在校时同学和老师的评语均可以提供有价值的信息反馈，或者还可以求助于职业辅导专家。最后，在构建定量的 SWOT 矩阵时，个体应该尽可能地参考该行业长期经营和管理所形成的每项评判内容的重要程度，或者参考职业生涯规划专家们的看法，而不能只凭自己的主观印象行事。

二、职业生涯决策的平衡单分析法

"决策平衡单"经常被应用于问题解决模式和职业咨询中，用以协助咨询者系统地分析每一个可能的选项，判断分别执行各选项的利弊得失，然后依据其在利弊得失上的加权计分排列各个选项的优先顺序，以执行最优先或偏好的选项。

1. 生涯决策平衡单中的设计步骤

（1）列出可能的职业选项。咨询者首先需在平衡单中列出 3~5 个有待深入考量的潜在职业选项。

（2）判断各个职业选项的利弊得失。平衡单中提供咨询者思考的重要得失，集中于四个方面，分别是：自我物质方面的得失、他人物质方面的得失、自我赞许（精神方面）的得失以及他人赞许（精神方面）的得失。咨询者可依据重要的得失方面，逐一检视各个职业选项，并以"+5"至"−5"的十一点量表（+5，+4，+3，+2，+1，0，−1，−2，−3，−4，−5），来衡量各个职业选项。

（3）考虑各项因素的加权计分。咨询者在各个方面的利弊得失之间，会因身处于不同情境而有不同的考量。因此，在详细列出各项考虑层面之后，须再进行加权计分。即对当时个人而言，重要的考虑因素可乘以 1~5 倍分数（×5），依次递减。

（4）计算出各个职业选项的得分。咨询者须逐一计算各个职业选项在"得"（正分）与"失"（负分）方面的加权计分与累加结果，并计算各个生涯选项的总分。

（5）排列各个职业选项的优先顺序。依据各职业选项在总分上的高低，排列优先次序，职业选项的优先次序即可作为咨询者职业生涯决策的依据。

2. 平衡单中的得失层面

平衡单的得失可以从自我和他人两类主体以及物质和精神两个层面考虑：

自我物质方面的得失主要包括：①经济收入；②工作的困难度；③工

的兴趣程度；④选择工作任务的自由度；⑤升迁机会；⑥工作的稳定、安全；⑦从事个人兴趣的时间（休闲时间）；⑧其他（如社会生活的限制或机会、对婚姻状况的要求、工作上接触的人群类型等）。

他人物质方面的得失主要包括：①家庭经济收入；②家庭社会地位；③与家人相处的时间；④家庭的环境类型；⑤可协助组织或团体（如福利、政治、宗教等）；⑥其他（如家庭可享有的福利）。

自我赞许（精神）得失主要包括：①因贡献社会而获得自我肯定感；②工作任务合乎伦理道德的程度；③工作涉及自我安协的程度；④工作的创意发挥和原创性；⑤工作能提供符合个人道德标准的生活方式的程度；⑥达成长远生活目标的机会；⑦其他（如乐在工作中的可能性）。

他人赞许（精神）得失主要包括：①父母；②朋友；③配偶；④同事；⑤社区邻里；⑥其他（如社会、政治或宗教团体）。

第二节 职业生涯目标的制定

职业生涯目标是指个人在选定的职业领域内未来时点上所要达到的具体目标，包括短期目标、中期目标和长期目标。职业生涯目标一般是在进行个人评估、组织评估和环境评估的基础上，由组织里的部门负责人或人力资源部负责人与员工个人共同商量设定。

职业生涯目标要具体明确、高低适度、留有余地，并与组织目标相一致。专家认为职业生涯目标的确定包括人生目标、长期目标、中期目标与短期目标的确定，它们分别与人生规划、长期规划、中期规划和短期规划相对应。一般我们首先要根据个人的专业、性格、气质和价值观以及社会的发展趋势确定自己的人生目标和长期目标，然后再把人生目标和长期目标进行分化，根据个人的经历和所处的组织环境制定相应的中期目标和短期目标。

一、职业生涯目标的作用

职业生涯目标有利于明确人生未来的奋斗目标，有利于个人和组织更好地了解每个人的实力和专业技术，为组织人力资源建设提供指导；有利于组织和个人制订出有针对性的培训开发计划，鼓励自我掌握前途和命运；有利于人尽其才，避免人力资源的浪费。从生涯经历来说，初次就业的大学生和已经进入职场的企业员工对职业生涯目标设计与履行的内容是不同的。

（1）对大学生的作用。从学校走向社会，大学生将面对一个全新的世界。

在这个社会里，使大学生能够立足的是所选的职业，它不仅是生活的基础，更重要的是它体现出每个人存在的价值。因此，针对个人特点进行职业规划，确立未来的发展方向，对一个人的一生来说，显得格外重要。大学生制定职业生涯规划，有利于自我定位，认识自我、了解自我，明确自己的方向，明确自己的人生目标。他们在进行规划的时候，都会问："我想干什么？我能干什么？现在准备什么？就业环境如何？"这有助于在校生的个性化发展和创新人才的培养。此外，在校生可以自己找点事情做，如自己对写作感兴趣并有一定的能力，可以试着写一本书，或者找出自己的特长，并发挥这种特长，这有助于培养个人兴趣和特长，从而有利于职业发展。

（2）对企业员工的作用。拥有职业生涯规划的员工会有清晰的发展目标。每个员工的人生不仅与收入有关，还与自己的生涯规划发展有关。有目标的员工才能抗拒短期的诱惑，有目标的员工才会坚定地朝着自己的方向前进，有目标的员工才会感觉充实。每个员工只有找准自己的角色定位才能取得最大的成功。做自己喜欢的事情，做到极致，最容易成功。很多时候失败的员工不代表没有能力，而是角色定位的失败。个人生涯规划正是对个人角色进行有效定位的方式。

二、职业生涯目标的制定原则

（1）利益整合原则。指自己利益与组织利益的整合。这种整合不是牺牲员工的利益，而是处理好个人发展和组织发展的关系，寻找个人发展与组织发展的结合点。每个个体都是在一定的组织环境与社会环境中学习发展的，因此，个体必须认可组织的目的和价值观，并把他的价值观、知识和努力集中于组织的需要和机会上。

（2）公平公开原则。在职业生涯规划方面，企业在提供有关职业发展的各种信息、教育培训机会、任职机会时，都应当公开其条件标准，保持高度的透明。

（3）协作进行原则。协作进行原则，即职业生涯规划的各项活动，都要由他人与自己共同制定、共同实施、共同参与完成。因此，必须在职业生涯开发管理战略开始前和进行中，建立相互信任的上下级关系。建立互信关系的最有效方法就是始终共同参与、共同制定、共同实施职业生涯规划。

（4）动态目标原则。职业生涯规划应当是动态的。在"未来职位"的供给方面，在工作中除了要用自身的良好成长加以保证外，还要注重自己在成长中所能开拓和创造的岗位。

（5）时间梯度原则。由于人生具有发展阶段和职业生涯周期发展的任务，职业生涯规划与管理的内容就必须分解为若干个阶段，并划分到不同的时间段内完成。每一时间阶段又有"起点"和"终点"，即"开始执行"和"完成目标"两个时间坐标。如果没有明确的时间规定，会使职业生涯规划陷于空谈和失败。

（6）发展创新原则。职业生涯规划和管理工作，并不是指制定一套规章制度，让自己循规蹈矩、按部就班地完成，而是要发挥自己的能力和潜能，达到自我实现，创造组织效益的目的。

三、职业生涯目标的设计程序

1. 职业生涯阶段划分

不管人们的职业生涯是简单还是复杂、是顺利还是曲折，其职业生涯都会有一个开始、进入、退出的不同阶段，而在不同的职业生涯阶段人们所关心的问题和从事的工作是不同的。

第一阶段：早期职业生涯。

早期职业生涯所关心的问题：①第一位是要得到工作；②要学会如何处理和调整日常工作中所遇到的各种麻烦；③要为成功完成所分配的任务而承担责任；④要做出改变职业和工作组织的决定。

早期职业生涯应开发的工作：①了解和评价工作职业和工作组织的信息；②了解工作职务的协议；③了解如何与上司、同事和其他人一同工作、搞好关系；④开发某一方面或更多方面的专业知识。

第二阶段：中期职业生涯。

中期职业生涯所关心的问题：①选择专业和决定应承担义务的程序；②确定专业和组织的一致性；③重新确定前进的进程和目标等；④在几种可供选择的成功的职业生涯方案中作出选择（如技术或管理）。

中期职业生涯应开发的工作：①开发更为宽广的职业和组织；②了解如何自我评价的信息（例如工作的成绩效果）；③了解如何正确解决工作、家庭和其他利益之间的矛盾。

第三阶段：晚期职业生涯。

晚期职业生涯所关心的问题：①取得更大的责任或缩减在某一点上所承担的责任；②培养关键性的下属职员；③退休。

晚期职业生涯应开发的工作：①扩大和加深兴趣和技术的广度和深度；②了解其他的综合性的成果；③了解如何合理安排生活，避免被工作控制。

2. 职业生涯目标设计

（1）自我评价。自我评价就是要全面了解自己。一个有效的职业生涯设计必须是在充分且正确认识自身条件与相关环境的基础上进行的。要审视自己、认识自己、了解自己，做好自我评估，包括自己的兴趣、特长、性格、学识、技能、智商、情商、思维方式等。弄清自己想干什么、能干什么和应该干什么。

（2）环境评价。职业生涯规划还要充分认识与了解相关的环境，评估环境因素对自己职业生涯发展的影响，分析环境条件的特点、发展变化情况，把握环境因素的优势与限制。了解本专业、本行业的地位、形势以及发展趋势。

（3）确立目标。确立目标是制定职业生涯规划的关键，通常目标有短期目标、中期目标、长期目标和人生目标之分。长远目标需要个人经过长期艰苦努力、不懈奋斗才有可能实现，确立长远目标时要立足现实、慎重选择、全面考虑，使之既有现实性又有前瞻性。

第三节 职业生涯目标的评估与反馈

职业生涯目标的评估与反馈过程是个人对自己不断认识的过程，也是对社会不断认识的过程，是使职业生涯目标更加有效的有力手段。

一、职业生涯目标的评估

职业生涯自我评估是个人职业生涯规划的基础，也是能否获得可行规划方案的前提。有效的个人职业生涯规划要求规划者首先对自己做全面的分析，通过自我分析，正确深刻地认识和了解自己，唯此才能对自己未来的职业生涯做出最佳的抉择。如果忽视了自我评估，个人职业生涯规划就很容易中途夭折。

自我评估的主要内容为与个人相关的所有因素，包括兴趣、个性、性格、能力、特长、学识水平、思维方式、价值观、情商以及潜能等。即弄清楚自己是谁，自己想要做什么，自己能做什么。自我评估是个体选择和规划职业生涯的第一步，理性客观的自我评估结果决定着个体职业生涯发展的质量。对于个体自我评估这样兼有系统工程和复杂心智活动特征的行为而言，确立评估的原则并选择适合自己的评估方法是关键。

1. 自我评估的原则

国外的研究者曾提出过个体自我评估的四大原则，即全面性原则、适度性原则、客观性原则和发展性原则。就个体自我评估而言，上述四大原则有待补充和完善，下面提出三条修正原则：

（1）抓大放小。抓大放小作为自我评估的原则有两重含义：第一，在自我评估时要确定并抓住对自己最重要的指标组。一开始可能会由于没有经验无法判断哪个重要，这时就要加强学习，学习的起点就是正确理解相关指标概念。第二，自我评估应当主次分明。整合自己的长处，"抓大放小"自己的短处，先将大的短处补上，即首先解决"个体木桶"短板的修复问题。

（2）尽量客观。要清楚自己较稳定的个性特征和能力结构，需通过一定的测评。至少应当选择两个同类不同种的测评方法（A、B），看看结论是否一致。如果相差太大（分值相差30%以上），还需运用第三种方法（C）进行测评，看C的结果与A、B中哪个相近。如果三个结果两两之间都相差30%以上，则必须选第四种测评方法，得到结果D。这时再用"舍极值取平均"法，即去掉一个最高分，去掉一个最低分，余下的两个分数取平均数得到最终的测评值，形成个人稳定特性指标集Ⅰ。此外，要了解个人感兴趣的职业目标有哪些、这些职业的基本要求是什么，可通过资料查询、向有经验者咨询获知，形成职业要求指标集Ⅱ。适配前两步结果，形成集合Ⅰ和集合Ⅱ的交集（共同指标子集）Ⅲ。集合Ⅲ在集合Ⅰ中所占比例越大说明集合Ⅱ越适合你，如果比例小于50%，则集合Ⅱ不适合你，必须重新选择集合Ⅱ或修订集合Ⅰ。

（3）评修结合。在自我评估的过程中，要做到评（估）、修（养）相结合，评只是手段，修炼养成才是目的。"盘清家底"是为了"扬长避短"，职业选择目标要尽量匹配自己的优势项，规避劣势项，更是为了"知不足而奋进"，因为职业岗位一般是不会为你"量体裁衣"的。

2. 自我评估的方法

自我评估的原则提供了操作的准则，要完成评估，必须考虑具体的方法和步骤，下面介绍三种基本的自我评估方法。

（1）自省法。自省法是人们经常使用的一种自我评估方法，也是自我认识的重要途径，比较适合于经常性和及时性的评估。如果间隔时间太长，素材收集的难度加大，错误和缺点不能得到及时的纠正，影响进步，也可能铸成大错。

（2）比较法。比较法可分为两种具体方法：

1）自我前后比较（纵向比较法）——以史为镜。人们可以对自己进行前后比较，深刻地了解自我、认识自我，从而对自己做出客观的评价。这种方法比较适合在校学生以学年为单位进行比较，在校大学生可以通过对大二和大一时期的比较，发现自己在思想品德、学习能力等方面有无进步，社交能力、适应能力、实践能力有无提高，以及兴趣和期望有无变化等。

2）与他人比较（横向比较法）——以人为镜。这种方法的要点是把"我"与他人从某些角度进行比较，与他人比较时，要注意挖掘自身的相对优势，即挖掘与他人相比较时呈现出来的更高的觉悟、更强的能力、更高的本领、独具的特长和发展潜力。这种比较需要客观，不能自欺欺人。当然这种比较随着地点以及环境的不同而有所差异，最重要的是自己找参照点。

（3）测试分析法。要了解自己的兴趣、性格、价值观和能力水平。国外开发了一些评估工具，包括正式评估和非正式评估两类，正式评估工具是指有正式计分和量化处理的个人探索工具，非正式评估更多地用于确认正式评估的结果。

二、职业生涯目标的反馈与修正

在职业生涯规划过程中，最后一个步骤是信息反馈。所谓反馈就是沟通双方期望得到一种信息的回流。由于现实社会中不确定因素的存在，会使大学生与原来制订的职业生涯目标有所偏差，这就要求我们不断地反省并对规划的目标和行动方案做出修正或调整，从而保证最终实现人生理想。从这个意义上说，反馈调整就是一个再认识、再发现的过程。这就要求我们时时注意内外环境的变化，不断地审视自我、不断地调整自我、不断地修正策略和目标，这个过程就是反馈评估。它可以确保个人职业生涯规划的有效性。

1. 反馈的类型

（1）正式反馈。正式反馈属于一种正规的、有程序化的反馈方式，通常会以通知、书面等正规场合和形式将信息回馈给递交者。正规反馈虽然有一定的强制性，但是却有着很强的有效性。例如，在办公室或许会议这样的正规场合给予正规反馈，有着很强的有效性和一定的强制性。正规反馈中给予的是标准的答案和要求，员工需要自己根据要求等进行改进或者努力。

（2）非正式反馈。非正式反馈属于一种临时、交流的反馈。通常以交谈、辅导等方式，通过面对面交流，告知对方所需要的答案，或者解决问题。它不具备合同性，但却能减少双方隔阂，同时，一个好的非正式反馈能让员工更加激发主观能动性。它可以在任何地方进行，餐桌上、办公室里，提前准备好建议或者材料，在一个时间段内进行交流探讨，从而了解员工所需要的要求和答案，并通过事后进行调整，从而使员工得到改进。但非正式反馈不具备合同性，事后仍然需要一份正式反馈作为备份。

2. 职业生涯目标的修正

所谓修正是改正、修改，使其正确的意思。职业生涯规划修正的内容包括：职业的重新选择、职业生涯路线的选择、阶段目标的修正、实施措施与行动计划的变更等。

（1）修正的目的。通过反馈评估和修正，应该达到下列目的：①对自己的强项充满自信；②对自己的发展机会有一个清楚的了解；③找出关键的有待改进之处；④为这些有待改进之处制订详细的行为改变计划；⑤以合适的方式答复那些给予反馈的人，并表示感谢；⑥实施个人的行动计划，确保能取得显著的进步和成就。

（2）修正计划。实施生涯规划时，必须为日后可能的计划修改预留余地，修正的依据是每次评估后反馈回来的信息。至于计划修正的时机，必须考虑下列四点：①定期检测预订目标的达成进度；②每一阶段目标达成之时，要依据实际效果，修订未来阶段目标可采用的策略；③客观环境改变影响到计划的执行；④有效的生涯设计还要不断地反省修正，反省策略方案是否恰当，从而适应环境的改变，同时可以作为生涯规划修正参考的依据。

（3）修正考虑的因素。①考虑环境因素。包括社会环境、政治环境、经济环境、科技环境、自然环境和法律环境等。从宏观层面认识到职业生涯发展的局限和可能，个人只能适应而不可改变。②考虑组织因素。包括组织规模、组织结构、组织文化、组织发展状况、人力资源规划、人力资源管理系统类型、晋升政策、人际关系等一切与职业生涯发展有关的组织因素。要改变组织因素非常困难，但个人可以选择，到最适合自己发展的组织中工作。③考虑个人因素。包括年龄、性别、学历、工作经历、家庭背景、人格等。一方面要正确认识自己，另一方面要不断完善自己。组织和个人只能适应第一因素，正确认识和分析第二、第三因素，寻求个人发展和组织发展的最佳匹配。

第六章

职业导航的实施

第一节　开展学业规划

学业规划是指为了提高求学者的人生职业发展效率，对其相关学业进行的筹划和安排。具体来讲，是指在求学者完成文化启蒙阶段的学习后，即在决定其职业发展方向的源头上（一般为初中毕业），通过对求学者的自身特点和未来的正确认识，确定其人生阶段性职业目标，进而确定学业路线，而后结合求学者的实际情况制订学业发展计划，以确保用最小的求学成本获得阶段性职业目标所必需的素质和能力的过程。换言之，就是通过解决求学者学什么、怎么学、什么时候学、在哪里学等问题，满足阶段性职业目标要求的合格人才，并实现个人的可持续发展。

一、学业规划的原则与方法

学业规划的原则应与职业生涯规划的原则相一致。应遵循清晰性原则、挑战性原则、变动性原则、一致性原则、激励性原则、合作性原则、全程原则、具体原则、实际原则和可评量原则这十项原则。

同样，学业规划的方法与职业生涯规划的步骤也十分相似。职业生涯规划的步骤是确定志向、自我评估、职业生涯机会的评估和职业的选择。与之相似，首先，学业规划应当确定自己的学习目标，有了学习目标，在日后实施学业规划时可以起到事半功倍的效果；其次，应当对当前的学业水平进行自我评估，了解自己现在所处的位置；再次，应当对自己达到学习目标的可能性进行评估；最后，依据以上几点，调整自己的学习目标，并对自己完成该目标的具体步骤进行初步计划与规划。综上所述，学业规划的方法即为依据事项原则对学业目标进行调整并作出细化的方案来完成的过程。

二、学业规划的时间管理

时间管理是指通过事先规划并运用一定的技巧、方法与工具实现对时间的灵活及有效运用，从而实现个人或组织的既定目标。EMBA、MBA 等主流商业管理教育均将时间管理能力作为一项对企业管理者的基本要求涵括在内。在学业规划中加入时间管理的部分，同样有益于学业规划的进行以及实施。

学业规划的时间管理可以遵循帕累托原则来完成。帕累托原则的核心内容是生活中 80% 的结果源于 20% 的活动。比如，20% 的客户创造了 80% 的利润；20% 的人掌握世界 80% 的财富等。因此，要把注意力放在 20% 的关键事情上。根据这一原则，我们应当对要做的事情分清轻重缓急，进行如下的排序。①重要且紧急——必须立刻做。②紧急但不重要——只有在优先考虑了重要的事情后，再来考虑这类事。人们常犯的毛病是把"紧急"当成优先原则。其实，许多看似很紧急的事，拖一拖，甚至不办，也无关大局。③重要但不紧急——只要没有前一类事的压力，应该当成紧急的事去做，而不是拖延。④既不紧急也不重要——有时间再说。

依据帕累托原则进行学业规划的管理，很大程度上可以避免在完成学习任务时发生的混乱状态，有利于学习任务的排序与快速完成，节约了时间，并提高了效率，从而可以达到在学业规划中进行时间管理的目的。由此可以验证，在我们的学业规划中加入时间管理的部分，有益于学业规划的进行以及实施。

第二节　掌握就业常识与规章

一、大学生就业常见问题

（1）用人单位可以采取哪些方式招聘毕业生？

用人单位可以通过高校毕业生供需见面会，也可与有关高校毕分办联系，到高校直接进行招聘，还可通过"北京高校毕业生就业信息网"招聘毕业生。

（2）用人单位在招聘过程中应向毕业生提供哪些材料？

用人单位公开招聘人才，应当出具有关部门批准其设立的文件或营业执照（副本），并如实公布拟聘用人员的数量、岗位，以及所要求的学历、职称和有关的待遇等条件。

（3）用人单位招聘毕业生可否收取费用？

根据国家有关规定，用人单位招聘毕业生不得收取任何费用。

（4）毕业生参加工作后的工龄从什么时候开始计算？

毕业生就业后，其工资标准和福利待遇按国家有关规定执行，工龄从报到之日计算。

（5）毕业生报到后找不到档案后怎么办？

毕业生落实工作单位后，学校一般在一个月左右的时间内将档案通过有关部门转递出去，用人单位也可以开具证明材料后，派人到学校取。但毕业生本人不得自己携带。毕业生报到后超过三个月的时间还找不到档案，可以通过学校查找。

（6）毕业生与用人单位订立劳动合同应遵循什么原则？

订立和变更劳动合同，应当遵循平等自愿、协商一致的原则，不得违反法律、行政法规的规定。劳动合同依法订立即具有法律约束力，当事人必须履行劳动合同规定的义务。

二、大学生就业程序

第一，做好就业准备。在就业准备中，不仅要做好专业知识的准备和能力的准备，还要做好心理准备。所谓心理准备，是面试时与面试官沟通的应对准备，虽然很多人会说是金子总会发光，但不一定所有人都能发现金子。因此，就业前期的心理准备工作大于能力准备，要做好心理准备工作。

第二，收集就业信息。就业信息是必不可少的信息资源，我们要及时、全面地收集各种就业信息。所谓就业信息，是将要从事的行业信息，以及要应聘的单位信息。这些对面试会很有帮助，因此，一定要重视信息收集。

第三，准备求职材料。求职材料是展现自己的重要证据，包括我们的简历和其他一些证明材料。在填写专业能力时，可以把个人获得的相关荣誉填写上去，切记是和个人选择的专业相关的荣誉，否则无异于画蛇添足。在填写求职理由时，可以稍加称赞应聘公司的企业文化等。

第四，参加面试。参加面试是工作之前的最后一步，能不能参加工作这一环节十分重要。面试时一定要做到不卑不亢，也不能狂妄自大，把最真实的自己展现给面试官们。当然有些企业可能还会有笔试，提前要打听好，做好充分准备。

第五，签订就业合同。如果面试成功，接下来就是签订就业合同。签合同之前一定要确定好合同的内容，如试用期期限、工资（又分为试用期工资和正式工资）、三金、加班费、休假等是否与之前协定的内容一致，如不一致要及时提出，一旦签订合同，便具有法律约束力。

三、就业管理部门的工作程序

大学生的就业管理机构，由三部分组成。教育部主管全国大学生就业工作；各省（自治区、直辖市）和中央有关部委分管本地区、本部门的大学生就业工作；各高等学校和用人单位负责本校毕业生就业的具体事宜和招聘接收毕业生事宜。其工作程序大致分四步：

（1）教育部根据国民经济发展和国家建设情况，确定年度就业工作意见，制定相应的就业政策。各省（自治区、直辖市）和中央有关部委根据文件精神制定本地区、本部门所属高校毕业生就业工作的具体意见。这项工作一般在大学生毕业前的前半年内基本进行完毕。

（2）教育部及各地区在每年10月左右向社会上的用人单位提供下一年度毕业生资源情况，包括毕业生所在学校、所学专业、来源地区及毕业生人数等。

（3）各地区、各部门和高校在每年11月下旬开始采取多种形式召开毕业生"供需见面，双向选择"会或开放毕业生就业市场，进行招聘活动，为毕业生求职择业提供方便。各高校根据招聘录用情况及生效的就业协议书，制定本校毕业生就业建议方案，并上报主管部门审批。

（4）高等学校在完成全部教学计划后，按照国家统一要求，一般在7月1日以后开始根据就业方案为毕业生办理离校手续。

四、用人单位招聘、录用程序

1. 确定人员需求

确定人员需求有以下几个步骤：①当部门有员工离职、工作量增加等出现空缺岗位需增补人员时，可向人力资源部申请领取《人员需求申请单》；②《人员需求申请单》必须认真填写，包括增补原由、增补岗位任职资格条件、增补人员工作内容等，任职资格必须参照《岗位说明书》来写；③填好后的《人员需求申请单》必须经用人部门经理的签批后上报人力资源部；④人力资源部接到部门《人员需求申请单》后，核查各部门人员配置情况，检查公司现有人才储备情况，决定是否从内部调动解决人员需求；⑤若内部调动不能满足岗位空缺需求，人力资源部将把公司总的人员补充计划上报总经理，总经理批准后人力资源部进行外部招聘。

2. 制订招聘计划

制订招聘计划有以下几步：①招聘计划要依据《岗位说明书》确定招聘各岗位的基本资格条件和工作要求，若公司现有的岗位描述不能满足需要，要依据工作需要确定、更新、补充新岗位的《岗位说明书》。②根据招聘人员的资格条件、工作要求和招聘数量，结合人才市场情况，确定选择采用什么样的招聘渠道。大规模招聘多岗位时可通过招聘广告、学校和大型的人才交流会招聘；招聘人员不多且岗位要求不高时，可通过内部发布招聘信息，或参加一般的人才交流会；招聘高级人才时，可通过网上招聘，或通过猎头公司推荐。③人力资源部根据招聘需求，准备以下材料：招聘广告。招聘广告包括本公司的基本情况、招聘岗位、应聘人员的基本条件、方式、时间、地点、应聘时需携带的证件、材料以及其他注意事项；公司宣传资料（如公司简介）；《应聘人员登记表》《面试评价表》。④人员甄选。⑤招聘评估。

第三节 掌握求职途径和技巧

严峻的就业形势下，大学生的就业压力越来越大，毕业生求职时面临的竞争也越来越激烈。求职成功与否很大程度上取决于毕业生本身的实力，然而求职过程中实力是否能够完全体现，在一定程度上取决于毕业生是否掌握了足够的求职技巧。求职技巧的作用和重要性日益凸显。

一、求职策略

（1）广泛收集就业信息，熟悉就业渠道。大学生可以通过学校就业指导部门、各类人才招聘会、网络、人际关系、新闻媒体、学习实践机会等渠道获取与自己相关的信息，并且对这些信息根据自己的需要进行加工处理，做好细致的职业分析，最终形成自己的就业信息资料库，帮助自己在做出决定时参考。目前，我国大学生就业的渠道主要分为两类市场，即有形市场和无形市场。大学生可以通过大学生就业市场、人才市场和各类劳务市场择业，也可以通过招聘广告和网上求职。

（2）做好充分的心理准备。作为刚刚踏入社会的大学生们，在求职这个问题上，既要有成功的思想准备，也要有失败的思想准备。落聘并不等于失业，更不等于事业无望。落聘只是失去了一次选择职业的机会。每个人的一生中，择业的机会很多，此处的落聘也许还是彼处更符合自己要求的求职机会。因此，在落聘之后，积极的态度应该是正视现实，针对落聘寻找原因，在这个基础上认真总结经验和教训，进行自我调节，以积极向上的心态迎接下一次的机会。

（3）积极宣传推荐自己。在现实的择业活动中，绝大多数人的求职都是市场化就业方式下供需双方互相认识、互相了解的过程。作为个人来讲，这个过程就是在了解对方的同时也让对方了解、认识自己，以实现就业愿望的过程。因此，毕业生要主动地向用人单位推销自己，让对方全面了解自己的优势、了解自己能为企业带来多大的效益，以便求职成功。求职者"积极宣传推荐自己"的途径主要包括写好求职信，利用好中介、人才市场，通过报纸广告和网络等方式。求职者在采用这些途径时一定要遵循这样五个原则：求实性、全面性、针对性、主动性和即时性。只有这样，才能达到较好的效果。

二、面试准备

1. 了解基本信息

基本信息一般包括用人单位的名称、职位、面试地点（包括乘车或开车的路线）、时间，以及面试的形式、面试内容等，同时，也要了解一下用人单位的网址、通知人的姓名和面试官的职位等信息。尽量按要求的时间去面试，以防错失机会，如不能按时参加面试应及时电话联系公司并解释说明。

2. 了解用人单位与应聘职位

可以通过以下途径了解用人单位及岗位信息：网站、宣讲会、高校 BBS、专业求职网站（智联招聘等）以及所属行业专业网站等，另外，可以在亲友和人脉圈中搜索一下有没有熟悉、了解用人单位的，他们的感受或了解无疑具有非常重要的参考价值。

3. 加强自身准备

第一，认识自我，包括与应聘岗位相符的性格特征；工作、活动经历；具备的专业知识；特长或技能。第二，针对自己进行 SWOT 分析，分析优势、劣势、机遇、挑战。第三，熟悉简历。熟悉求职简历的每一项内容，设想如果面试官针对简历的某一内容提问题该如何回答，尤其是简历中与面试岗位相关的工作实习经历等内容，一定要仔细回忆并试着用语言表述出来，以免被提问时回答不全面或由于紧张表述不清楚。第四，回顾每一次面试经历，从经历中总结经验和教训。

4. 做好材料准备

用人单位面试的依据是毕业生的求职材料，通过这些求职材料可以判断和评价毕业生的学习成绩和工作潜力。求职材料主要包括以下四个方面：

（1）毕业生就业推荐表。是学校主管就业工作的部门（毕业生就业办公室）发给毕业生的、用以反映学生各方面的书面材料，是学校通过正规途径向用人单位推荐学生的书面材料。一般来讲，毕业生推荐表的内容都应该包括毕业生基本信息、毕业签订等内容。

（2）求职信。是针对特定的用人单位写的。当毕业生获得就业信息时，通常是先写一份自荐信（即求职信）连同就业推荐表一并寄（送）到用人单位。用人单位根据毕业生的求职信来判断毕业生是否适合用人单位的需求，是否为其提供面试的机会。求职信的内容一般包括在校学习和表现情况、求职动机和意愿、与所求工作相应的才能和资格、自己对所求工作的态度和兴趣等，其核心部分应是阐明自己能胜任工作的条件。在写求职信时要注意以下事项：求职意向要简短清晰，主要表明本人对哪些岗位、行业感兴趣及相关要求；要富有个性；要有针对性；要能吸引面试官。

（3）个人简历。所谓简历就是概括介绍毕业生个人基本情况，并对个人的技能、成就、经验、教育程度和求职意向作一个简单的总结。一份成功的简历，往往在瞬间即能抓住用人单位的心，赢得难得的机会，达到被录用的目的。

（4）其他的辅助性资料。毕业生要准备好如获奖证书、成果证书、技能考核证书、工作成果的证明或者作品甚至专利证明等各种反映自己各方面能力的证明材料的复印件，这些材料也是对上述材料的有益补充。

三、面试技巧

面试应试可以考虑以下技巧：

（1）面试者要有时间观念，准时参加面试，最好提前 10~15 分钟到达面试地点。

（2）要有合适的仪容、仪表、仪态：

仪容礼仪。男士发型发式要求：干净整洁；不宜过长，最短标准不得剃光头；前部头发不遮住自己的眉毛；侧部头发不盖住自己的耳朵；不能留过长、过厚的鬓角；后面的头发不超过衬衣领子的上部。男士面部修饰：剃须修面，保持清洁；在商务活动中接触烟、酒等有刺激性气味的物品，要保持口气清新；精神饱满、面带微笑。女士：妆容要自然，化淡妆，符合常规的审美标准；面带微笑；头发文雅、庄重，梳理整齐；指甲不宜过长，并保持清洁，涂指甲时须自然色。

仪表礼仪。考虑衣着时应先考虑公司的性质以及应聘的职位。如果公司规定穿制服，就要考虑准备整洁大方的套装。如果是网络公司，便装也不会有太大不便。不过若是应聘销售、公关、市场以及高级职位，穿深色或者灰色的套装会比较合适，也可用一些雅致的饰物装扮自己。服装问题应在面试前几天确定，最好不要轻易变动。

仪态礼仪。面试过程中要注意保持恰当的仪态，包括站姿、坐姿、行姿、蹲姿，这些细节可能反映了面试者的基本涵养，同时也可能会影响面试者在面试考官心目中的整体印象。

（3）面试中注意言行举止。面试过程中语言表达要诚恳、谦恭，不卑不亢，要有自信，具体应做到：应聘时要先敲门，关门后鞠躬、问好，然后走到位置前，待主考官讲"请坐"后道谢坐下，环视主考官，微笑；做自我介绍时要包括姓名、年龄、受教育程度、特长、工作经历等，切忌博取同情心、谈论个人感受等；回答问题时勿以"我"为中心，过于"自我"表现，观点不同时，语气要平和，可发表不同观点，但切忌争论，语言表达要简明扼要，避免重复、唠叨、游离主题；要与面试官有目光交流，并且目光交流的范围应覆盖全场，避免直对某一个或几个考官进行目光交流；最好不要单刀直入地询问关于薪资的问题，当主考官询问薪金要求时，可模糊回答；恰当地运用手势，避免手势一直重复或手势过多或太夸张。面试结束，要感谢主考官及公司给自己机会，把椅子放回原处，关门前鞠躬，再次表示感谢，随手关门。

（4）注意面试中的特别禁忌：

1）禁忌缺乏自信。

2）禁忌急问待遇。

3）禁忌报有熟人。

4）禁忌超出范围。

5）禁忌不当反问。

四、求职中的自我保护

1. 大学生自我保护意识现状分析

大学生在就业过程中，在学校与社会的过渡与转型中，增强其自我保护意识，既有利于大学生保护其自身的合法权益不受侵害，又能起到稳定大学生就业市场，促进大学生个人、家庭乃至整个社会的和谐与发展的作用。可见，就业过程中增强大学毕业生的自我保护意识极其重要。但大学生在就业过程中，自我保护意识显得比较薄弱，主要表现在以下方面：

第一，由于大学生自我保护意识心理防线尚未形成，自我保护心理意识缺乏，很容易上当受骗。大学生在就业过程中，把全部的心思放在找工作上，往往对外出找工作时应该要注意的人身、财产安全缺乏一种防范意识，让一些犯罪分子有机可乘。

第二，利益法律化意识不足。就业协议书与劳动合同是毕业生在就业过程中维护自身合法权益的法律形式，由于大多数学生对就业协议书及劳动合同了解甚少，甚至有很多学生到要找工作的时候还不知道就业协议书有何作用，也不明白就业协议书与劳动合同之间的差别。所以在就业过程中就难以把自己的利益法律化、合法化、保险化，这样就容易引起纠纷甚至误入骗局。

第三，利用法律手段维护自身合法权益的意识不够。大学生在就业过程中由于就业形势严峻、专业竞争力不足及求职心切等原因，在就业过程中很容易忽视对自身合法权益的保护，再加上大学生对就业相关的法律知识了解不多、掌握不全，所以在其求职过程中，一旦发生侵犯自身合法权益的事件，不能有效地拿起法律武器来捍卫自己的合法权益，更有甚者，即使知道应该运用法律手段保护自己，却不知道从何入手，也不知道应该去找哪些部门或者是怕麻烦而不了了之。

第四，自我疏导意识不强。找工作是大学生迈向社会的一个坎，跨过去了光明无限，但多数学生在就业求职的过程中，会碰钉子、受挫折，而他们往往在遇到挫折或困惑的时候不进行自我排解和自我疏导，耐受性较差，容易心烦意乱、焦躁不安，如果不及时自我疏导就容易想不开，情绪不稳定，甚至走极端。

2. 增强大学生就业自我保护意识的对策

要增强大学生在就业过程中的自我保护意识，应该做到以下三方面。

第一，要培养保持平稳的心态，不急躁。多数学生在求职过程中表现出急切的心态，特别是有些专业比较冷门，竞争激烈，面对严峻的就业形势，心态往往较为急躁，这恰恰给一些不法分子及组织以可乘之机。因此，要从心理上筑起防线，这是自我保护的第一招。求职中遇到困难时，要保持平稳的心态、清醒的头脑，凡事多问几个为什么，防止因轻信而上当受骗；同时，要正确分析就业形势，准确把握就业信息，做好充分的就业准备，做到心中有数，这样才能"临战不乱"。

第二，要从容选择，慎重签约。首先，正确选择就业目标。根据国家、社会的需求，结合自身的性格和专业特点，正确选择就业目标，避免做出浪费人力、物力、财力的行为。其次，了解有关就业目标的基本情况，对用人单位的相关情况进行了解。最后，明确协议书与就业合同的意义，正确引导大学生理解并运用协议书和就业合同来保护自己，避免在就业协议书和就业合同上栽跟头。

第三，要引导学生学习就业相关政策，懂得适时利用法律手段保护自己。高校要组织大学生学习《中华人民共和国民法通则》《劳动法》和《违反〈劳动法〉有关劳动合同规定的赔偿办法》等法律，使其掌握与就业相关的基本法律法规知识；还要让学生懂得如果在应聘过程中遇到非法中介机构借招聘名义欺骗、讹诈的情况，要懂得及时向当地政府的人事、劳动、工商等行政部门举报，以便使此类非法行为得以查处、取缔。在签约中，如果不慎签订了不合理甚至不合法的协议或用工合同，发现用人单位有侵犯自身合法权益的行为，应及时通过其上级人事、劳动部门的仲裁机构寻求帮助；情节严重的，还可以诉诸法律，求得法律对自身合法权益的保护。

第四节　适应职场

对于刚毕业要走向社会的大学生来说，适应职场无疑是必备要求。因此，大学生要转换自我角色，适应当下社会；顺利度过由学校到职场的适应期；立足岗位，走向成功。

一、转换角色，适应社会

（1）调整好心态。社会与学校相比，生活环境、工作条件、人际关系都有着很大的变化，难免使那些心存幻想、踌躇满志的毕业生造成心理反差和强烈的冲突。因此，大学生应该学会调整心态，将大学时一些不适应社会的习惯改掉，完成从校园人向社会人的转变。一方面，要认识自我，了解就业、职业、事业与成功的关系；不要好高骛远，正确评价自我，结合社会实际状况合理择业，要懂得过去不等于未来；要能够根据现实的环境调整自己过高的期望，尽量把期望值定得现实一些，尽快与整个社会接轨，适应新环境。另一方面，认识职场，尽量避免出现新员工常见心态病，即自卑（或自傲）、害怕犯错、期求宽容、嫉妒、孤独等，尽快融入团队。

（2）加强人际沟通能力。走上工作岗位后，人际沟通能力是适应环境的关键。大学生初入职场，与人沟通常常不会一帆风顺，可能会遇到各种各样的问题，从而在不自觉中掉进沟通的陷阱，于是出现紧张、恐惧、胆怯、顾虑等情况，造成沟通失败，事业不畅，因此沟通能力是大学生必备的技能。

要想提高沟通能力，首先要从理论上武装自己，认真学习有关沟通的理论知识，树立沟通意识，掌握沟通的基本理念；在此基础上，加强沟通实践，注意在具体沟通情景中锻炼自己，提高沟通术和技巧。具体来讲，应放下架子去和周围的同事、领导交流思想感情，热心地去和他们交朋友等。

（3）不断提高综合素质，努力推销自己。一般来讲，学校培养的是专门人才，而实际工作中碰到的问题往往是综合性的，涉及各学科、多领域的知识。因此，要使自己胜任工作、适应环境，就要随时调整自己的知识、能力结构和思想行为方式，不断提高综合素质，同时努力推销自己。

具体来讲，大学生要提高自我推荐书的写作技能，在包装自己时要量体裁衣，实事求是，真实表达自己的学业成绩、专业水平和专业技能，摒弃过分的形容和夸大；要懂得面试技巧和面试礼仪，应聘者的仪容仪表必须做认真的修饰，要整洁、庄重、正规；要注意言谈举止，特别注意谈吐的礼貌、标准、连贯和简洁；要有较强的演讲和沟通力；要知道第一印象的重要性，注意从外显要素和内在品格两方面塑造良好的个人形象，完善自己，提高自我推销能力。

二、顺利度过适应期

（1）心理适应。要有吃苦耐劳的精神。大学生到了新的工作岗位后，作为新人千万不要用自己的习惯去改变环境，而是要学会入乡随俗，适应新的环境。要尽快适应企业文化和单位环境，避免出现眼高手低的现象，从细节抓起，小事做起，学会适应艰苦、紧张而又有节奏的基层生活；要有自信。虽然在刚开始的时候可能你会做错很多事情，但只要能够吸取经验，慢慢地，在同事前辈们的帮助下，自己的整体协作意识、独立工作意识和创造意识就会养成了。

（2）生理适应。既然步入了职场，就已经从一个学生转换成了一个社会人，原来的许多生活习惯就需要改变。在校时，大学生可能喜欢睡懒觉或上课迟到，在读书期间也许不会带来什么严重的后果，可是在工作期间，很可能给自己带来非常严重的后果。如果在一些规定较严格的企业工作，更要严格规定自己。所以，为了自己的职业前途，要努力调整生活规律，不断适应职场生活。

（3）岗位适应。首先，需要增强职业角色意识。大学生在走出学校大门前，容易将事情看得简单而理想化，对未来充满幻想。当他们按照过高的目标接触现实环境时，会发现自己在初入职场时走了弯路，以至于碰了壁还莫名其妙、不知所措，产生一种失落感。因此，毕业生在踏上工作岗位后，要能够根据现实的环境调整自己的期望值和目标，明确在职场中自己该扮演什么角色，增强自己的职业角色意识，真正了解自己能做什么，该往哪方面发展。其次，科学规划自己的职业生涯，不要频繁跳槽。频繁跳槽的年轻人往往对自己的职业生涯规划呈现两种极端的态度：一种是职业生涯规划目标过于远大，另一种则是完全没有规划。因此，作为职场新人可以根据自身的特点和周围的客观环境为自己做一个科学的职业规划，明确自己的职业目标是什么、该怎样强化自己的职业，并且在这个行业内钻研下去，自然就能得到较好的发展。

三、立足岗位，走向成功

在平凡的岗位上如何实现人生价值？相信很多人在思考、在追求，也有很多人感到困惑、迷茫。有句话说得好：思想有多远，我们就能走多远。一个人的价值取向决定人生的奋斗目标，也是人生进步的动力所在。

我们都听过这样一个故事，有人问三个砌砖工人："你们在做什么？"第一个工人说："我正在砌砖。"第二个工人说："我正在赚钱。"第三个工人却说："我正在建造世界上最富有特色的房子。"故事的结果是，到了最后，前两个工人还是普普通通的砌砖工人，而第三个工人却成了伟大的建筑师。这个故事无非是想讽刺前两种人胸无大志，所以一事无成，而赞美第三种人有远大的理想，能够成就大业。但这个故事也可从另一个角度看，这个世界需要好的建筑师，同样也需要好的砌砖工人。伟大的工作需要人来做，平凡的工作也同样需要有人来做。所以，即使是最平凡的工作，也会有闪光的地方，在普通的岗位上，也能创造出人生的价值。

也许有的时候，我们无法选择自己的工作。你所从事的工作，不是你理想的工作。在我们无从选择的时候，我们能够选择的就是我们对待工作的态度。要想工作上有成绩，要想事业上有成就，要想实现人生的价值，就要有一种认真承担责任的工作态度、有一种勤劳扎实的工作作风、有一种对待工作高度敬业的精神。平谈无奇的工作同样可以变得色彩纷呈，同样可以拥有美丽的人生。

实务篇

　　基于前述大学生职业生涯管理的理论基础，本篇以北京信息科技大学人力资源管理系特色教学项目建设为例，介绍大学生职业导航的实务活动。主要内容包括大学生职业导航的指导思想、设立原则、整体框架、活动流程与目标职位数据库，最后介绍北京信息科技大学与北京师范大学珠海校区实施导航项目的完整案例。

第七章

大学生职业导航项目规划

大学生职业导航又可称为大学生职业规划与就业导航，是大学管理者以完善大学生就业为终极目标，以市场目标职位为参照蓝本，通过辅导大学生设计职业规划、了解市场职位信息、提高就业能力，最终获得就业、进入职场，顺利完成"学生—职员"身份转换而提供的系列服务活动。

第一节　大学生职业导航特征

一、大学生职业导航的社会渊源

大学生职业导航项目的产生源于大学生就业市场的严重不均衡。

（一）大学生就业市场总量供大于求

自我国高校扩招以来，大学生就业早成为人们热衷的话题。每年数百万计的毕业生大军为就业市场提供了丰富的人才储备，但他们却难以觅到数量对应的就业岗位。大学生就业难，成为社会公认的常态。梳理 2010 年以来的数据可见：2010~2018 年的毕业生人数按照 2%~5% 的同比增长率逐年增长，九年间累计毕业生人数达到 6526 万人。教育部相关信息显示，2019 年全国普通高校毕业生预计达到 834 万人，加上进入大学生就业市场的海归大军，总数接近 900 万人（见图 7-1）。

与图 7-1 显示的形势相对应，就业市场的用人大户企业却大规模缩招，

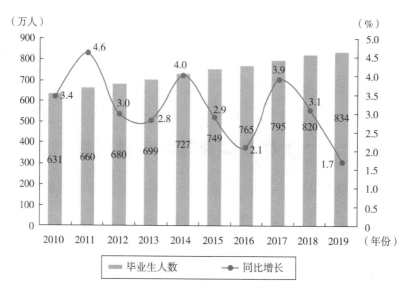

图 7-1　2010~2019 全国高校毕业生人数统计及预测①

金融行业因证券下跌缩招；证券公司基本不招人；互联网行业人口红利消失缩招；快消品行业缩招；房地产业更是严冬。总量上的供大于求，使得 2019 年在高校毕业生数量再次达到历年之最的同时也成了最难就业季。

（二）大学生就业市场供需双方数量上结构性失衡

一方面，每年数以百万计的各类大学毕业生定期进入就业市场寻求工作，数量多、规模大；另一方面，与供给方大学生旺盛的求职期望相比，需求方的用人单位则显得理性而克制。相比已经毕业、急于通过工作证明自己的大学毕业生来说，用人单位更喜欢尚未踏出校门的在校实习生，他们具有质优价廉、无须与企业捆绑较长时期权利义务的天然优势。从企业角度说，实习生能够满足不需要复杂培训的低技术含量的底层岗位业务能力要求，还可以通过较长时间实习考察与磨合后，从中寻找与企业岗位契合度最高的人成为正式员工。

高等院校对人才的培养是规范性教育统一性培养，企业用人则五花八门、灵活多样。重视通识教育和同质教育，大学毕业生往往综合素质高、综合能力强，但他们进入企业后需要一个或长或短的适应期与成长期；企业则更喜欢能直接上岗的熟练员工，更欢迎具有针对性技能、专业化能力的人才。以

① 数据来源：中商产业研究院，http://www.askci.com/news/chanye/20181224/1507511139146.shtml。

通用素质对专业要求，以综合能力对实操技能，再加上就业市场天然存在的信息不对称，造成毕业生就业与企业招工之间的结构性错位。大学生就业难，难的不仅仅是就业岗位总量不足，更多时候是结构性不足。实习生受青睐，除权益少、工资低以外，实习期间能与企业更好地磨合、得到更多针对性学习也是一个重要原因。

（三）大学生就业角色转换的风险担当

大学生从离开学校到进入用人单位，角色转换不是无缝对接、一蹴而就的，而要经过一个中间环节——以就业岗位为目标有针对性地演习岗位技能、熟悉企业文化、捋顺工作关系。这个中间环节需要花费一定时间、耗费相应成本，也存在一定风险：不同的大学生在禀赋能力方面存在差异，即便耗费了相应的人力物力，不同人完成这个角色转换需要的时间可长可短、效果可好要坏。这种身份转换风险，或称就业市场的不确定性风险，成为横在大学生就业与企业用工之间的天然屏障。消除这种风险，企业、社会与学校三方主体都有可作为空间（见表7-1）。

表7-1　大学生身份转换风险列表

	面临问题	风险	解决方案
企业	招工难，招到合适称职的新进员工更难	新员工不能直接胜任工作	谨慎招工，试用期，使用实习生
社会	大学生就业难，人才市场存在较长时间失业者	培训不到位，培训生推荐难	上岗培训，认证培训，给企业推荐人才
大学	学生就业难，找到合适称心的工作更难	低就业率	大学生就业指导，大学生职业导航

然而，现实中出于经济利益考虑，企业一般不愿承担这种风险，招聘人才时慎而又慎，或者索性使用实习生和派遣工，这在极大程度上加剧了大学生就业难的状况。

企业不作为，便给相关的社会机构创造机会。当前社会上出现诸多培训公司、企业大学或者其他培训机构，目标就是对应届大学毕业生进行培训。这些机构根据企业需要的具体岗位为大学生进行有针对性的技术培训和上岗培训，培训结束后再推荐给企业。这种做法相当于企业新员工培训工作的实质剥离，企业规避风险、培训机构有利可图，转换成本由大学生本人承担。

大学生职业导航就是在当前形势下，为避免、缓解和解除大学生身份转换风险，从高校角度出发，由专业院系进行的一种贯穿大学教育始终的、为大学生职业发展与就业选择进行引路导航的服务活动。

二、大学生就业指导与职业导航

大学生职业导航，与高校常见的就业指导服务工作同属一个领域但内容有所不同，前者是后者的内涵深化与外延拓展。两个概念既相同又有不同。相同之处是都围绕大学生就业展开工作，不同之处在于两者的主导方的主体、工作对象与工作内容、工作性质与状态都有不同，具体表现在：

1. 主导方的主体不同

大学生就业指导/服务工作的主导方是学校常设机构，很多高校都有就业指导/服务中心，也有的高校将这项工作放到"就业办公室"，或招生就业相关的部门，但无论单设部门还是合并部门，就业指导/服务都有固定工作人员、固定的工作职责与工作流程，指导教师是学校行政管理人员，工作是学校常规工作。而大学生职业导航的主导方通常是二级单位专业系部，由专业教师从专业教学角度对学生进行专业指导和引导，没有固定的专职人员；不是专职工作，也不是所有高校所有专业教师的固定工作，开展这项活动的学校和系部通常采用教学改革的形式以项目制进行工作，指导教师是专业教师，工作是教学与科研之外的兼职工作。

2. 工作对象与工作内容不同

大学生就业指导/服务工作针对的对象主要是大四的应届毕业生，为即将就业的毕业生提供：就业政策解读，就业相关咨询，毕业、就业、入职相关的法律指导；推荐用人单位，为用人单位和学校牵线；为学生辅导就业后档案、户口、党组织关系转递的流程设定和有关规定；对不在规定期限内报到的毕业生的有关规定。工作更全面一些的单位，还会为学生提供择业与应聘指导，辅导学生写简历，准备面试、笔试的技巧。而职业导航面对的对象是所有年级的大学生，时间轴提前到从大学生入校开始，职业导航是一个不断引导学生在四年大学生涯中认识自我、认识职业、根据职业需求规划大学学习生活从而有针对性地打造就业能力的延续过程。导航期间教师从事的主要工作是联系企业组织讲座与学术沙龙，联系实习基地，与固定协作单位帮助学生分阶段进入企业了解企业现实，建立目标职位能力模型数据库，设计能力测试方式、购买测试软件，辅导学生填写分阶段目标并总结目标完成状况，帮助学生设计成型的职业发展计划，设计四年大学学习规划方案。学生要做的事情是参加测试了解自我，参加各类导航项目了解企业与预期职位，根据数据库内容选择目标职位并据此设计分阶段目标，总结目标完成情况，实现螺旋式逐步提升就业能力的目的。

3. 工作性质与状态不同

大学生就业指导/服务工作针对即将毕业的学生进行指导和政策咨询，此时学生培养基本成型，无论是政策法律解读还是毕业流程、写简历准备面试等择业行为的指导，无一不是在学生已经成才的前提下为他们就业做更好的保障。这时就业指导更接近营销活动，是对人才成品进行的静态推广。职业导航则不同，导航项目从低年级入手，持续大学四年全过程，导航项目渗透到学生培养过程中、与学校专业教育结合进行，活动成果在四年时间里潜移默化地影响着学生培养质量，到毕业阶段的指导和服务只是导航项目的后期工作，所以职业导航是对大学生人才的动态培养。从工作性质来说，就业指导/服务是静态推广，职业导航是动态培养；从时间轴来说，就业指导是大学生成才的事后保障，职业导航是大学生人才培养的事前筹谋。

三、大学生职业导航的功能与作用

（一）职业导航的基本功能

导航项目是针对学生进行的，所以其基本功能主要从学生身上体现出来。整体来说，导航项目的有效功能主要体现在四个方面：

一是自律功能。作为大学生职业规划与发展的一种独特形式，职业导航由教师发起、学生配合，教师引导落实、学生具体执行，是师生互动，相互促进，共同完成的序列活动，起之于教师、作用于学生，最终通过成功就业受益于学生。导航项目是教师设计的，却是学生完成的，整个过程是教师以就业职位为目标引导学生不断修止、完善和提升自我的过程，也是学生在教师引导下进行自我控制、自我管理的过程。

二是内视功能。导航项目一经启动，从新生入校开始，专业系部便对学生进行知识、能力与个性测试，引导学生从专业发展和心理学角度了解自我、熟悉自我，继而清晰自己的角色定位。此后这样的测试每学年进行一次，一方面为学生养成自我检测、自我剖析的习惯，同时为每学期的目标设计奠定基础。

三是计划功能。导航项目在学生方面有一项常规工作，就是《大学生发展手册》[①] 的填写，该手册是学生四年大学学习生活的分阶段计划。学生需要

---

① 有关《大学生发展手册》的细节见本章第三节内容及章后附录。

在教师指导下按学期、学年填写分阶段发展目标和四年后的总发展目标，以及实现这些目标的实施方案，相当于每学期制定一个学习计划，每学年更新一次职业计划，短、中、长目标相结合，中短目标在长期目标的限制下不断提升。通过设计这些目标与计划，使学生习惯建立长期视野、设定中短目标，在长期计划视野中逐步实现中长目标，养成制定计划、完成计划的良好习惯。

四是提升功能。导航项目从新生入校开始启动，配合专业教学人才培养方案引导学生进行职业规划，这些规划的具体细节通过《大学生发展手册》得以展现。学生每学期、每学年的目标设计与计划执行不是简单的低层级重复，而是必须在分析前阶段目标的基础上，总结经验、纠正错误、修正不足，保证下阶段目标比上阶段目标有所提升，让学生习惯每一阶段目标的完成都是总目标的阶段性成功。阶段目标不断完成意味着阶段能力不断提升，完成目标的过程也就是不断提升自我的过程。

（二）职业导航的作用

与基本功能相结合，大学生职业导航具有以下几方面的具体作用：

（1）引导学生认识自我。引导学生认识自我，清晰自己的角色定位，以便在之后的职业规划过程中确立职业观，设定适合自己的职业目标。

（2）辅助学生设定清晰化目标。这里的目标有两层含义：一是大学期间的学习目标，二是毕业之后的职业目标，两者都通过职业导航项目逐步清晰、逐渐确立。导航项目顾名思义就是有目标的引导和辅导，所以帮助学生设立大学期间的分阶段目标以及未来就业的职业目标本身也是导航项目的主要目标。

（3）帮助学生养成自我管理的习惯。鉴于我国大学前教育以应试教育为主要方式，学校和家长对学生管理得比较严格，以至于大学新生初入校时对高校的松散型管理常有不适。导航项目通过四年间教师辅导学生落实"目标设定—执行—目标修订—再执行"工作流程，为学生养成自我管理、自我约束的惯性行为。

（4）提高就业率，顺利完成"学生—职员"的身份转换。导航项目在大学生毕业之前及早入手，引导学生熟悉企业、熟悉就业市场，提高大学生就业能力与职场适应能力，缓解"学生—职员"身份转换常见的矛盾，帮助大学生尽快融入职场，顺利开始职业生涯第一步。

第二节　大学生职业导航理论基础与应用

一、目标管理理论及其应用

1. 目标管理法的基本含义

目标管理理论是管理大师德鲁克在 1954 年出版的《管理的实践》中提出的一种卓越的管理工具，他认为管理的使命是先有目标、然后根据目标确定每个人的工作，而不是先有了工作才有目标，组织的使命和任务都必须转化为目标。

目标管理是一种程序或过程，它使组织中的上下级一起协商，根据组织的使命确定一定时期内组织的总目标，由此决定上下级的责任和分目标，并把这些目标作为组织经营、评估和奖励的标准①。总起来说，目标管理（Management by Objectives，MBO）就是以目标的制定、分解、实现、评估并修正为核心进行的管理，是战略性绩效管理的重要方法。

目标管理法与一般管理方法相比，主要有三个方面的特点：

第一，目标管理是一种基本原则。严格来说，目标管理法全称应该是"目标管理与自我控制"，目标设定与自我管理、自我控制相结合，目标是导向，管理是手段，员工自我控制、主动实现目标是这种管理程序的内在动力，所以目标管理的终极目的是员工主动工作而不是强制。

第二，目标管理是一种责任。德鲁克认为，目标应该从"我们的事业是什么？我们的事业将是什么？我们的事业应该是什么？"三个问题中获得。体现组织发展的方向，是组织最根本的策略。同时，目标还是一种承诺，是实现未来的手段，它意味着一个负责任的人不仅对结果负责，他也有权为产生这些结果采取一切必需的行动。

第三，目标管理是一种管理哲学。目标管理将员工行为、员工行动和员工行为动机与管理实践有效结合，探索管理的基本问题（管理是什么？管理为什么？管理怎么做？）

第四，目标管理是一种系统管理。目标管理法中所言的目标不是一两个目标，而是完整的目标体系，管理者根据目标体系的设计、分解与执行实现对组织行为的系统管理。

---

① 方振邦. 战略性绩效管理（第四版）[M]. 中国人民大学出版社，2015.

2. 目标管理法的基本思想

第一，目标核心——体现系统管理的魅力。现代组织是一个有机系统，组织内部通过不同层级、不同部门组成一个相互关联、相互制约的决策网络，不同环节的部门组织围绕组织战略运行。目标管理法就是一种依托企业战略，以战略目标为核心、按组织结构对目标层层分解逐级展开的系统性管理，通过目标在不同层级、不同部门之间的分解完成组织上级目标。上级目标是下级目标的任务总量，下级目标是上级目标的工作支持，上级目标的所有内容必须全部分配到下级目标中，一个上级目标所辖的所有下级目标必须形成对上级目标的全面支撑。目标设定和分解采用由上到下的方式，由上级提出意向，下级提出方案和要求，上级根据组织资源配置进行部门统筹调整，下级根据自身资源与员工技能进行自我调整，最终上、下级达成一致，在目标任务书上签字盖章。通过这种上下互动、相互关联的方式，完成员工对组织、下级对上级、任务对战略的承诺。

第二，结果（目标）导向——目标管理法是一线经理的宠儿。目标管理法以目标为核心、目标为导向、目标要求为评价标准进行工作运行和绩效考核，是典型的结果型绩效管理方法。这种方法深受一线管理人员喜爱。它使经理人员能将全部注意力集中到工作成果上；由于一般的经理人员往往拙于分析雇员的个人行为，他们更愿意重视工作的完成情况，不喜欢也难以顾及那些抽象的评价指标。总而言之，目标管理是经理人员乐于接受的管理方式，因为它能减少经理人员对雇员感情方面评价和反馈的困难。

第三，民主管理——目标管理法体现员工参与的魅力。目标管理法通过上下级互动过程设立目标和指定目标完成方案，这个过程也是群策群力的过程，管理人员以外，普通员工也可以参与制定自己年度计划的过程，这就需要他们尽自己所能去了解企业及其战略，了解整体企业组织。充分的民主管理让员工了解企业、了解工作，也为他们完成目标承诺提供动力。

第四，重视人的作用——目标管理法体现自我控制的魅力。目标管理的终极目的是员工主动工作而不是强制。结果导向的目标管理法在目标设定过程中由实施者提出目标实现方案，并在目标确定之后独立按方案设计完成工作、实现目标，领导者在目标完成过程中不会过多指手画脚，自我约束、自我控制是目标管理法最具特色的工作特征。从这个角度说，目标管理法更适合知识员工而不是低技能人员。

3. 目标管理法在大学生职业导航中的应用

目标管理法是大学生职业导航的理论基础，是将企业管理方法引申到学生职业管理的具体应用，导航项目从设计思路到实施步骤无一不渗透了目标管理法的基本要义。以下事项体现了目标管理法在导航项目中的使用：

（1）角色设定。大学生职业导航项目是一场目标管理法在高校的实操模拟：指导教师承担了管理者角色，学生充当了员工角色，学生的四年大学生活便是一个战略周期，学生毕业后的就业目标就是职业规划的战略目标，分阶段的学期、学年目标则相当于不同时期的战略阶段目标，教师对学生的指导工作，数据建立和检测工作，相当于企业管理者对员工的管理与支持。

（2）目标设定。目标设定是导航项目的前提条件，也是目标管理法在导航项目中最基本的运用，设定目标就是设定了导航的方向。导航目标在四年大学时期按时间划分为学期目标和学年目标、毕业目标，学生在不同阶段分别按目标要求完成学业、实现自我提高，所以职业导航就是职业规划背景下的目标导航。

（3）滚动推移、逐步实现。教师按照目标管理法的法则指导学生设定目标，学生自我管理完成目标，期末教师和学生一起检查并总结，同时制定下一轮变更后的目标。学生按着不同时期的目标逐步完成，与普通的目标管理体系一样，职业导航的目标也是一个目标系统。但这个系统不同于企业目标的按层级分解，而是按时间顺序阶段化分解、逐年推进的。各阶段目标逐步推移、层层推进，学生按照时间顺序逐步完成目标，逐步提升自己，最终完成学业、实现就业。

（4）自我控制与自我管理。在导航项目中，阶段目标的设定、分析总结和新设都由教师指导学生并监督进行，但目标的落实实施，从方案设计到具体执行则由学生独立完成，所以阶段性导航目标的落实实施就是一个大学生自我管理、自我控制的过程，这与目标管理法在企业中的实施如出一辙。

4. 大学生职业导航目标设定的详细释疑

职业导航本质上是对大学生职业发展的引导行为，确定目标是导航项目的出发点，也是落脚点，是导航项目能否取得成功的基本前提[①]。导航目标不是单一的单项目标，而是一个相互联系、相互促进的目标群、目标体系，分为客观目标和主观目标两大类，如图7-2所示。

正如图7-2显示，职业导航的客观目标是导航项目要实现的就业目标，它表现为具体的工作岗位及岗位职责要求的任职条件与能力模型——其中包含的知识和能力要求，是职业导航项目需要达成的终极目标，大学生只有具备了某一职位能力模型要求的知识与能力，才是真正满足了岗位能力要求，才能获得用人单位认可，真正实现就业。

主观指标是学生为完成客观指标自行制定的行为目标，包括学校培养方

---

① 导航目标的具体设计见本书下篇第十章第三节之"目标体系构建"。

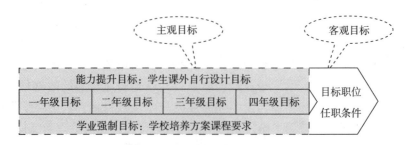

图 7-2　大学生职业导航目标体系

案规定的课内学习目标和实践课程目标，也包括学生自行选择的课外学习目标。学校规定的学习目标是培养方案要求，也可称为强制性目标，只有完成强制目标才能顺利毕业；学生自选的课外目标是就业岗位任职能力要求，也可称为提高性目标，完成提高性目标的学生，能拥有更强的就业能力，获得更为良好的就业前景。

二、能力模型理论及其应用

能力模型理论与胜任特征理论密切相关，大学生就业的目标职位能力模型是导航项目必须建树的客观目标。

胜任特征（Competency）也译作胜任力、素质，由美国哈佛大学心理学教授麦克利兰（David C. McClelland）在 1973 年提出，指"能够区分在特定工作岗位和组织环境中绩效水平的个人特征"[1]，是判断一个人能否胜任某项工作的起点，也是决定并区别绩效差异的特征总和。后来，学者斯本瑟（Spencer）（1993）丰富了这个概念，认为胜任特征是"参照效标（一般绩效或高绩效）有因果关联的个体的潜在基本特质[2]，是可以被可靠测量或计数的并且能显著区分优秀与一般绩效的个体的特征"，并提出胜任特征的三个主要含义：深层次特征、因果关联和效标参考。

能力模型（Competency Model）又称胜任特征模型、胜任力模型，是胜任特征概念在管理实践中的应用，指承担某一特定职位角色所要求的、与高绩效相关并可分级的、可被测量的系列胜任特征要素的总和。它描绘了特定工作岗位或层级所要求的在组织中有效地充当一个角色所需的知识、技能和性

---

① Davod C. McClelland. Testing for Competency Rafher Than Intelligence［J］. American Psychologist，1973（28）：1-14.

② Spencer L. M. ，Spencer S. M. Competence at Work：Models for Superior Performance［M］. New York：John Wiley & Sons，Inc，1993.

格特点的特殊组合。作为一种企业管理中用于科学分析、综合评价个体的管理工具，该模型在招聘、培训、绩效评定、薪酬设计中都有广泛应用。

胜任特征模型在社会范围内可以分为行业模型、（职业）通用模型和组织模型，分别用于对不同行业、不同职业及不同组织从业人员基本绩效及优秀绩效的鉴别，也是不同用人单位开发内部能力模型的行业依据。

行业能力模型作为特定行业从业人员工作能力水平的规范性要求，通常在国家层面进行开发，如英国 MCI（Management Charter Initiative）在 1986 年对 150 个行业和专业的职业标准进行研究，完成了著名的英国职业资格标准体系；我国从 1993 年开始建立国家职业资格证书制度，并于 1999 年颁布具有国家标准性质的《职业分类大典》，截至 2012 年已完成与大典相吻合的国家职业标准 1023 个[①]。

职业通用模型具有较强的科研价值，是研究者开发的主要内容，也是特定职业从业者选拔和评价的科学依据，如我国国家公务员考试和原劳动部职业技能标准便基于时堪等人（2002）设计的高层管理人员胜任特征模型。能力模型及其在用人单位中的具体使用如表 7-2 所示：

表 7-2　用人单位能力模型分类

模型层次	模型定义	用途
职位专业能力模型	特定岗位所需专业能力指标组合。来源于职位特性，可区别不同岗位职责差异	员工招聘、绩效考核、培训
职系通用能力模型	某特定职系（职位族）通用能力指标组合。来源于职位特征，可区分绩效优异者与一般者	考核、评优、晋级
组织领导力模型	在特定组织中的管理者实现卓越绩效所需要的素质指标集合	招聘选拔、考核、晋升
组织核心能力模型	特定组织中的所有员工需共同具备的能力集合，来源于组织文化和组织价值观的反应，也是行业特征和组织文化相结合的产物，是实现组织战略的基本要求	招聘选拔

一个详细的能力模型包括如下三个要素：能力名称、能力特征描述和行为指标等级的操作性说明。模型建构，一般有五个基本步骤：定义组织员工

---

① 职业/工种（资格）标准目录［EB/OL］. 新版国家职业资格工作网，http://jds.scetc.net/s/52/t/97/26/d6/info9942.htm.

绩效标准、确定组织效标样本、获取效标样本有关的胜任特征的数据资料、分析数据资料并建立胜任特征模型、验证胜任特征模型。

能力模型理论在大学生职业导航项目的主要用途是指导设计导航目标。根据不同目标职位收集、归纳或构建其能力模型，建设目标职位能力模型数据库，是导航项目的重要工作之一。

三、滚动计划原理及应用

滚动计划（也称滑动计划）是一种按照"近细远粗"的原则，将长期计划与短期计划、长期目标与短期目标结合使用的动态编制计划方法。长期计划有远见、有方向，可以引导计划者树立长远目标，实现战略成就；但长期计划却有重视远方、忽略眼前的缺点，对近期业务设计不够细致。短期计划对眼前工作部署严格、预算精细，但缺乏长远目标，发展方向不明。静态计划的设计使得长期计划与短期计划独立进行，短期计划总是等一项计划全部完成后再编制下一时期的计划，上一阶段计划与下一阶段计划在时间上有空隙、目标上有缺口，不能保证计划实施得紧密衔接和连续。

滚动计划的制定遵循"近细远粗"的办法，在一个长期计划内（如5年）将近期计划（如年度计划）制订得较细、较具体，远期计划制订得较粗、较概略。在一个计划期终了时，根据上期计划执行的结果和产生条件、市场需求的变化，对原定计划进行必要的调整和修订，并将计划期顺序向前推进一期，如此不断滚动、不断延伸。如此，根据变化了的组织环境及时调整和修正组织计划，体现了计划的动态适应性，还能将长期计划与年度计划紧紧地衔接起来。

在大学生职业导航项目中，滚动计划方法主要用于设计学生职业规划目标体系，连接大学生职业规划与阶段学习目标。如果将大学生职业规划视为其职业生涯的战略规划，则这个规划需要长、中、短期计划集合而成，不同年龄段的职业目标就是其职业规划的阶段目标。大学期间的学习目标作为学生职业生涯开端的准备计划，是导航活动的主体计划。以四年大学作为一个长的计划周期，内部再细分为学年计划和学期计划。四年目标是长期目标，学年目标就是中期目标，学期目标则是短期目标。具体情形如图7-3所示。

图7-3展示了大学生四年职业导航滚动计划设计的具体形态。理论上说，完整的职业规划是贯穿人的整个职业生涯、长达几十年的长期规划，但本书所言大学生职业导航只针对在校大学生所作，属职业前期准备阶段。所以，尽管学生完整的职业目标应该延伸至其毕业后的若干年，但导航活动却只局限在大学四年内。如此，与正常的滚动计划持续保持一个长期计划整体滚动不同，导航项目的周期只有四年，滚动过程中时间是不断缩短的。

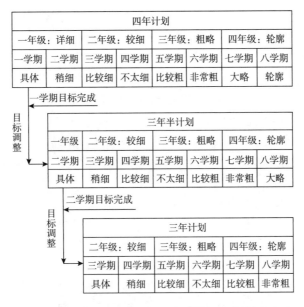

图7-3 大学生职业导航学习目标滚动计划

第三节 大学生职业导航方案设计

作为一项与就业指导、职业规划同属一个领域但侧重有所不同的活动，大学生职业导航在国内诸多大学得以自发开展，但不同学校开展这项活动的内容却不尽相同：大部分学校的职业导航只是一次性活动，或请校外专家进行集中职业指导，或以合作形式与企业联合搞活动，或以竞赛的形式召集多方参加；也有的学校将职业导航与就业指导服务合并进行，其内容在就业指导基础上有所拓展；极少有学校将职业导航当作长期项目持续在大学四年中深度渗透。北京信息科技大学人力资源系以大学生职业导航为特色进行教学改革，与专业培养方案结合并相互完善，经数年努力梳理了完整的项目方案，本节介绍该项目的指导思想、基本思路、整体框架和建设路径。

一、指导思想

指导思想是导航项目建设和实施过程中始终坚持并遵循的理论基础和事项原则，包括以下五个方面：

（1）坚持目标导向。目标导向是职业导航项目的核心导向。以目标决定行为，以目标实现程度决定成败。导航项目必须既重视来自就业市场目标职位的任职条件能力要求（这是导航的终极目标），又重视完成来自学生自己设计的阶段性目标（这是实现终极目标的过程结果和技术手段）。

（2）基于市场需求。市场需求是导航项目订立目标的职业标准。导航项目的终极目标是实现大学生就业，就业的岗位信息来自就业市场的实际情况，所以导航目标的最终设定必须以市场需求为基准，并以市场需求决定的岗位类别和岗位能力标准为标杆。在这里，实操工作就是建立目标职位能力模型数据库，并根据市场变化及时更新。

（3）强调以学生为中心。学生是大学生职业导航项目的工作对象，也是该项活动的工作主体。这种双重身份决定了活动中学生不是被动接受服务，而是配合教师的引导主动完成属于他们自己的那份工作。如果学生不配合、不主动，则导航项目毫无意义，便没有存在的必要。所以活动过程中要时时以学生为中心，无论是目标设定、目标总结还是设计提升，都必须考虑学生的具体个体特征，根据学生对活动的反映以及效果，及时调整工作内容。

（4）强调教师服务工作。教师是导航项目的主导者，也是服务者。所有操作过程中遇到的问题，都需要教师做好准备并及时提供服务，主要包括组织测试、建设能力模型数据库、组织校企联合等各项工作。

（5）基于校企联合。校企联合是职业导航项目的组织保障。大学生就业是学生离开学校、进入企业的一个过程，职业导航是连接学校和企业的一条信息路径。导航目标基于市场需求而确定，这里就业市场的具体载体就是企业，所以基于市场需求就是基于企业需求，基于企业需求的主要方式就是搭建校企联合的信息平台，使企业与学校之间相互沟通、相互渗透。

二、基本思路

大学生职业导航项目基于毕业生就业困境而设，旨在从在校生入手提前引入职场训练与企业认知，提高在校生职场素养和就业能力，从而提高毕业生就业率。由此可见，职业导航的基本思路依然是提出问题、分析问题、解决问题的管理三段论，只不过这里的问题特性与大学生就业密切相关。

首先，提出问题，大学生就业难的问题，就是大学生自身条件离就业市场要求的差距问题。导航活动第一步就是引导大学生认识自我，对自己所掌握的知识、所具备的能力、个人独特的个性特征有一个清晰的认识。认识自我的途径包括：以不同内容的考试评价知识水平；采用360度分析方法，通过熟人评价、自我评价以及家长与老师的评价对能力素质得出主观意见；通过小组讨论对学生综合能力提出面对面的看法；可以使用测评软件，通过测试对学生个性特征、职业兴趣以及单项能力得出客观结论。

其次，认识问题，也就是分析问题所在，找出差距并探索产生问题的原因。这就需要导航活动必须做到知己知彼，"己"指大学生自身知识与能力水平，"彼"指就业市场目标职位的能力要求。以目标职位能力要求为标杆，进行两者比较，得出学生现阶段与目标职位的差距，这个差距就是大学生在不同阶段学习与努力的目标，是大学生职业导航的重要工作。

最后，解决问题，这是导航项目的最终目的——提升大学生就业能力，让大学生自身能力与就业职位的能力要求趋向一致，趋向吻合，最终实现充分就业。而达到这个目的需要做的工作，就是针对大学生自身能力与目标职位要求之间的差距制定个性化的能力提升方案，在大学四年期间逐步学习训练、逐步提高。图7-4中是大学生职业导航的基本思路，它以分析问题、解决问题为线索，对职业导航项目做了形象的描述。

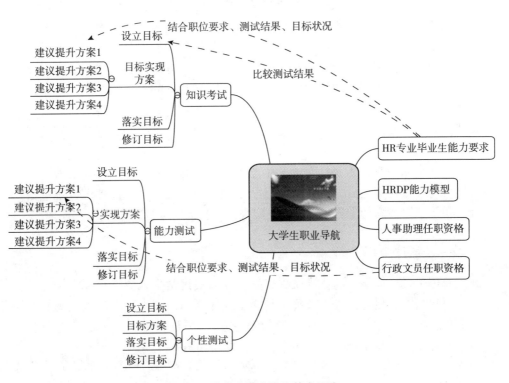

图7-4　大学生职业导航基本思路

如图 7-4 所示：中心的图案是《大学生发展手册》的封面，象征着大学生职业导航项目的核心工作围绕着学生自我发展展开。

图 7-4 右侧第二列是导航活动的核心工作：由学生自行推进的、通过完成学习目标不断接近职业目标的导航活动。这一活动需要两个前提条件：目标职位信息和自我认知基础。其中，目标职位信息是大学生就业目标和导航引导目标，在图 7-4 中最左侧一列，由若干职位的任职信息组成数据库；自我认知是学生对自己个性、兴趣、能力以及掌握知识程度的认知，是学生设计职业规划的基础。所谓"知己知彼、百战不殆"，大学生只有在充分了解自我和了解职业的基础上，才能为职业发展做出科学的规划。了解自我，知道自己适合干什么以及能够干什么；了解职业，知道未来可能干什么以及需要干什么、应该具备哪些条件。

活动程序由中心部位向左推进，图 7-4 中心图例的左侧第一组图例就是测试，也就是"认识问题"环节的工作，即通过对知识、能力和个性的测试引导学生自我认知是导航活动的第一步。在实操过程中，测试软件自动提供测试报告，对学生的测试结果给出简单分析；专业老师指导学生阅读和了解测试报告，在测试报告基础上自行撰写自我认知分析报告。能力测试帮助学生了解自己的客观实际情况，但不能解答当下学生的能力是否符合就业市场要求、与市场是否存在差距、这个差距有多大等问题。解答这些问题还需要了解就业市场不同职位的能力要求，图 7-4 右侧展示的不同职位的任职条件与能力模型数据库便为此而设。比较测试结果与目标职位能力要求便可进一步了解不同学生自身能力与目标职位的差距，为学生下一步学习与提高打好基础。

图 7-4 最左侧图例是针对大学生能力短板所做的建议提升方案，需要指导老师与学生协商之后，由老师指导学生自行设计。这个建议提升方案包括大学生下一阶段新的学习目标，以及实现这个目标的可行性方案。

三、整体框架

总体来说，大学生职业导航项目是一项以促进学生就业为目标，校企联合、资源共享、相互促进，教师指导学生具体操作，学生自我学习提高的系统工作。项目内容由项目主体（参与者各方）、项目客体（各项活动）与项目配套资源（支持资源）多方组成，整体框架如图 7-5 所示：

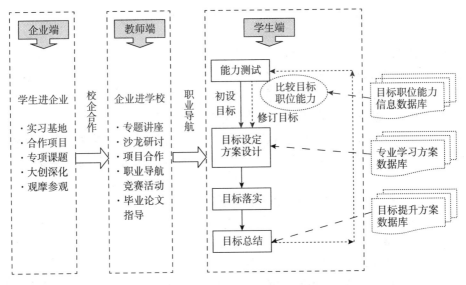

图 7-5　大学生职业导航项目框架①

1. 项目主体——参与者各方

项目主体由高校内外两方面、三类参与者组成。两方指大学生就业市场的供给者与需求者双方。三类参与者包括教师、学生、高校。高校作为就业供给源一方，教师与学生是职业导航的主要参加者，由教师直接引导学生进行导航活动；企业作为就业需求源一方，通过校企联合方式间接为导航活动提供就业职业信息，促进导航活动良性发展。

（1）教师团队。教师团队是职业导航项目的设计者、推动者与服务支持者，团队成员包括专业教师与学工老师（班主任、辅导员）两部分，其中专业教师负责职业导航的项目设计、方案设计、工具设计、调研与数据库建设工作，班主任和辅导员老师负责导航项目的落实、推行与总结工作。两类老师合理分工、各尽其责是促成职业导航项目成功实施的师资保障。

专业教师是导航活动的主要工作人员，他们承担着导航活动中所有的设计工作。专业教师的主要职责有：

● 进行就业市场调研，建立目标职位信息数据库。导航活动开始之前，他们需要做市场调研、职位调研，调查不同专业学生毕业就业的行业与职位

---

① 该图最右侧列示的三类数据库，是支持学生导航活动的文字方案和参照信息，其中"目标职位能力信息数据库"来自实证调研；"专业学习方案数据库"与"目标提升方案数据库"由教师辅导学生结合专业教学培养方案做一对一的设计。

状况，建设目标职位能力模型，建设目标职位能力信息数据库。

● 设计与指导能力测试，指导学生认识自我。测评内容，选择测评软件与测评工具。在测试阶段，他们需要事前设计测试项目、选择测试软件和测试工具，事后指导学生分析测试结果和撰写总结报告。

● 提供职业咨询。导航活动进行中，专业教师需要为学生提供职业咨询，解答有关职业规划与导航目标的疑难和困惑。

● 组织校企联合活动。他们还是校企联合基地建设的主要承担者，需要安排"企业进学校""学生进企业"的各项活动，联系实习基地，设计合作项目。

● 设计提升方案。每一阶段学生学习目标完成之后，专业教师还要针对学生上一阶段目标管理的不足，针对不同问题提出建设方案，建设目标提升方案数据库。

学工老师（班主任和辅导员）是导航活动的支持力量，他们可以结合学生工作的便利，指导与监督学生填写《大学生发展手册》，督促学生完成阶段性学习目标。学工老师的主要职责有：

● 指导学生设计期初目标。学期之初，通过班会和个别辅导的方式，结合期初能力测试结果，指导学生填写本学期学习目标，滚动修订后续学期目标。除新生第一学期以外，其他学期需要把上学期目标完成分析情况考虑进来。

● 监督学生履行学期目标。整个学期内监督、督促学生按照既定方案落实学习目标，同时为学生提供学习咨询，配合专业教师一起落实校内企业讲座、校外实习基地等其他导航活动。

● 督促学生总结阶段目标。通过小组讨论、班会和一对一谈话等形式，对本学期学生的学习目标进行总结和分析，总结经验、找出不利因素，为下学期新一轮目标设计提出修正意见。

● 指导学生制定下阶段提升目标。

（2）在校学生。学生是职业导航的对象、受益者、结果担当者，是导航活动的实际落实者。导航活动就是针对大学生进行的。学生的主要工作是在教师指导下一方面认识企业、认识现实、熟悉未来的职业目标，另一方面通过能力测试与《大学生发展手册》的填写对自身职业规划做目标管理。学生的主要职责有：

● 填写《大学生发展手册》。通过在校期间八个学期、四个学年连续的学习目标的设定、落实、总结和改进，不断提升自我，增加专业知识，提高就业能力，最终实现职业目标。

- 参加职业能力测试。通过能力测试了解自我，结合小组讨论与深度分析了解个人特长与优劣势，明确个人职业定位。
- 参加校内导航讲座与沙龙。通过企业导航师的讲述间接了解企业现实、了解目标职业的工作现实。
- 参加校外实习。利用课余与假期时间参加校外实习，直接进入企业，亲身体验企业时间，获得目标职业工作实践一手资料。
- 参加校企联合的合作项目。在企业导师的直接带领下，接受有目标、有考核的真实工作，尽早进入工作环境，通过实地工作加深对企业实践的体验。比较课堂学习与企业实践的差异，理顺职业目标树立方向。
- 参加导航竞赛。参加学校组织的竞赛活动，训练与提升职业能力。

（3）企业。企业是大学生职业导航的外部合作单位，也是大学生就业市场的用人单位一方。企业对人才的需求状况是高校人才培养的方向，也是大学生职业导航活动的终极目标，所以，让企业熟悉学校熟悉学生、学生了解企业了解工作，是职业导航必须落实的基础工作。学校通过企业为高校提供职业需求与职业信息，学校结合企业需求修订培养方案、设计导航活动，学生根据企业岗位要求学习知识、提升能力并完善自己，就此组成职业导航全部的活动内容。企业的主要职责有：

- 组织校企联合平台。为职业导航活动设计信息互通、业务合作的平台，一方面为高校师生提供职业信息，另一方面也为企业储备人才。
- 提供实习机会。为学生提前进入企业打好前战。实习生可以胜任一些基础岗位的工作，并借此学习相关的应用知识、训练实操技能、熟悉企业规则；企业也可以了解学生、设计培训，在一定程度上对优秀学生进行筛选。
- 设计专项合作项目。企业可以拿出合适的专项课题与师生合作，借助高校资源优势解决实际问题，也在合作过程中加深双方了解。
- 提供导航师。导航师进入学校做专项讲座、主持沙龙活动，与学生面对面沟通，传授职业知识、传播职场信息，加深学生对企业了解。

2. 项目客体——活动

大学生职业导航项目由两类大的活动组成：一是以《大学生发展手册》为载体、由学生自行操作的职业规划目标设定与持续学习提高活动，这是导航活动的主体部分，由教师指导学生进行；二是学校与企业相互渗透的校企联合活动，由学校、二级学院或教学团队与企业联合进行，这是导航项目必不可少的支持活动，为学生职业规划与目标设定提供信息资源方面的支持。校企联合活动又分为"企业进高校"与"学生进企业"两类，两类活动内容各不相同。

（1）基于目标导向的大学生职业规划与学习推进活动。导航项目的主体活动，主要内容是《大学生发展手册》的阅读、填写与总结，帮助学生在大学四年期间持续学习，使其知识水平与个人能力随目标的不断调整而不断提高，保持持续的螺旋式上升。

（2）企业进高校，属于校企联合环节学校方活动，由二级学院或专业系部导航教师与企业联合组织，分阶段在学校举办而成。通常是企业一方派出导航师，近距离接触学生，与学校教师共同协商导航主题，分别组织活动。常见的"企业进高校"导航活动包括：

● 专题讲座。就专业学习与企业实践相关的热点话题、重要工作专题等举办讲座，从企业角度为学生解读专题内容与业务操作，帮助学生理解同一话题在企业与学校课堂的不同与相同之处。

● 沙龙研讨。小型研讨式沙龙集会，导航师与教师协商确定沙龙话题，通常是较多争议性的热点话题，学生可以面对面与导航师探讨或辩论。

● 项目合作。合作项目一般来自企业，通常是企业正在进行的工作或难点问题，由教师带领学生成立项目组，通过学术指导学生了解事件、解决问题，从而提升学生专业技能。是学生提前进入企业、参与企业工作的重要方式。

● 毕业论文指导。将学生毕业论文（设计）选题与企业实践相结合，采用来自企业的现实问题作为论文选题，使学生在完成论文的同时也学习掌握企业知识，锻炼工作能力。

（3）学生进企业，属于校企联合环节企业方活动，由二级学院或专业系部教师与企业联系，由教师带领学生直接进入企业完成。常见的活动有：

● 建立实习基地。学校与企业本着优势互补、互惠互利的原则，形成固定联合关系，实现人才培养目标与企业需求相对接，企业定期接收学生进入企业实习。学校指定指导教师负责学生实习期间的专业指导，以及与企业指导教师的联系沟通工作；企业推荐有经验的管理人员和资深员工担任企业指导教师，负责学生实习期间的业务指导、安全生产教育，以及与学校指导教师的联系沟通。

实习是学生提前进入企业、培养职业素养、印证专业知识、提升职业技能、确立职业目标的主要形式，对在校生的就业指导效果明显。不足之处是过多的实习会在一定程度上冲击学校的教学秩序，影响部分学生的正常学习，所以实习通常安排在假期进行。

● 观摩参观。有组织地带领学生参观特色企业，了解企业经营概况，了解企业环境与主要的工作流程。在实习只能局限在一家企业内部，深度尚可但广度不足的情况下，定期参观可以让学生了解多家企业状况，拓展其广度与范围。

● 专项课题。不同于学生实习需要完全纳入企业的规章管理范围，专项课题是学生在企业独立承接的、专门针对某一项具体业务的单项工作，项目团队可能由企业与学生共同组成，也可能由学生独立组成。专项课题在规定时间里完成，是学生体现专业学习成果与实际动手能力的独特形式，也是学生接受企业培训的高级形式。

● 实培计划（大创深化）。由企业提供命题，学校与企业双方指导教师共同指导学生进行创新活动的深化形式。

（4）职业导航竞赛活动。以强化大学生职业规划与就业导航理念、提升大学生就业能力为目的组织校内导航竞赛。竞赛方式可采用淘汰制，每结束一个阶段只有优胜者进入下一阶段的赛事。竞赛内容可包括文案策划、知识问答与竞赛演讲，其中：

文案设计为第一站，闯过文案关卡的学生才能进入第二站。大赛为文案设计提供固定模板，内容包括自我评估（个人评估与环境评估、机会与生涯前景评估）、职业选择与目标设定（长期目标与短期目标、不同年龄段的分阶段目标）、生涯路线设定（学习目标、工作目标、充电目标）、目标行动方案（第一份工作的选择与后续工作衔接），重点考查学生了解自我、了解职场、设定目标及自我管理职业计划的能力。

知识问答为第二站，该环节的主要知识包括专业知识、就业应聘知识、人力资源管理法制知识以及职业规划知识等，重点考核学生在职业规划与求职就业阶段应该掌握的知识状况。

竞赛演讲为第三站，也是关乎胜败的一站。由大赛出题、学生抽题，在固定时间内准备演讲，重点考核学生的语言组织能力、表达能力与演讲能力。

3. 项目配套资源

为保证导航项目顺利运行，一系列的配套资源必不可少。这里的配套资源主要指与项目内容相关的文字方案与数据库。

（1）《大学生发展手册》。一本记录学生四年学习目标与发展的应用手册，内容包括本专业教师信息、学生入校前自我评价，以及四年大学八个学期分别的学习目标设定、实施、总结与提升的具体内容，是职业导航活动在学生层面的书面载体，也是导航计划四年一周期的完整记录。

（2）大学生职业导航目标职位能力信息数据库。为学生制定职业计划、明确职业目标、设计分阶段学习计划、提供岗位参考信息的数据库。导航计划的宗旨是以就业岗位为目标、引导学生设计学习计划继而完成职业计划，所以了解目标职位（也就是学生未来可能就业的岗位）以及该职位所需任职能力非常重要。学生选择合适的目标职位作为就业目标，以该职位胜任能力为能力目标，比较能力目标与经过测试的自身能力状况，这其中的差距就是学生在校期间的学习目标。职位能力信息数据就是对不同专业大学生就业目标职位及其任职能力的数据汇总。

（3）学生专业学习方案数据库。该数据库与高校本科学生培养方案配合使用。不同专业可以按教育部专业要求来设计培养方案。实施导航项目的学校（学院/专业）在设计培养方案时可参考导航项目资料，结合就业市场目标职业任职要求，设计培养方案中相关的课程体系。

（4）阶段目标提升方案数据。针对不同学生阶段目标实施情况以及自我认知状况，设计有利于增加知识、提升能力的针对性方案，是一个包括校内选修课（知识）、课外社团活动、校外培训（技能）、社会活动（能力）、专项（能力）培训等多项内容的不同组合，与学生专业学习方案数据库一样，该方案通过教师与学生一对一的辅导，制定个性化方案。

（5）大学生职业发展测评软件。用于每学期之初，对学生个性特征、职业兴趣以及职业能力进行测试的应用软件。

四、建设路径

职业导航是一个以学生计划自我提高为主，教师持续提供信息资源、辅导咨询为辅的序列活动，所以职业导航的核心活动就是基于就业目标的职业规划与学习推进活动，也就是《大学生发展手册》承载的系列目标设定与落实活动。

因此，导航活动的建设路径也就是大学生通过完成学习目标不断接近职业目标的活动路径。学生不断重复"认识自我—与目标职位要求相比较—设定下一轮新的提升目标并加以实施"的过程，每次学习目标的设定都来自与职业目标的比较，每次学习目标的完成都意味着拉近了与职业目标的距离，每次修订目标都比此前的目标高一些，循环往复，直至大四学年终结时自身能力接近目标职位能力要求，继而完成职业规划，实现就业目标。

导航项目核心活动的建设路径如图7-6所示：

图7-6展示了参加职业导航的学生大学四年中在"能力测试—目标设定—目标落实—目标总结—目标更新提高"的螺旋式循环中不断提高的过程。具体实施步骤包括：

（1）自我评价。通过学生能力测试与相关方讨论完成。

（2）环境评价。通过学校与企业环境介绍，学生自己有目的地观察、调

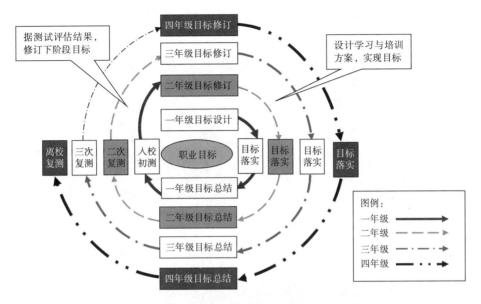

图7-6 大学生职业导航主体活动的分年级建设程序

研与分析完成。

（3）自我定位。学生通过自我评价与环境评价、自我认知与职业认知相结合的系列活动后自行完成。

（4）确立职业目标。学生参考兴趣测试与自我认知结论，参照目标职业能力模型数据库信息，经反复比对、分析后完成。

这里值得说明的是：职业导航帮助学生建立的职业目标不是真正的职业目标，而只是一个"仿真"目标。这是因为，尽管导航项目已经竭尽全力为大学生提供丰富的职业信息和企业信息，但毕竟在校生尚未正式进入社会，对职业目标和职业实践的认识更多停留在仿真与虚拟状态，所以此时的职业目标只是一种"仿真"目标而非真实。只有学生毕业后真正进入职场开始工作，并经过一些年头的比对与历练之后，才能清晰认识到自己的职业偏好并确定职业锚，那时的职业目标才算正式建立。

（5）了解用人单位的要求与期望。学生通过学习职业信息数据，通过参与各项校企联合活动后完成。

（6）目标落实与实施。每学期学习目标设立后，在一个学期时间里通过课堂学习、自我学习、参加各项导航活动，以及学生独立参加的课外学习而完成。

（7）职业生涯规划的评估、反馈与修正。每学期期末，通过总结本期目标完成情况，分析成功经验与不足，继续探索目标可修正状态而完成。

本章附录1：大学生职业导航建设方案

一、方案目的

从大学生低年级开始引入企业导师，以企业用人的标准从知识学习和能力培养方面给学生以引导。一方面增加学生的学习兴趣；另一方面尽早引导学生走过迷茫期，找准职业定位，有效利用学校条件做好职业准备工作。

二、培养方式

根据专业的实际要求，选择至少两至三家有实质性合作、专业对口、相对稳定的校外合作企业。校外合作企业应是该行业内有一定规模和影响力的企事业单位，管理、技术、生产、经营等方面处于同行业领先地位。企业与学校实现资源共享，共同参与人才的培养。

企业可根据实际情况对学校教学计划以及课程设置提出改进建议。校企双方共同制定专业的职业生涯规划，同时与学生进行良好、有效的沟通。学校根据专业培养计划，负责学生的基础理论课、专业理论课及部分技能课程，企业负责为学生提供实践指导以及实习岗位。

三、培养对象

培养对象是北京信息科技大学经济管理学院人力资源管理专业学生。每一批培训对象为该专业的同一级两个班的学生，受训人数约60人①。

四、培养周期及培养地点

培养周期：大一至大四阶段，共四年。
培养地点：大一至大三阶段主要在校内（北京信息科技大学经济管理学院）；大四阶段主要在校外（合作企业）。

---

① 若企业导航师与所指导的学生比例为1：10，每一届人力资源管理专业学生需要有相应的6位导航师。

五、培养流程

培养的总体思路是在大一、大二阶段安排学生完成所有基础性课程、人力资源指导课程及部分专业课程的学习，使人力资源管理专业的学生对管理以及人力资源管理相关专业知识有总体上的认知和把握；在大三、大四阶段主要安排具体的专业课程、选修课程、实践课程与实习，让学生对专业知识有一定程度的掌握，并可根据未来职业规划选择相应课程。在这一过程中，导航师主要为学生提供实践上的指导，学校应充分起到导航师与学生之间的桥梁作用。总体安排如下：

大一阶段：进行基础性知识的学习，包括高数、计算机原理的一些基础性的知识，以及基础性技能的学习，包括英语、办公软件、信息检索等；安排人力资源导论、组织行为学、管理学等专业课程，使学生可以对管理尤其是人力资源管理的大致脉络有一定的认知。另外，学校在大一期间应该多开设一些锻炼基础能力的活动，如辩论比赛、演讲比赛、知识竞赛等，此外学校还可以多组织野外拓展训练、郊游和趣味运动会等活动，在玩耍中增强学生的团队精神和合作意识。

同时，在大一期间就应该引入导航师，向学生讲述人力资源的实例，培养学生兴趣，在潜移默化中让学生形成管理的理念。

大二阶段：进行专业知识的学习，包括人力资源规划、工作分析、招聘与筛选、职业生涯规划，并完成相应的课程设计。其中：招聘与筛选是刚从事人力资源管理工作时接触最多的内容；职业生涯规划的学习可以使学生对自己的未来规划有着更加明确的认识，使他们意识到想要达成自己的理想需要具备怎样的能力以及付出怎样的努力，可以对学生未来的学习起到促进作用。同时，在这一阶段学生们还应该继续学习包括统计学、运筹学、会计学、财务管理、市场营销、工商管理、计量经济学等基础性学科，以及 Excel 的应用、SPSS 或 Eviews 的使用等工具性科目。另外，在大二期间，学校可以安排一些具有一定专业性的实践内容，如企业模拟经营比赛、Top Boss 等，寓教于乐，在游戏中灵活地运用所学的知识，学以致用。同时，像野外拓展训练、郊游和趣味运动会等活动也应该继续下去。

另外，导航师可以在这一时期向学生传递一些具体的知识，如真实的企业招聘是怎样的，应该怎样进行不同类型的企业招聘，企业实际简历筛选情况等，同时可以组织学生进行模拟招聘，并由导航师进行辅导。如果可以，最好让学生进行完模拟招聘后真正进入企业，作为助理真实参与到企业招聘过程中，体会实际工作，理论联系实际，将知识灵活运用于工作中。

大三阶段：主要进行专业知识的学习，包括绩效管理、薪酬管理、工作分析和员工关系以及相应的课程设计。同时，学校还可以安排管理办公软件等人力资源管理方面的专业性软件的应用课程。此外，在这一阶段，学生应该根据自己感兴趣的领域来选择相应的课程进行专业研究，如学生对于心理学比较感兴趣，而且心理学会对其未来的发展有所帮助，他可以选择大学生心理学、社会心理学等课程。在大三阶段，学校应该注重学生专业能力和实践能力的培养，帮助学生准备人力资源师三级培训。同时，学校也可以组织一些更加专业、更有挑战性的比赛让学生参与。

在大三，导航师们可以让优秀的学生跟着做项目或者直接进入企业短期实训，如主持企业面试（比如最开始的时候可以由导航师陪同，指出他们在面试过程中所犯的错误及不足，告诉他们应该如何改进，最后让学生们可以真正独立地进行面试），也可以让学生们做助理来观察真实的招聘是如何进行的。

大四阶段：学校更多的是变成服务性、探讨性的场所，学生们在经过三年充实的学习后，已经积累了足够的专业知识，但是良好的专业背景要想转化成卓越的工作能力还需要实际工作的磨砺。因此，在这一阶段，学校应该鼓励学生根据自己的未来规划合理安排时间，准备考研的学生要抓紧时间学习，准备出国的学生要锻炼外语，准备工作的学生更应该到企业进行实习，为未来获取更好的工作岗位而努力。

此时，导航师与学校的导师应该结成小组，每个小组由1名导航师、至少1名人力资源系的老师和10名同学组成，每个小组以定期开会的形式将学生聚集起来，从理论和实际工作经验出发，从不同的角度解决学生在实际工作中遇到的问题和困难。

六、保障措施

1. 协议与规范保障

校企双方合作意向达成后，即可签订协议，明确各自的职责和义务，规范双方的行为。学校保证人才质量，保证企业的用人优先权，为企业提供培训、技术等方面的支持。企业保证在设备、场地、人员等条件上的支持，保证师生实习任务的安排。

2. 经费保障

学校每年按期拨付经费，合作企业在自愿的前提下可提供部分资金，用于企业宣传、奖励学生等。

表 7-3　大学生职业导航校内活动

阶段	学生应具备的知识、能力、态度	导航师辅导		学校的配合及准备
		内容	频次	
大一	1. 基础性知识：经济学、高数、计算机、经济法等 2. 基础性技能：英语、办公软件、信息检索等 3. 专业知识：管理学、组织行为学、人力资源管理理论	1. 校内讲座：人力资源管理前沿、热点话题、企业实例等 2. 企业参观，了解企业运营方式及管理理念等 3. 专业实践问题解答与辅导	1次/学期 1次/学期 2次/学期	1. 常规教学工作 2. 开设基础能力锻炼活动，如辩论比赛、演讲比赛、知识竞赛等 3. 开展野外拓展训练、郊游和趣味运动会等活动，增强学生的团队精神和合作意识 4. 协助企业开展讲座、组织企业参观 5. 帮助导航师和学生建立联系
大二	1. 基础统计：统计学、运筹学 2. 管理知识：会计学、财务管理、市场营销、工商管理等 3. 基础技能：英语、SPSS、Eviews等计量软件等 4. 专业知识：招聘筛选、素质测评、职业生涯规划及课程设计	1. 校内讲座：企业管理实践讲述、真实企业招聘情景、简历筛选情况、面试实况等 2. 模拟招聘：成绩优异者可在暑期进入企业实习 3. 专业实践问题解答与辅导	1次/学期 1次/学期 2次/学期	1. 常规教学工作 2. 组织专业性实践，如企业模拟经营比赛、Top Boss等 3. 开展趣味运动会、郊游外拓展训练等 4. 协助企业开展讲座、模拟招聘等，同时调动学生的积极性

续表

阶段	学生应具备的知识、能力、态度	导航师辅导		学校的配合及准备
		内容	频次	
大三	1. 专业知识：培训与开发、绩效管理、薪酬管理、劳动关系及相应的课程设计 2. 相关知识：企业文化、社会心理学、劳动经济学、人事政策与服务 3. 管理知识：战略管理、管理信息系统、项目管理等	1. 校内讲座形式，讲述企业文化等 2. 让优秀的学生跟着做项目或者直接进入企业短期实训，如主持企业面试，也可以让学生们做助理做观摩了解真实的招聘是如何进行的 3. 专业实践问题解答与辅导	1 次/学期 1 次/学期 3 次/学期	1. 基本教学 2. 注重学生专业能力和实践能力的培养，如进行人力资源师三级培训 3. 协助企业开展讲座、模拟招聘等，同时调动学生的积极性
大四	1. 法律知识：与人力资源管理相关的方针、政策及法规 2. 基础技能：人力资源管理软件的应用等	1. 选择优秀的学生进入企业正式实习 2. 校内讲座，如企业人力资源招聘信息	1 次/学期 1 次/学期	1. 基本教学 2. 开展学科理论前沿以及发展动态讲座 3. 定期为学生提供企业招聘信息 4. 协助企业开展招生宣传、招聘讲座
四年	大四专项活动：与校内导师组成小组，每个小组由 1 名导航师，至少 1 名人力资源系的老师和 10 名同系的老师组成，以定期开会的形式将学生聚集起来，从理论和实际工作经验出发，从不同的角度解决学生在实际工作中遇到的问题和困难 1. 能力要求：具备较强的语言与文字表达、人际沟通、组织协调能力；具备分析判断能力、理解能力、学习成长能力、团队协作能力、学习及运作模式能力等 2. 态度要求：有责任心、上进心；积极乐观主动、踏实肯干；讲求效率；认同企业文化及运作模式 3. 职业目标：逐步明确自己的职业生涯规划，如毕业后选择直接就业还是考研、出国等			

本章附录 2：《大学生发展手册》目录与说明

　　该手册是一本包含精美封面、结构化插图、专业介绍以及师生留影的小册子，是全日制本科生四年大学职业规划与学习成长的过程记录。篇幅所限不能完全附上，这里简单介绍主要内容。

一、自我探索 1：个人定位之能力测试

　　按年排序，分年度填写包含一至四年级的全部个性测试、职业兴趣测试、职业能力测试的结果。经管学院教学实验室有职业测试与能力测试软件，导航教师可安排专门时间前往上机测试。性格、兴趣、价值观及职业能力的填写需参照正式测评的结果。

二、自我探索 2：个人定位之主观评价

　　结合客观测试进行自我分析，按年度更新以下内容：
1. 职业价值观（我追求什么类型的职业?）
2. 职业兴趣（我喜欢什么职业?）
3. 性格（我的性格适合从事什么职业?）
4. 职业能力（我的能力特长适合从事什么职业?）

三、职业素质 360 评价

　　结合已有个人表现及学习成绩，结合上学期学习目标完成情况，以一对一探讨或小组讨论形式，对个人综合素质进行全面分析。
　　参与讨论的主体可包括：父母、老师、同学、好友、自己。评价方式可采用简单交谈法与问卷调查法。前者通过面对面交谈获得评价信息，继而将评价信息总结为普通文档；后者模仿 360 绩效评价方法，需设计规范的 360 问卷，请不同主体答卷之后，由组织者统计问卷得分、使用雷达图或立柱图方式展示评价结果，并根据这一结果分析学生综合素质状况。

四、职业规划之 SWOT 分析

　　结合以上自我认知资料，结合校外社会发展大环境，分析个人职业规划

与学习计划中的优势、劣势、风险与机会。SWOT 是战略管理环境分析方法，管理类专业学生使用其分析职业发展规划，是专业知识在学习生活中的灵活运用。通过 SWOT 分析将个人条件与外部环境相结合，进一步了解自我，为职业规划的目标体系与行动计划从专业角度打好基础，做到有挑战性又切实可行。该页页面可续页。

五、大学四年生涯规划（学习规划）

由于大学生在校四年的主要任务是学习，处在职业规划的前端准备阶段。所以这段时间的职业规划也就是学习规划，阶段目标就是为实现最终就业目标履行的学习目标，包括学习知识与提升能力。

1. 大学四年的总体学习目标（含能力提升）：

（1）初始目标。

（2）修订目标。

（3）再修订。

（4）再修订。

2. 分年级学年设计阶段性学习与能力提升目标：

按编年序分别列示每一学年每一学期的学习目标，包括初始目标与修订目标。初始目标是刚入学时统一设定的学年与学期目标，修订目标是随时间推延、学习目标不断实现，对初始目标的突破与修正。

六、分学期学习与能力提升目标实施

按八个学期分别进行的以目标为核心的学习规划自我管理过程。

（一）学期之初制定目标

制定每学期的学习目标并加以落实，目标类别包括专业课程目标、课外学习目标、技能实训目标（专业证书）、学校社团活动、社会实践目标与其他课外学习目标。目标设计由老师通过班会、小组讨论或一对一指导进行。目标设计要求遵循 SMART 原则，尽量实现量化与具体化，便于衡量与检测。

目标设定情况可整合为表 7-4 所示情形。

表 7-4 学期目标设计

目标名称	目标内容	目标计划
1. 必修课程		分数
2. 选修课程		分数
3. 实践环节		分数
4. 课外学习		门类、程度
5. 专业证书		是否获得能力提升
6. 相关证书		是否获得能力提升
7. 社团活动		个数、业绩
8. 社会实践		项数、业绩
9. 其他活动		

（二）学期之末总结目标

每学期期末，对以上目标落实情况进行总结。总结内容包括目标达标情况、未达标成因分析、具体个人感悟、下学期目标可调整之处等。目标总结按照老师监督、分小组讨论、个别情况一对一面谈进行。总结结束后形成意见书，由个人、小组长、班主任签字认可。前七个学期是学习专业课的时期，手册总结部分的考试成绩应该在公布之后及时总结填写，以促进下一阶段的学习；实习情况的描述应该在实习结束后及时填写；论文情况在论文答辩通过之后及时填写。

目标总结情况可整合为表 7-5 所示情形。

表 7-5 学期目标总结

总结活动	达标情况（%）	可供借鉴	不足之处	原因分析
1. 必修课程				
2. 选修课程				
3. 实践环节				
4. 课外学习				
5. 专业证书				
6. 相关证书				
7. 社团活动*				
8. 社会实践*				
9. 其他活动*				
10. 学期个人收获				

七、《大学生发展手册》有关说明

（1）本手册平时由学生自行保存，有纸质版与电子版两类形式，部分页面可自行续页。学生每学期的目标设定与期末总结建议及时与指导老师沟通，寻求老师的指点和帮助。

（2）表7-5中带＊号的7、8、9项是学生在大学期间参与课外活动的类别，该类活动对学生具有重要意义。

它为学生展示自己除课堂学习及专业实习以外的一切有意义的活动提供平台，如学生会活动、班委会活动、志愿者活动、社团活动、科研活动、各类大型比赛、课外书阅读、讲座、短期培训、暑期实践等，这些活动会提高学生的专业技能和动手能力，增强自我效能感。这需要大学生合理安排自己的时间，在保证专业学习效果的基础上有选择地从事该类活动。

该类活动在手册填写中应采用单页形式，每一项活动填写一份并及时打印，内容如表7-6所示，证明人签字后由学生保存，以备装订之用。

表7-6　本学期参加社团活动情况

时间	活动主题	任务	证明人	备注

（3）学生在四年级离校之前，应将《大学生发展手册》整理成册，除自己保存留作纪念外，发送导航项目小组一份存档、留作数据资料用于研究分析。

第八章

大学生职业导航支持文件

在第七章中我们展示了大学生职业导航的基本思路，显示了一个明晰（职业）目标、了解自我（素质）、制定（学习）目标、不断实现（阶段）目标的循序渐进的导航过程。这个过程中，有主体工作有辅助支持工作。主体工作是显性的，如学生端的目标设定与落实；辅助支持是隐性的，只能在幕后操作完成，如各类文字方案和数据库。支持工作不像主体工作有活动内容、有时间顺序，可以要求师生、企业各方必须按固定节奏落实，但是，支持工作是导航活动必不可少的环节，需要在主体工作开始之前就顺利完成，在时间上、内容上给予主体工作妥帖的支持。各项支持文件和数据库是否完备、详细，决定该项主体活动能否顺利完成，决定整个导航项目能否真正落实。

第七章我们梳理的项目框架与建设路径主要针对的是主体的显性工作，本章内容则对隐性的支持文件做出整合。

第一节　职业导航目标职位数据库

职业导航目标职位数据库又叫目标职位能力信息数据库，是对相关专业大学生就业的目标职位任职条件的信息整合，包括目标行业、目标职位及其任职条件和岗位能力模型等。

一、目标职位选择

目标职位指大学生离开学校进入职场后可能从事的职位，是大学生职业导航的终极灯塔，是大学生就业的方向。导航项目中所有活动的方向无一不指向这一终极目标。

1. 目标职位的类别

目标职位不是一个简单的职位名称，而是一系列不同类别的职位组合，从不同角度有不同的划分。目标职位以时间阶段为标准，可以分为短期职位目标、中期职位目标和长期职位目标；以工作性质为标准，可以分为不同的部门目标，如运营类职位目标、营销类职位目标、行政类职业目标或人事类职位目标；以社会行业为标准，可以分为不同的行业目标，如工业职位目标、商业职位目标、服务业职位目标、金融业职位目标；以组织层级为标准，可以分为不同的科层目标，如高级职位目标、中级职位目标、初级职位目标。

职业规划又叫职业生涯规划，是一个人一生的从业经历按编年顺序依次组合而成，所以职业规划是一个长期的、连续的、贯穿人一生的过程，在校期间只是这个生涯规划的最前端——职业准备阶段。与职业生涯规划结合的职业规划目标是一个按时间节点排序的目标序列，大致可分为短期目标、中期目标和长期目标。但对大学生来说，四年学习时间结束，职业准备阶段之后紧接着是进入职场、开始职业生涯初期阶段，面临人生第一次就业，所以大学生就业目标就相当于职业生涯规划第一阶段的目标——短期目标。

从职业规划体系上说，不同阶段的职业目标处在同一个生涯系统内，短、中、长期目标相互联系、相互促进、相互制约。短期目标在中长期目标规划之内实现，短期目标是中期目标、长期目标的落实手段，中期目标、长期目标是短期目标的远景方向。短期目标依赖中长期目标的方向逐步完成并逐步提高，中长期目标通过短期目标日趋完善并最终成功。

导航项目的全称为"大学生职业规划与就业导航"，内在设计不仅注重大学生毕业之初的就业，帮助学生找到一份好工作，完成从学生到职员的顺利转化，而且考虑到大学生进入职场之后的工作发展与就业转换，也就是再次就业，所以目标职位数据库中的内容不仅包括就业之初的初始职位，还包括就业之后的发展职位、相对成功之后的高级职位，如图8-1所示。

图8-1展示了大学生职业导航与职业生涯规划之间的关系，从中可见导航活动是整个职业生涯的前提，其直接对接的是大学生毕业后第一次就业的初始目标，但随时间推移，随着学生进入社会职场时间越长，其职业目标不断向中、高级转换，因此职业导航不仅对初始目标起直接的决定作用，而且对未来的中长期职业目标起间接的促进作用。

2. 目标职位的设计与获取

选择并获取目标职位，是目标职位数据库的基础工作。在这期间，职业目标的分段设定与调整是整个导航活动的核心工作。既然目标职位是学生毕业后可能从事的工作职位，则这些职位的来源就与理论初设与社会现实双重

图 8-1　大学生职业导航与职业生涯规划关系

相关。①理论初设来自学校与专业设置，与大学生所学专业密切相关，如会计专业学生就业一般与会计职位有关，工程专业学生就业一般与工程职位有关，人力资源管理专业学生就业一般与人力资源管理职位有关。②社会现实又分为社会需求与校友就业现实两个角度：社会需求决定了不同时代的职位重点，如统计专业学生在计划经济时期的就业岗位通常是去统计科、统计局做普通行政人员，在大数据时代则通常是去不同行业做数据分析人员；将校友就业作为目标职位标杆的原理最简单明了，就看本专业已经毕业的往届生在从事什么样的工作，他们的工作通常就是几年之后学弟学妹们的目标职位。

导航项目对目标职位的选取，包括近期目标也包括中远期目标；包括初级目标也包括中高级目标。近期目标、初级目标作为大学生导航的直接目标，在导航活动的分学期目标设定中可作为必选项目和直接标杆，直接决定学生在校期间的学习目标，可以理解为导航活动的初期目标。中长期目标作为职业导航的间接目标，在导航活动中作为学生学习的参考标杆，辅助学生制定学习目标和能力目标时提出较高的要求，为未来的成功打好基础。

二、目标职位信息调研

目标职位确定之后，获取职位信息成为导航的主要工作，这项工作在实操过程中理论分析主要是采用与校友调研的方式完成。理论分析主要是分析成功人士之成功要素，采用网络调研方式进行，为学生提供成功人士品质能力要求，作为职业规划长远设计的参考内容；校友调研针对往届校友进行，确认导航项目目标职位的明确内容。

1. 成功人士之成功要素调研①

北京信息科技大学以本校人力资源系四个年级学生为样本，分年级进行"大学生视野中的成功人士"调研活动，旨在了解大学生对成功人士的判断，解答"大学生心目中什么样的人属于成功者""什么样的品质导致成功"两类问题。调研活动采用问卷方式，分两次进行，第一次调研"大学生心目中的成功人士"，第二次调研"什么样的品质导致成功"。在四个年级八个班级中，由班长带领同学统一作答，班长最终收集答案并对问卷数据做初步处理。

第一次调研解答"大学生心目中的成功者"问题。两周内发放问卷240份，回收220份，导航项目组筛选掉重复问卷及不具备研究价值的无效问卷，最终得到138份有效问卷。按问卷内容对成功者按专业领域分为互联网、教育、计算机、商业、影视、网红等13个领域；按成功者身份分为个人成功者、团队与组织成功者两类。数据结果显示：在大学生认可的成功人士中，个人成功者的频率占比为71.7%，为样本集最高，团队与组织成功者占比为28.3%；行业领域互联网行业的频率占比为31.2%，为样本集最高。说明当代大学生对个人奋斗者比较推崇，年青一代崇尚个人价值，依靠自己努力实现职业目标的意识非常清晰；在行业领域方面，互联网、商业、影视艺术三个领域所占比重较大，说明当代互联网技术效率较高，网络传播为成功者奠定基础。

样本类别分析结果显示：低年级学生更青睐于商业成功者，高年级学生则更青睐来于金融和计算机领域成功者，说明年级越高的学生对新兴行业的成功人士越推崇；男生比女生更推崇个人成功，女生对商业、影视、文学领域成功者的认可远高于男生。

第二次调研解答"什么样的品质导致成功"问题，依然在原样本的四个年级中进行。我们在学生们选择的频数最高的138位成功者中最终选择了56位作为二次调研样本，并通过网络调查法对每一位成功者的职业生涯整合出三千至五千字的成功路径研究报告，由项目组成员对这些调研报告进行进一步的数据处理。根据第二次调研资料，我们对成功人士的成功要素进行梳理，分为外在因素和内在因素两大类，其中：外在因素包括家庭背景、学校背景、朋友影响、社会潮流和其他因素，内在因素包括教育因素、职业背景、职业兴趣、个人特征和其他因素。整合后的数据显示大学生视角下成功人士的影响要素是：

（1）共同要素：包括职业兴趣、个人能力、个性特征三项。个人能力又

---

① 调研的详细内容，见本书下篇第十二章"大学生视角的成功者归因"。

具体化为人际交往、学习能力、领导能力、号召力、规划能力、应变能力、主观能动性、洞察力、合作能力、凝聚力、取舍能力、抗压能力等若干项。

（2）个性要素：除共同要素外，不同领域成功者又具有不同的突出要素，如外在因素中的家庭背景、学校背景、朋友影响及社会潮流，内在因素中的教育背景、职业背景、其他因素等。

这些分析虽然略显粗略，但毕竟反映了大学生的心声，是不容忽视的一手资料。导航项目在此次调研基础上，结合项目其他研究成果及成熟的管理理论，对导航项目的实施提出如下建议：

- 学生职业规划与导航目标应以兴趣为基础。
- 专业课学习是学生顺利就业、未来走向成功的基础。
- 规划目标不是一成不变的，需要适时调整。

2. 校友职位信息调研

校友调研是确定目标职位最直接、最简单，也是最准确的方式。一般情况下，同专业往届校友的工作岗位情况会成为后续学弟学妹们的就业参考。为简便起见，项目组采用时间期限与岗位层级相结合的原则，假设大学生毕业 1~2 年后处在职业进入和适应期，重点在于熟悉工作、站稳脚跟，此时从事的职位通常是基层职位，任职条件要求不高；工作 3~5 年后，大学生开始正式进入职场角色，不仅站稳脚跟而且能够成为骨干力量、独当一面，有的人开始领导团队，此时的职位上升至中级职位，任职条件在知识积累与能力水平等方面要求更高；至学生毕业 10 年左右、年龄超过 30 岁，已经成为职场老兵，进入职业发展快速通道，大部分人通过技术路径或管理路径进入中层以上职位，少部分人发展到高级职位，成为某一领域的专家、权威人士或为企业老总，此时他们的职位与中初级相比，无论是知识积累、个性特征还是能力水平都有显著的提高。

本次调查主要针对北京信息科技大学人力资源管理专业毕业生，因该专业于 2004 年第一届招生，学生毕业的最高年限为 10 年，所以调研中按毕业后工作年限的长度将职业目标分为职业发展的近期目标（1~2 年）、中期目标（4~5 年）、长期目标（9~10 年之后）三种类型，相应地将目标职位类别分为初级、中级和高级三种。调研对象主要选取毕业 1~2 年、4~5 年和 9~10 年以上该专业的毕业生，以毕业 1~2 年校友职位为初期目标，4~5 年校友职位为中期目标，9~10 年校友职位为长期目标。调查信息包括四个方面：工作城市、工作单位、行业和职位名称。调查通过固定表格填写的方式，通过 QQ、微信等社交软件在相关的班级群里发送调研信息，通过电话联系追踪，最终共收集到毕业 1~2 年的毕业生信息 50 条、毕业 4~5 年的毕业生信息 44

条、毕业 9~10 年的毕业生信息 52 条。经项目组整理之后，删除重复职位与表达不清晰的职位，共获得有效职位 62 个，其中初级职位 19 个，中级职位 20 个，高级职位 23 个。详情见表 8-1 所示：

表 8-1　人资源管理专业职业导航目标职位汇总表

初期目标职位（1~2年）		中期目标职位（4~5年）		长期目标职位（9~10年）	
人力职位	非人力职位	人力职位	非人力职位	人力职位	非人力职位
人事专员	BOM 专员	人力与党群部高级主管	项目经理	人力总监	×投资公司总裁
招聘专员	行政经理	薪酬专员	运营经理	人力资源主管	行政经理
薪酬专员	管理咨询师	劳动与工资专员	产品经理	高级人力资源经理	项目总监
人事劳资岗	业务经理	绩效主管	项目主管	人力资源经理	仓储物流总监
人力行政岗	项目经理	×公司 HRBP	售前工程师	招聘培训经理	品管部副经理
猎头顾问	营销专员	员工关系专员	×公司联合创始人	薪酬福利经理	客户经理
人社局科员	业务助理	绩效管理专员	媒体营销总监	招聘总监	零售运营经理
	行政助理	人力专业教师	风控策略经理	人力资源部部长	投行经理
	渠道专员		银行柜员	招聘经理	综合团队经理
	商务拓展		数据分析师	COEpayroll	业务主管
	数据运营		狱警		宣传部长
	英语助教		（电力）专工		信用卡部产品经理
					题材规划中心副主任

　　由表 8-1 可见，毕业 1~2 年的人力资源管理专业的毕业生目前所从事的与人力资源相关的职位大多偏向初级，专员类偏多，但也有人达到了经理级别。毕业 3~5 年的人力资源管理专业的毕业生所从事的职位较初级更高一点，主管类职位偏多，且从事的方向有了较大的分化。高级职位即毕业 9~10 年的人力资源管理专业的毕业生大多从事的是经理、总监级别的职位，且从事的方向有了更大的分化。

由此可见，以 5 年为界划分职业发展阶段，尽管目标职位在相邻两个阶段（初中期、中长期）存在职级有所提升和职级不变两种情况，说明并非所有人都能在 4~5 年的时间内升职；但若跨越 10 年左右时间，短期目标职位与长期目标职位之间，职级会出现明显提升。另外，同一专业的大学生毕业后，就业岗位有的与所学专业密切相关，也有的与所学专业关系不大，甚至有的没有任何关系。但随着离校时间越长，非专业就业的情况变化不明显，反倒从事本专业工作的职位有所增加。

三、目标职位任职信息整合

不同级别的目标职位信息明确后，接下来要做的是搜集以上职位的岗位职责和任职条件（任职能力）的相关资料，通过组合完整的目标职位信息资料，进行目标职位信息数据库建设。当前，项目组采用了如下多种方法结合使用：

企业调研法：与校友工作单位联系，征得同意后直接上门调研岗位信息，同时了解本专业毕业生工作表现与职业发展实况。这种方法客观、真实、可信度最高，不足之处是适用面窄，受企业人力资源管理规范性限制，并非所有用人单位都有规范的职位文书，耗时耗力并且效率比较低。所以适当了解情况后，还需要借鉴其他方法予以补充。

本人调研法：向校友本人直接征询有关职位信息。此类方法优点是真实、可靠；缺点在于虽然校友们都是人力资源管理专业出身，对岗位职责及任职资格概念理解到位，但若没有职位说明书等文档资料，仅凭口头表述仅是词能达意却不尽完整，最终还需要借鉴文档资料补充完善。

网络信息搜寻法：网络调研又分两种路径，一是公共信息搜寻，通过对智联招聘、前程无忧、58 同城等招聘网站上对相关职位的职位描述、任职要求等进行概括和总结，找出不同岗位的岗位职责和任职条件。二是企业信息搜寻，根据导航目标职位所示职位信息，找到相关部门的相关企业，直接进企业网站搜寻固定职位及其职位说明书，查询规范文档材料。此种方法所用范围大、信息规范性强、搜索效率高，缺点是岗位信息针对性差，需要与前两种方法结合使用。

数据库建设是一项浩大工程，项目组历经一年多时间，已完成现有目标职位每一职位三个行业的信息搜集。如"客户经理"一职，在诸多行业都有客户经理，但不同行业岗位职责与任职资格各有不同，导航项目搜集金融、IT 与网商三种行业的信息放入库中。因数据库内容丰富、信息庞大，本书不做内容介绍。部分内容见本章附录：人力资源管理专业大学生目标职位任职资格。

第二节 大学生职业特征与能力测试

个性特征与职业能力测试是导航项目的另一支持活动，与目标职位信息一起构成学生在校内设计学习目标的前提基础。测试时间安排在每一学期开学之初，由教师安排学生进学院机房进行测试。

现阶段常做的测试有个性测试、职业兴趣（性向）测试、能力测试和职业价值观测试。

一、个性测试

人格，英文为 Personality，来源于拉丁语"Person"，原意是希腊戏剧中演员戴的面具。人格决定了我们每个人对环境的独特的反应方式，是我们习惯的思维、情感和行为方式，它由遗传基因、成长环境和生活经历所共同决定。

了解自己的人格特点，可以使我们在职业的选择过程中做到扬长避短，在工作中更好地发挥出自己的潜力。

常见的个性测试有卡特尔16种人格因素测验（16PP）、气质测验、加利福尼亚个性调查表（CPI）和爱德华个人偏好测验（EPPS）。

二、职业兴趣测试

职业兴趣是职业选择中最重要的因素，是一种强大的精神力量。一个人对某种工作有兴趣，在工作中他能发挥出全部才能的80%～90%，并且能长时间保持高效率而不感到疲劳；如果对某种工作不感兴趣，则他的才能只能发挥20%～30%，而且容易疲劳。因此，我们在选择职业的时候，应该尽量选择与自身兴趣相匹配的职业类型和职业环境。所以，在进行自身的职业规划之前，就应充分了解自己的兴趣所在，以此来指导自身的职业选择。职业兴趣测验可以帮助个体明确自己的主观性向，从而能得到最适宜的活动情境并给予最大的能力投入。根据霍兰德的理论，个体的职业兴趣可以影响其对职业的满意程度，当个体所从事的职业和他的职业兴趣类型匹配时，个体的潜在能力可以得到最彻底的发挥，工作业绩也更加显著。在职业兴趣测试的帮助下，个体可以清晰地了解自己的职业兴趣类型和在职业选择中的主观倾向，从而在纷繁的职业机会中寻找到最适合自己的职业，避免职业选择中的盲目行为。尤其是对于大学生和缺乏职业经验的人，可以利用霍兰德的职业兴趣理论做职业选择和职业设计，成功地进行职业调整，从整体上认识和发展自己的职业能力。

三、能力测试

在人力资源管理范畴中，"能力"一词通常是指能够驱动（高）绩效实现的一系列技能、知识、行为与品质等综合个人素质特征，岗位任职能力便是能够满足该岗位要求的此类综合素质特征。

对不同岗位来说，能力内容与能力组合截然不同。例如，对操作人员（蓝领）来说，他们的岗位能力常被表述为"技能"，他们在技能专业化上不断深化（加强技能的深度）或者在技能广泛性上不断拓展（扩展技能的广度）都可以实现能力提升的效果，此类技能具体、显性、有明显的产出，所以便于检测。对于专业人员或者科技人员来说，他们的能力常被形容为"研发能力"或"创新能力"，此类能力虽也有产出，但研发成果的不确定性决定研发能力的产出不具备常规产品性质，以成果测量能力在准确性方面便打了折扣。而对于管理者尤其是高层管理者、技术专家等层次相对高端的各种知识性专业性人才来说，"胜任力"是现代社会广泛流行的用语，它与终端产品的距离更远、抽象性更强，却离整个组织的使命、愿景、价值观及战略目标对该职位所提出的要求更近，所以它往往被应用于评价企业中的中高级管理者和高级技术专家，以关注对他们深层素质、内在特质与动机的开发及引导。

由此可见，能力是一种抽象的、难以简单量化的职位要素。对它的评价需要借鉴专门的工具或者测评软件。导航项目小组致力于研发一套专门针对大学生使用的就业能力评价体系，但现阶段该评价体系尚未完工，日常导航活动所用的依然是已经成熟的商业软件。

常见的能力测试有基本能力测试与职业（专业）能力测试，前者是针对一般职场人员都应具备的基本能力的测试，例如知觉速度测验、空间关系能力测验、机械推理能力测验、逻辑推理能力测验、数学运算能力测验、语言能力测验和资料分析能力测验。后者是针对某一特定职业（专业）应具备特定能力的测试，如针对人力资源管理专业的管理能力测验、沟通潜能测验、说服能力测试、人力资源管理从业者岗位胜任力自评问卷和IT能力倾向测验。

四、职业价值观测试

职业价值观，是人生目标和人生态度在职业选择方面的具体表现，是我们对职业的认识和态度，以及对职业目标的追求和向往。理想、信念、世界观对于职业的影响，集中体现在职业价值观上。

俗话说，"人各有志"。这个"志"表现在职业选择上就是职业价值观，它是一种具有明确的目的性、自觉性和坚定性的职业选择的态度和行为，对一个人职业目标和择业动机起着决定性的作用。它表明了一个人通过工作所要追求的理想是什么，是为了财富，还是为了地位，抑或是为了实现自己的人生价值等；反映了人们在选择职业时的内心尺度，当职业选择出现冲突时，最终影响我们决策的是存在于内心的职业价值观。

由于个人的身心条件、年龄阅历、教育状况、家庭影响、兴趣爱好等方面的不同，人们对各种职业有着不同的主观评价。每种职业都有各自的特性，不同的人对职业意义的认识不同，对职业好坏的评价和取向不同，这就是职业价值观。职业价值观决定了人们的职业期望，影响着人们对职业方向和职业目标的选择，决定着人们就业后的工作态度和劳动绩效水平，从而决定了人们的职业发展情况。哪个职业好？哪个岗位适合自己？从事某一项具体工作的目的是什么？这些问题都是职业价值观的具体表现。

大学生在为自己做职业生涯规划之前，一定要清楚和明确自己的价值观和职业价值观。价值观和职业价值观决定了哪些因素对你是重要的，哪些是不重要的；哪些是你优先考虑和选择的，哪些不是。

五、测评工具

随着社会发展，市场对人才测评的需求日益增强，我国对职业特征与能力进行测评的系统工具亦日益丰富多样，为导航活动的学生测试提供多样性选择。

（1）北森的基层员工胜任力测评系统。此系统包含校园招聘、社会招聘、评估盘点三大解决方案，内嵌100余个职类模板，覆盖通用行业和IT互联网、房地产、金融等八大重点行业，真正实现随需测评。

（2）诺姆四达的华瑞评价中心系统。此系统包括了基本潜能、智力测验、个性特质、行为风格、动机态度、职业发展、职业能力评估、组织诊断、满意度评价、招聘筛选、综合模拟演练模块以及单项技术深度实训模块等共13个模块，对员工就业素质进行全面测评。表8-2显示了诺姆四达公司华瑞员工评价中心系统测评软件的部分内容，其中大部分内容能够满足导航活动大学生自我测试所需。

表8-2 华瑞人力资源管理综合素质测评软件（目录）

测试类别	测试单项	测试类别	测试单项
基本潜能	知觉速度测验	职业能力评估	管理能力测验
	空间关系能力测验		销售潜能测验
	机械推理能力测验		人力资源管理从业者岗位胜任力自评问卷
	逻辑推理能力测验		IT能力倾向测验
	数学运算能力测验	组织诊断	组织公民行为量表
	语言能力测验		组织承诺问卷
	资料分析能力测验		工作价值调查表
智力测验	瑞文智力测验		工作气氛量表
	华瑞智力测验	满意度评价	员工满意度测验
个性特质	卡特尔16种人格因素测验（16PP）	招聘筛选	普通员工招聘筛选测验
	气质测验	综合模拟演练模块	模拟一
	加利福尼亚个性调查表（CPI）	单项技术深度实训模块	SI研发类视频一
	爱德华个人偏好测验（EPPS）		SI研发类视频二
行为风格	领导权变模式测验		SI市场营销类视频一
	领导行为模式测验		SI市场营销类视频二
动机态度	工作满意度测验		SI人力资源管理类视频一
	个人需要测验		SI人力资源管理类视频二
职业发展	职业价值观自我测验问卷		LGD管理培训生类视频一
	一般职业能力倾向自评测验		LGD管理培训生类视频二
	职业兴趣自我评定量表		RP销售类视频一
	职业倦怠量表		RP销售类视频二
			RP客户服务类视频一
			RP客户服务类视频二

（3）全国大学生测评网。从职业规划、就业能力（行业岗位）等方面对大学生就业能力进行综合测评，包括入学综合素质与能力测评，在校各年级学生素质与学习发展能力综合测评、综合素质与学习发展能力专项测评、心理素质与人格行为测评、家庭环境与和谐关系专项测评。①

（4）VCCC 认证。2015 年，中国高校联盟及中华英才网联合推出大学生就业优势能力认证 UCCC（英文全称 Undergraduate Certificate For Career Competency），通过对职业胜任力、职业人格、职业类型和职业价值观等多个维度进行测评评估，以机考测评形式为大学生提供职业指导和就业优势能力认证，为校招企业、在校学生及各院校方提供沟通平台②。

（5）人才水平能力测评行业标准体系。2017 年 9 月，北京全想人才测评技术中心开发并推出国内首个人才水平能力测评行业标准体系，为各行业内的专业人士提供了客观、公正、广泛的水平能力标准依据，也为用人单位对人才的职业信用、专业能力、从业经验等各方面提供有力的参考依据和凭证③。

本章附录：人力资源管理专业大学生目标职位任职条件

一、初级职位

1. 人事专员

岗位职责：人事专员是执行并完善公司的人事制度与招聘计划，员工培训与发展规划，绩效评估，员工住房公积金、社会保障福利等方面的专业从业人员。

任职条件：具有语言表达能力、文字表述能力、逻辑处理能力、沟通协调能力、责任心和团队意识。

2. 招聘专员

岗位职责：招聘专员主要负责通过各种渠道（比如媒体、网络）发布和管理招聘信息，并进行正式招聘前测试、简历甄别、组织招聘、员工人事手续办理、员工档案管理及更新等与招聘相关的工作。虽然日常所做的筛选简历、电话面试等工作都很琐碎，但待积累经验后发展空间还是非常大的，可

---

① 全国大学生测评网，http：//www. chinadxscp. org/SpecialItemRccp. aspx？ schoolNum.
② 大学生就业优势能力认证，http：//www. sohu. com/a/35826324_ 269150.
③ 北京全想人才测评技术中心，https：//www. atte. xin/.

以向招聘经理、人力资源经理乃至总监发展。

任职条件：沟通协调能力、计划组织能力、抗压能力和责任心，性格方面需外向、积极主动。

3. 薪酬福利专员

岗位职责：薪酬福利专员负责制作公司每月的工资报表，按时发放工资，并进行薪酬数据分析及统计等工作。他们需要按时完成人工成本、人工费用的分析报告并及时更新维护员工资料库，办理员工养老、医疗等公司规定的各类社会保险，管理福利体系的日常事务，制作保险缴纳报表，为各部门提供薪资福利方面的咨询服务。薪酬福利专员是在经理或主管的领导下，具体实施既定的薪酬福利体系、办理相关程序。入职门槛较低，以后可以从事管理类工作，如晋升为人事经理或薪酬福利经理等管理职位。

任职条件：具有沟通协调能力、团队协作能力和责任心，性格方面需踏实稳重、认真细心。

4. 人力行政专员

岗位职责：人力行政专员主要负责人力资源管理日常业务，为各项专业工作提供行政服务。负责公司人力资源信息的上传下达工作；协助制定公司人事管理政策和制度，并督促、检查制度的贯彻执行情况；熟悉公司组织架构，协助相关专员开展岗位（工作）分析，编制职位说明书；依据人力资源战略规划和年度人力资源需求计划，做好人才储备工作；根据岗位规范，建立健全岗位责任制，完善岗位管理体系；协助招聘工作的实施、人员的预约与接待，发放录用通知，及时办理录用员工的招用手续；负责员工考勤手续的办理，办公用品、工作证、工作服等的发放；监督员工考勤管理和落实纪律检查；根据公司人力资源需求及时办理员工转正、调动、离职的手续；其他临时性工作的处理。

任职条件：具有执行力、领悟力和学习力，性格要温和、细心、稳重，懂得基本的行政管理类知识，有较强的团队合作意识。

5. 行政助理

岗位职责：行政助理属于一个宽泛性职位，其或可细化为多个不同职位，企业资料员、复印室管理员、前台接待等均可归入行政助理行列。他们需要在各种行政事务方面帮助和服务于公司员工，通过安排主管日程、填写计划列表、处理信息需求、制作数据报告、安排会谈会议、接待客户来访、维护记录管理，完成文件归档等各项工作，从多方面综合性、高质量地完成行政管理工作。

任职条件：具有语言表达能力、沟通协调能力、人际交往能力，并需熟悉文档处理、熟悉国家有关行政法规。

6. 猎头顾问

岗位职责：猎头顾问是专为客户提供中、高级职位及特殊职位人才招聘及相关咨询服务的专业服务人员。猎头顾问门槛很高，需要敏锐的眼光，丰富的销售、客户管理经验，良好的沟通能力和广阔的人际网络。

任职条件：具有语言表达能力、逻辑处理能力、沟通协调能力，有较强的抗压能力和事业心，性格倾向于外向型、热爱社交，并认可顾问式销售，渴望成功。

7. 管理咨询师

岗位职责：管理咨询师是指在企业与管理咨询机构中从事管理咨询工作，运用专业知识、技能和经验，通过管理咨询的技术与方法，帮助个人或组织解决问题或提供方案的专业人员。

任职条件：具有语言表达能力、沟通协调能力、管理能力，较强的责任心、执行力和亲和力，要有服务意识和销售意识，能较快接受新事物。

8. 商务拓展（BD）

岗位职责：BD的定义是根据公司战略，连接并推动上游及平行的合作伙伴结成利益相关体，向相关政府、媒体、社群等组织及个人寻求支持并争取资源。

任职条件：具有逻辑处理能力、沟通协调能力、抗压能力、谈判能力，较强的责任心和团队合作意识，性格倾向于外向型。

9. 数据运营专员

岗位职责：数据运营是指数据的所有者通过对于数据的分析挖掘，把隐藏在海量数据中的信息作为商品，以合规化的形式发布出去，供数据的消费者使用。

任职条件：具备统计学、数学知识，逻辑处理能力、沟通协调能力、学习能力，执行力和责任心。

10. 劳动管理专员

岗位职责：在工地，劳动管理专员就是监工，相当于包工头。主要的工作职责包括：参与制定劳务管理计划；参与组建项目劳务管理机构和制定劳务管理制度；负责验证劳务分包队伍资质，办理登记备案；参与劳务分包合同签订，对劳务队伍现场施工管理情况进行考核评价；负责审核劳务人员身份、资料，办理登记备案；参与组织劳务人员培训；参与或监督劳务人员劳动合同的签订、变更、解除、终止及参加社会保险等工作；组织或监督劳务人员进出场即用工管理；负责劳务结算资料的收集整理，参与劳务费的结算；参与或监督劳务人员工资支付、负责劳务人员工作公示及台账的建立；参与编制、实施劳务纠纷应急预案；参与调解、处理劳务纠纷和工伤事故的善后工作；负责编制劳务队伍和劳务人员管理资料；负责汇总、整理、移交劳务管理资料。

任职条件：具有现场管理能力，具备工程学、运筹学知识，统筹能力、沟通能力、文字能力，需要掌握《劳动法》、劳动相关法规政策方面的知识。

11. 员工关系专员

岗位职责：员工关系专员是指企业中协助员工关系主管管理员工关系的人员，主要负责推广和加强企业文化建设，组织人力资源活动促进员工关系融洽度、提高员工满意度，为企业创造高绩效，妥善处理突发的员工关系问题。员工关系专员的直接上级是员工关系主管。

任职条件：具备人力资源员工关系管理方面的专业知识，熟悉国家相关法律法规；良好的沟通交流能力、分析问题和解决问题的能力；具有应变能力，能解决突发员工关系事件；具备良好的文字功底以及表达能力，一定程度的管理能力。

12. 数据分析师

岗位职责：数据分析师是数据师的一种，指的是不同行业中专门从事行业数据搜集、整理、分析，并依据数据做出行业研究、评估和预测的专业人员。

任职条件：具有数据分析能力，信息处理能力，统计软件使用能力，运筹学数学知识及能力，了解市场并能根据现有数据做出预测推算的能力。

13. 绩效管理专员

岗位职责：绩效管理专员主要负责组织实施员工绩效考核，整理分析考核数据，建立员工工作业绩档案，及时提供绩效数据支持，协助各部门开展评价工作。该职位可晋升为人力资源经理、绩效管理经理。

任职条件：熟悉企业绩效考核相关流程的建立及执行，了解各类绩效考核相关工具的使用。

14. 宣传专员

岗位职责：宣传专员主要负责公司内刊各类文体稿件的撰写，独立完成选题策划和采访并完成内刊的编辑出版、发行工作。负责公司各种宣传平台的维护，如：公司网站的规划、建设、管理、维护；微信平台内容的收集、撰写和发布等。负责企业文化活动方案的制订与组织实施，例如员工生日会、员工活动、家属活动日等。负责企业文化载体的建设和管理及传播方法的创新、文化氛围的营造。

任职条件：要求有责任心和敬业精神以及团队合作精神和服务精神，要有较强的文字功底和采写能力。性格倾向于外向型，活泼开朗，有激情，有服务意识，善于与人沟通，勇于接受挑战。兴趣广泛、有良好的创新思维，对时尚、美术及设计作品有鉴赏力。

15. 售前工程师

售前工程师兼顾工程技术与销售两类人员的特征。

岗位职责：职责包括但不限于负责产品的引导、设计分析、售前、投标以及部分售后保障工作；负责组织制定系统集成项目的技术方案编写、标书的准备、讲解及用户答疑等工作；配合客户经理完成与用户的技术交流、技术方案宣讲、应用系统演示等工作；配合业务部其他部门做好用户沟通、资料共享、技术协调等工作；配合市场人员完成应用系统演示、产品宣传资料撰写等工作；完成产品交付跟踪工作，配合用户完成需要的验收文档、出厂测试等工作；部分的售后工作，还需反映问题给厂商改善。

任职条件：本科及以上相关专业，如通信、计算机等；两年及以上相关产品的售前经验；熟悉投标流程，熟练使用各种投标中必备的软件，具备良好身体素质、责任意识；熟悉政府类项目的运作流程，具备良好的分析问题、解决问题的能力；良好的沟通能力，熟悉本领域国内同类产品的主要原理，具有领域内认可的专业认证证书；有责任心，能吃苦，能接受出差、较高强度连续工作。

二、中级职位

1. 绩效主管

岗位职责：绩效主管在绩效考核以及绩效管理体系整个过程中发挥关键作用。它的主要工作职责包括协调组织完成公司绩效评价标准的调整，使其更符合不同阶段的要求；调查评价制度实施效果和存在问题，提供解决方案；建立公司职位流动和晋升体系；协助修订政策指南和员工手册，提供政策支持；改进、完善并监督执行公司考核体系和规范；指导各部门主管开展评价工作，向员工解释各种相关制度性问题；根据绩效评价结果实施对员工的奖惩工作；组织实施绩效评价面谈等。绩效主管的直接上级是人力资源经理，直接下级是人力资源专员。

任职条件：具有良好的职业操守，细致、耐心、谨慎、踏实、稳重；具有强烈的敬业精神与责任感，工作原则性强；具有较强的人际沟通、协调能力和良好的团队合作意识。

2. 项目主管

岗位职责：项目主管的主要任务是主持整个系统的开发工作，确定工作目标和实现目标的方案。

任职条件：具有很强的管理能力、项目管理知识和经验，掌握管理信息系统开发知识，有娴熟的人际关系处理能力。

3. 业务主管

岗位职责：参与销售计划的制订、预测、跟踪；定期分析渠道情况，提升渠道质量和数量；专柜/专卖店合同档案管理；公司及竞争对手促销活动的调查、分析、销售预测及销售信息的反馈；负责所辖区域专柜回款；分公司各类销售数据分析、基础资料收集整理工作。

任职条件：具有管理能力、统筹能力、业务能力，具备市场营销及《经济法》等政策、法律、法规的知识。

4. 人力资源主管

人力资源主管，也称人事主管，是指企业中协助人力资源经理处理人力资源相关事务的基层管理人员。负责拟定人力资源规章制度、组织招聘事宜等。

人力资源主管的直接上级是人力资源经理，直接下级是人力资源专员、人力资源助理。人力资源主管一般由人力资源专员发展而来，其职业发展方向有两个：一是沿着管理的方向发展，成为人力资源经理、人力资源总监；二是朝着咨询方向发展，成为人力资源咨询顾问、人力资源咨询师。

岗位职责：根据企业的战略发展目标和各部门的人力资源需求制定人力资源规划并报领导审批；组织实施审批通过的人力资源规划，并及时向领导汇报实施进度；组织拟定企业招聘、培训以及绩效考核等制度，拟定人力资源岗位说明书以及管理流程；负责组织进行各部门人力资源需求以及员工需求调查和分析，制定具体的招聘计划以及培训计划；负责招聘计划的实施，协助进行面试；负责员工的入职与离职手续的办理工作，处理劳动合同纠纷；负责组织员工绩效考核工作的实施。

任职条件：具备专业的人力资源管理能力，熟悉人力资源管理流程以及相关法律、法规、政策；具备良好的观察和分析能力；具备良好的沟通协调能力，能与其他部门进行良好的沟通，保持良好的关系；具备组织管理能力；具备应变能力以及处理问题的能力，遇到突发事件能及时妥善处理；具备良好的人际交往能力。

5. 人力资源业务合作伙伴

人力资源业务合作伙伴又称为HRBP（HR Business Partner）。实际上就是企业派驻到各个业务或事业部的人力资源管理者。

岗位职责：主要协助各业务单元高层及经理在员工发展、人才发掘、能力培养等方面的工作。其主要工作内容是负责公司的人力资源管理政策体系、制度规范在各业务单元的推行落实，协助业务单元完善人力资源管理工作，并帮助培养和发展业务单元各级干部的人力资源管理能力。

任职条件：有责任心、沟通协调能力、抗压能力、亲和力，熟悉国家的相关政策和法律法规。

6. 业务经理

岗位职责：业务经理（Account Executive，AE），对外，与客户进行谈判、联络、提案、收款等；对内，制定策略、协调资源、分派工作、监督进程等。一个真正的AE，并不像"拉业务"的业务员一样简单，要熟悉销售、市场调查、企划、设计、制作、媒体等方面的专业知识，也要有一定的人际关系处理能力。

任职条件：有责任心、事业心和沟通协调能力，性格要偏向于外向型，具有团队协作精神。

7. 行政经理

岗位职责：负责计划、指导和协调机构的支持性服务，如记录保存、邮件分发、电话/前台接待和其他办公室支持服务，包括监督设备的准备、维护和保管。行政经理可以平调至市场经理或营运经理等，也可以晋升为总经理，直至最高职位总裁或首席执行官。

任职条件：具有语言表达能力、文字表述能力、沟通协调能力、人际交往能力、团队管理、组织策划能力以及专业的待人接物方面的能力，性格方面倾向于开朗、严谨、踏实稳重。

8. 项目经理

从职业角度，项目经理（Project Manager）是指企业建立以项目经理责任制为核心，针对项目实行质量、安全、进度、成本管理的责任保证体系和全面提高项目管理水平而设立的重要管理岗位。

岗位职责：负责处理所有事务性质的工作，首要职责是在预算范围内按时优质地领导项目小组完成全部项目工作内容，并使客户满意。

任职条件：有责任心、执行力、抗压能力和沟通协调能力。

9. 客户经理

岗位职责：客户经理是企业接触客户、为客户提供全面服务的工作人员，需全面了解客户需求并营销产品、争揽业务。需要联系客户，花费时间接触潜在客户，以优质服务吸引客户，为客户提供"一站式"（One-stop）服务；与现有客户保持经常联系，多方了解潜在客户需求、引导消费；根据公司的经营原则、经营计划和工作要求，对市场进行深入研究，并提出自己的营销方向、工作目标和工作计划；面向重点客户宣传公司产品；协调和组织公司内部有关部门和机构为客户提供全方位服务。

任职条件：相关领域本科以上学历；三年以上客户与销售部门工作经验；较强的责任心，严守公司与客户的秘密；良好的社会交际和组织协调能力，善于表达自己的观点和看法；较强的计划能力，能设计切实可行的计划方案，安排精确有效的预算；具有管理、营销、法律等方面知识，熟悉公司产品的功能；具有市场细分、市场定位等方面的综合能力，能对客户进行综合分析，对客户需求有较强预见力；具有时间管理和团队精神的现代管理意识，与公司管理层和业务层保持良好的工作关系，团队协作精神强。

10. 招聘经理

岗位职责：根据业务发展需求，协调、统计各部门的招聘需求，编制年度人员招聘计划；开发、维护、评估、分析各招聘渠道；建立和完善公司的招聘流程和招聘体系；利用各种渠道发布招聘广告，寻求招聘机构；执行招聘、甄选、面试、选择、安置工作；建立后备人才选拔方案和人才储备机制。

任职条件：具有丰富的招聘经验，既要对人才的发现与引进、组织与人员调整、员工职业生涯设计等具有丰富的实践经验，又要对人力资源事务性工作有娴熟的处理技巧，还要熟悉招聘流程及各种招聘渠道；需要具有独到的慧眼，掌管着企业的所有招聘工作，一般由人力资源助理、招聘专员发展而来，积累经验后可以发展为人力资源经理乃至人力资源总监，或者转行做人力资源咨询、心理咨询工作。

11. 运营经理

岗位职责：计划、指导或协调公司或公共和私营机构的运营活动。职责包括制定政策、管理日常活动、对物资和人力资源使用进行计划。多数企业管理部门和最高行政主管的职位由经验丰富的低层级经理和行政人员替补，营运经理可以晋升为总经理，直至最高职位总裁或首席执行官。

任职条件：本科及以上学历，经营管理类专业最佳；3~5 年的运营管理工作经验；具有成熟的价值观、较强的责任心和服务意识；较强的计划能力，能做周密完善的工作计划，并能结合实际分析经营环境；具备运营管理及战略规划方面的相关知识；较强的成本意识和成本控制能力；较强的团队管理及领导能力、运营管理能力；较强的沟通表达、业务处理和外联能力。

12. 薪酬福利经理

岗位职责：制定适合公司发展战略和人力资源发展战略的薪酬规划及福利计划；建立适合公司的薪酬及福利体系，建立、完善、落实工资制度和福利制度及各类台账制度；根据公司业务发展情况和市场水平，制定薪酬政策和薪酬调整实施办法；及时了解政府相关政策及社会经济发展状况，调整薪资福利体系。

任职条件：熟悉员工激励的制度、工资理论、薪酬与福利相关知识体系、国家相关法律法规知识、企业的薪酬福利管理流程以及社会保险操作流程，有良好的统计分析能力、沟通交流能力，良好的数据统计分析能力、保密意识和服务意识，较强的责任心。

13. 人力资源经理

人力资源经理（Human Resource Manager，HRM）是指计划、指导和协调机构的人事活动，确保人力资源合理利用，管理理赔、人事策略和招聘事务的高级管理人员。

岗位职责：人力资源经理的本职工作是制定人力资源的战略规划，并监督执行，负责建立畅通的沟通渠道和有效的激励机制，全面负责人力资源部门的工作。

任职条件：有领导能力、表达能力、自信力、战略眼光、宏观的视野；优秀的沟通能力；卓越的学习能力；良好的情绪调节和控制能力；杰出的组织能力和协调能力；较高的敏感度以及亲和力和优秀的人际关系处理技巧。

14. 培训经理

岗位职责：培训经理是一种人力资源管理职系当中专门负责组织培训活动的较高级别职务。培训经理主要负责培训课程统筹的安排，如安排场地、学员、讲师等。根据公司的总体战略建立培训体系，包括制度建立、资源整合及运作管理；根据公司总体服务质量情况和员工培训需求，制订、组织、落实公司年度和月度培训计划；根据各部门服务质量情况及员工素质需求，协助部门制订培训计划，并检查计划实施情况，总体培训情况并对各部门培训检查情况进行总结，对培训效果做出客观评估，提出培训新方案。

任职条件：能够完成培训体系的建立、运作、实施，有独立开发课程能力，良好的培训规划能力、组织能力、计划能力、沟通协调能力，为人正直，心态积极，具有良好的职业道德及操守。

15. 投行项目经理

投行项目经理报酬较高，但也是一个需要很强综合素质的职业，工作压力很大。

岗位职责：收集资本市场动态，发现投资机会，整合公司资源，对投资项目进行可行性分析与论证；寻找潜在的上市或并购目标，进行并购目标的尽职调查和财务分析，制定上市流程及并购计划方案、参与上市重组等谈判，建立项目投资的管理机制；组织撰写重组及并购报告，执行历史数据财务分析、财务预测、企业估值；组织进行资本方和企业方的协调以及其他内部工作流程；组织起草与项目相关的报送审批文件；建立客户资源库，保持与核心客户的经常联系，拓展和发掘客户需求，为核心客户提供持续服务和价值增值。

任职条件：具有对应行业的专业知识和相关专业，行业技术开发经验和项目管理工作经验，熟悉相关行业研发流程与上市规则，有较强语言表达能力、沟通协调能力，良好的管理、组织和协调能力。

16. 综合部经理

岗位职责：在公司总经理的领导下，全面负责本部门的工作；负责公司人事、内务、行政等工作；负责并协助公司完成部门岗位梳理、人员配置并及时进行人员补充或替换；负责完成内部员工业务、技能、专业知识及职业素养等相关培训；负责并协助公司完成内部员工绩效考评工作，提高员工工作绩效；负责掌控各项工作完成情况、监督执行力度；负责教育、督促本部门员工执行和遵守公司各项规章制度；负责协调内部员工关系，培养团队意识，创新文化建设；协助公司领导制定公司各项规章制度；负责公司各种法律文书的草拟与审核，各合作单位协议、合同和员工劳动合同的草拟与审核，负责公司法律纠纷处理和代理；负责公司各项综合事务的管理与协调；负责督促本部门执行公司下达的业务指标，检查控制业务指标完成情况；负责公司各种会议的组织、召开与落实，负责公司文件通知、草拟与下发；根据公司制度和管理规定，拟订和管理公司员工薪酬、福利计划和分配方案；负责公司工商、税务、特许证登记、更名和年检手续。

任职条件：熟悉管理与行业知识、劳动法律知识，劳动保险知识与操作流程。有计划能力、组织能力、沟通能力、合作能力，极强的执行能力，较强的管理能力。

17. 风控经理

岗位职责：协助公司领导层完善公司全面风险管理目标；完善公司风险管理制度，风险控制流程；组织实施公司内部管理评估，对公司风险管理工作提出改进方案；建立完整的风险管理体系，涵盖公司担保、评估、资产管理各项业务；参与公司担保、评估、资产管理各项业务的风险管理；对公司规定必须由风险管理经理实地审验的项目进行实地审验；对风险管理员出具的客户申请审核意见进行复审，签字确认后上报业务副总。

任职条件：熟悉经济、金融、财务、信贷管理的法律法规以及风险管理理论、技术和方法，企业运营及财务管理知识；有良好的行业分析能力、财务信息及数据分析力和洞察力，熟悉各种风险评估工具及风险控制策略，有较强的团队精神与合作能力，善于沟通，有较强的客户服务意识及风险规避意识；诚实守信，责任心强，工作细致、严谨，有饱满的工作热情和较强的责任感。

18. 产品经理

产品经理（Product Manager）是企业中专门负责产品管理的职位。

岗位职责：产品经理负责市场调查并根据用户的需求，确定开发何种产品，选择何种技术、商业模式等，并推动相应产品的开发；还要根据产品的生命周期，协调研发、营销、运营等部门，确定和组织实施相应的产品策略，以及其他一系列相关的产品管理活动。

任职条件：有两年以上数据分析/挖掘经验，具备数学、统计、计算机专业知识，有数据分析能力、逻辑分析能力、分析总结能力、数据报告呈现能力，有良好的沟通能力，能够进行跨团队的沟通协调，有较强的商业、数据和业务的敏感性，能够系统性地思考和分析问题。

三、高级职位

1. 项目总监

项目总监是建设项目实行监理制后，监理单位在该项目上设置的最高岗位职务，也是在市场经济条件下，建设项目的所有权与经营权相对分离，根据委托人授权进行项目管理的总负责人。

岗位职责：项目总监接受监理单位法人代表的授权，代表监理单位全面履行监理委托合同。项目总监具有双重身份：一是监理单位派驻项目履行监理合同的全权代表和总负责人；二是监理企业法人通过合同委托授权的总承担人。

任职条件：有比较扎实和全面的专业知识和工程实际工作经验，具有国家注册造价工程师资格，良好的沟通协调能力和管理技能，良好的书面表达能力，能熟练运用 Autocad、Project 等工作软件，踏实肯干，工作责任心强、有团队合作精神。

2. 物流总监

岗位职责：物流总监是物流中心的带头人，他不仅要制定物流长、中、短期战略，完成大型物流中心规划设计及内部资源整合，还要对公司物流、供应链运作模式及物流配送网络进行规划和设计等工作。

任职条件：熟悉 ERP 体系（WMSTMSWCSDPS 等物流系统），有电子商务仓储物流管理经验，较强的计划制定、执行及组织能力，良好的分析及沟通协调能力，出色的组织架构搭建、团队建设以及培养人才的能力；务实、敬业、精益求精的工作作风，较强的沟通、协调、组织、执行能力及创新精神和团队合作精神；有良好的英语听、说、读、写能力者优先。

3. 招聘总监

岗位职责：负责协助行政中心总监全面开展公司日常招聘、绩效考核、员工关系、人员异动及薪酬管理等相关人事工作；根据公司年度和月度招聘需求，协助行政中心总监制定招聘计划，并引导人事专员落地招聘实施情况，包括简历筛选、通知面试、入职手续办理、入职培训等工作；负责保存员工的人事档案，做好各类人力资源状况的统计、分析、预测、调整、查询和人才库建立等工作；负责协助上级领导合理配置工作岗位，组织劳动定额编制，做好公司各部门人员的定编工作，结合实际需要，及时组织劳动额的控制、分析、修订、补充，确保劳动定额的合理化和准确性，杜绝劳动力的浪费；负责拓展新的招聘渠道，做好招聘成本预算；协助上级领导建立后备人才选拔方案和人才储备机制，保障人事工作的顺利开展。

任职条件：具有语言表达能力、沟通能力、识人能力、培养人才能力、解决复杂问题的能力、组织协调能力的要求，以及要熟悉《劳动法》《劳动合同法》及地区劳动法律法规。

4. 人力总监

岗位职责：人力资源总监是企业人力资源管理的最高负责人，肩负着企业人力资源战略的制定，人力资源管理体系建设，人力资本增值，战略绩效目标达成，员工个人价值实现的使命。人力资源总监要通过人力资源战略规划，组织建设，制定人事政策，运用人力资源管理工具、方法和手段，把企业的战略目标转化为全体员工共同的目标与行动。通过打造优秀的员工队伍，形成企业核心竞争力，通过员工职业生涯规划实现员工与企业的共同成长。通过人力资源管理技术和手段为企业创造价值。

任职条件：具有战略管理、人力资源管理、组织变革管理、管理能力开发等方面知识，熟悉现代企业人力资源管理模式、模块工作内容与日常管理工作流程，熟悉国际大公司人力资源管理的发展历程和应用模式，熟悉国家、企业关于合同管理、薪金制度、用人机制、保险福利待遇、培训等方面的法律法规及政策；优秀的沟通、协调能力，较强的语言和文字表达能力，解决复杂问题的能力、独立工作能力、良好的工作推进能力，很强的激励、沟通、协调、团队领导能力，责任心、事业心强。

5. 营销总监

岗位职责：营销总监（Marketing Director）主要是为服务的企业制定短期及长期战略规划及实施策略，组织新老产品的成功上市销售，为企业打造一支高效、稳定的销售团队。它的直接上级是公司总经理；直接下级是区域销售经理、市场部经理。

任职条件：具有营销、市场、管理类专业知识，丰富的社会化营销经验；独特的产品、用户心理分析能力，擅长分析市场发展方向和动态，思维活跃，有营销创意；热爱自媒体运营，具有较强的运营管理、专题策划、信息采编整合及采访能力；具有良好的理解、沟通能力，较强的洞察力和社会交往能力；具有比较广泛的知识储备，较强的文字表达能力。

6. COE

岗位职责：人力三支柱之一，人力资源专家中心（Center of Expertise，COE），借助本领域精深的专业技能和对领先实践的掌握，负责设计业务导向、创新的人力资源政策、流程和方案，并为人力资源战略伙伴提供技术支持。企业内部运作中，COE扮演者多种角色。①设计者：运用领域知识设计业务导向，创新人力资源政策、流程和方案，并持续改进其有效性。②管控者：管控政策、流程的合规性，控制风险。③技术专家：为人力资源业务伙伴、共享服务中心、业务管理人员提供本领域的技术支持。

任职条件：必须具备掌握人力资源领域的知识与技能，具有极强的计划能力、项目管理能力、风险预警能力、危机控制能力、沟通能力等。

7.（金融业）投后管理

岗位职责：投后管理是项目投资周期中的重要组成部分，也是投资基金"募、投、管、退"四要点之一。在完成项目尽职调查并实施投资后，直到项目退出之前都属于投后管理的期间。由于企业面临的经营环境在不断变化，公司的经营发展会受到各种因素影响，从而增加了项目投资的不确定性和风险（如市场风险、政策风险、技术风险、管理风险、法律诉讼风险等），投后管理正是为加强管理和降低项目投资风险而进行的一系列活动。投后管理的工作内容包括投资协议执行、项目跟踪、项目治理、增值服务四部分。投后管理工作一般分为日常管理和重大事项管理。日常管理主要包括与所出资企业保持联系，了解企业经营管理情况，定期编写投后管理报告等管理文件。重大事项管理包括对所出资企业股东会、董事会、监事议案进行审议、表决等有关事项。

任职条件：具有三年以上风控、投后管理、产品管理或其他相关从业经验；较强的书面表达能力，能够熟练完成各类分析总结报告、熟练使用Word、Excedl、PPT等办公软件；认真细致、具有责任心，工作积极主动性高，能够主动发现并解决问题；良好的沟通协调能力及团队协作精神。

8. 联合创始人

岗位职责：对公司初创时期的创办、创建事务起到领导、组织、计划与决策的作用；筹划战略部署，承担具体工作并做出有成效的贡献；在财务、人力、产品开发、销售、市场、互联网传播等一个或几个领域独当一面，并承担相应责任；保证共同创建的项目或产品在预计时间内正常完成或正式上线。

任职条件：具有良好的敬业精神、沟通能力和职业道德，能够承担工作压力、开朗乐观；积极进取，有高度责任心；敏锐的商业触觉、优秀的领导力；优秀的执行力和团队协作精神；具备丰富的产品、运营、市场运作经历，精通各类运营策略和手段，能整合应用并完成运营指标，有成功案例。

第九章

大学生职业导航解决方案

案例1："双通道"导航为大学生职业成长点灯铺路①

一、为职业导航"点灯"

大学生进入大学，既进入人生成长的高级阶段，也进入了职业生涯的预备阶段。大学人才培养，既是知识和技能的传授过程，也是专业素质养成的过程。

职业素质养成之路，需要"点灯"和"铺路"：以专业领域前沿发展、职业要求和胜任力特征作为大学生职业能力培养的方向、目标，引领专业课程设置和培养方案以及人才培养的内容和目标，是为"点灯"；高校与企业携手，通过多种渠道，包括职业规划辅导、企业导师与职业规划导师的"双师制"、实习基地建设等，设置学生职业成长的通道，不断促进学生职业准备和素质提升，是为"铺路"。这些方法及措施构成了北京信息科技大学人力资源管理系职业导航的系统，如图9-1所示。

本科阶段的人才培养，作为高级人才培养的职场预备阶段，除了基本素养、通用知识技能等，更需要以职业（专业）素质为引导，尤其进入大学高年级，职业素养的培养相对更为重要。例如初入大学阶段的专业领域前沿引

---

① 此案例为北京信息科技大学大学生职业导航活动实例。根据北京信息科技大学人力资源管理系聂显萍老师"大学生职业导航"教学改革活动总结改编而成。

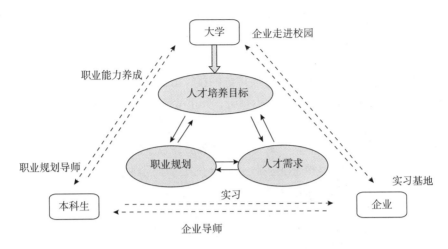

图 9-1　北京信息科技大学人力职业导航系统

领，通过开设专业领域前沿讲座、沙龙等形式，使初入大学的学生对本专业的前沿领域有所了解，了解未来从事职业的趋势，把握最新发展动态，以便学生对未来的职业发展定位做出评估。

二、"双通道"铺就大学生职业素质养成之路

"双通道"是指课堂学习和课外专业实践相结合，培养学生的专业能力，为未来进入社会、开展职业生涯打好基础。"双通道"的发展模式，密切了企业和大学在人才培养方面的关系，为学生在校期间获得基本的职业能力奠定基础。具体的开展方式，主要通过"企业进校园"和"学生进企业"两个途径实现。

1. "企业进校园"

企业人士走进校园，起到传达行业理念和前沿信息，对大学生进行职业辅导、宣传企业的作用。同时可传递社会需求、实现企业社会价值。

（1）沙龙讲座。根据专业领域热点话题，定期举办沙龙讲座。沙龙讲座邀请 2~3 名企业人力资源管理人员，与人力资源管理专业的大学生围绕选题展开讨论。例如，人力资源管理讲座专题可包括：

"互联网+"时代人力资源管理特征与人才要求；人力资源管理职能转型——HRBP 的特征和胜任力素质；人力资源总监之路；人力资源管理战略及模块；90 后员工管理；创业型企业人力资源管理。

（2）职业辅导。企业人士进入校园，传达行业发展信息，对专业人才培养提供指导，与大学生面对面交流，进行职业生涯辅导。

（3）企业宣讲。大学提供宣讲平台，邀请标杆企业进入校园宣讲，使学

生了解企业文化、发展前景、成长平台、政策待遇等。一方面帮助企业吸引人才，宣传扩大企业影响力；另一方面也使学生更加了解用人方的要求，做好择业准备。

（4）企业人士走进课堂。打破传统的授课方式，对专业实践性强的课程，聘请企业人士走进课堂，开阔学生视野，培养企业所需要的职业能力。

2. "学生进企业"

学生走出校园，到企业一线展开实践活动，在实际工作中检验理论知识，获得能力提升。通过接触企业实践，使学生更加明晰职业定位，了解自己的能力特点，做好职业通道的规划工作。

（1）参观访问，与企业 HR 座谈。进入相关企业参观，学生可以了解企业整体概况、工艺流程、作业管理等，增加对企业的概况性、感性的认识。在对生产工艺工作现场参观的基础上，与企业 HR 座谈，对企业人力资源管理方面的政策、难题展开探讨，使学生逐步具备解决实际问题的能力。

（2）实习基地建设。校企合作建立实习基地，搭建了供需双方的桥梁，为学生提供职业成长通道的踏板，使企业获得稳定人才渠道，满足企业人才需要。

实习基地的建设，需要校企双方根据资源情况，洽谈选择合理的合作方式，既保证企业业务的顺利开展，又能通过对实习生的导师制辅导、业务培训、业务实践等，起到留用人才、培养人才的作用。

学校在供需双方中起着纽带的作用。在实习基地建设中，学校的工作内容是为企业挑选合适的实习生，组织和安排学生进入企业，并要求企业提供合适的实习岗位，并给予学生辅导和支持。学校要将实习基地建设与人才培养目标结合起来，避免将实习简单视为为企业提供劳动力，忽视人才培养的目标。

（3）课题调研。在企业中遇到的实际问题，正好是专业理论课题研究的来源。企业把需要解决的实践问题，作为课题向学校和学生发布，不仅为教师科研提供了好的选题来源，也为学生运用理论知识解决实际问题提供良机。企业选题同时可以作为学生毕业论文的研究选题。

三、"双师制"为职业导航保驾护航

大学注重培养学生的职业能力，同时学生也要做好职业规划。引进企业导师，使学生的职业规划能更好地结合社会需要，进行合理规划；同时，企业导师应更加关注学生在校期间职业能力的培养，指引人才培养的方向。

同时，还给学生配备职业规划导师，由专业的职业规划教师担任，指导学生进行职业测评，规划职业锚，帮助学生了解未来从事行业的信息以及能

力素质要求等。

企业导师和职业规划导师在大学生职业规划和职业能力养成中起到保驾护航的作用。"双师制"职业导航系统如图9-2所示。

职业测评辅导　　　　　　　　　职业能力辅导

校园导师　　　　　　　　　大学生　　　　　　　　　企业导师

图9-2　"双师制"职业导航系统

四、制订《学生成长手册》

职业导航在高校落地,还需要在大学生本科四年成长过程做好过程导航,《学生成长手册》就是基于此目的设计并伴随学生四年大学生活。

《学生成长手册》分为"自我探索""大学四年生涯规划""学期任务目标""学期个人总结""评估与反馈""大学期间参加活动摘要""导师寄语"等栏目,内容贯穿大学四年每个阶段。

《学生成长手册》是职业导航过程管理的一部分,需要指导教师全程参与,关注学生的专业能力和职业发展准备情况。在这一过程中,它与教学培养、其他职业导航活动相辅相成,为学生铺就了迈向社会、取得职业成功的通道。

案例 2:"三明治" + "双导师制" 人才培养模式[①]

大学生"就业难"一直是社会各界关注的焦点,2015年全国高校毕业生已达到749万,再创历史新高。由于高校人力资源管理学科快速发展,截至2015年全国每年约有人力资源管理专业本科毕业生1.5万人。较"985""211"高等院校的毕业生而言,普通高等院校人力资源管理专业的大学生,由于企业招聘学历要求高、就业时缺乏竞争力等原因,就业压力会更大。

---

① 此案例为北京师范大学珠海分校应用型人才培养案例。根据北京师范大学珠海分校经济管理学院王立华、何建华"知名企业 HR 菁英训练营"人才培养改革成果案例改编。

近年来，随着我国企业管理体系的逐渐成熟，企业越发重视人力资源管理工作，具有优秀职业素养的人力资源管理专业人才变得越来越重要，因此企业对人力资源管理专业人才的需求逐年增加。

以培养应用型本科人才为目标的普通高等院校在提高人才培养的适用性方面，十分有必要且迫切需要根据产业结构和就业市场及时调整学科专业结构和人才培养模式。

一、问题描述

各类高等院校作为人力资源管理专业人才培养基地，为社会、为企业输送了大量的人力资源管理专业工作者，但现阶段的人才培养模式还存在不少问题，影响了人力培养的质量。

一方面，目前高校人力资源管理专业的教学模式普遍以传统的教师传授理论知识为主，教学手段相对单一，对学生的主动性和创造性重视不够，大量专业知识难以吸收，实践技能难以掌握。部分高校虽增加了体验式教学、实践教学、实验教学等新型教学手段，一定程度上提高了学生实际操作能力，但所起效果并不显著。

另一方面，人力资源管理专业师资队伍中理论型教师居多，"双师型"教师偏少，学生在接受理论知识教育后，缺少具体的人力资源管理实践的操作技能，难以将所学知识运用到实践中去，学生毕业后岗位适应性较差，难免面临"就业难"问题。

为了解决普通高校毕业生人才培养与社会需求的结构性矛盾及适用性问题，实现"优质人才匹配优质岗位"，缓解大学生"就业难"现象及珠三角地区优秀人力资源专业人才紧缺的局面，在贯彻落实广东省教育厅关于校企协同育人的有关文件精神的基础上，北京师范大学珠海分校管理学院人力资源管理专业积极探索建立一个以优秀人力资源管理专业学生为培养对象，协同珠三角知名企业，打造一个应用型、创新型、高水平人力资源管理人才培养的新平台，开启高校与企业合作共赢的优秀人才培养新模式。

2014年4月，在学院领导带领下，人力资源管理专业开始组织实施北京师范大学珠海分校管理学院"知名企业 HR 菁英训练营"项目。

二、大学生就业指导项目设计

(一)成立项目组织

"HR 菁英训练营"项目的主管部门为北京师范大学珠海分校经济管理学

院，实施部门为人力资源系。该项目组织由主管部门、实施部门、学生社团"菁英社"项目管理团队以及合作企业构成。参与该项目的合作单位包括：珠海格力电器股份有限公司、丽珠医药集团股份有限公司、远光软件股份有限公司、佳能珠海分公司、中国联通珠海分公司、金山软件西山居、TCL 显示科技（惠州）有限公司、中国兴业太阳能技术控股有限公司、广东长隆集团有限公司、深圳华侨城股份有限公司共 10 家企业，以及珠海市人力资源和社会保障局。

（二）创新人才培养模式

本项目通过组织研究英国、德国等西方国家及国内"协同育人"实践教学改革成果，以及学习和借鉴国内外其他高校校企合作的先进经验，以北京师范大学珠海分校"协同育人"平台为基础，为满足企业对人力资源管理专业应用型本科人才的校园招聘和人才培养需求，提出了"三明治"＋"双导师制"的人才培养模式。

1. "三明治"教学方案

"三明治"教学法起源于 20 世纪设置于英国高校的"三明治"课程，致力于把学生在校的课程学习与课程相关领域的工作结合起来。改革基于"理论—实践—理论"的人才培养模式，区别传统的"先理论后实践"教学培养模式进行改革实践创新。通过在校授课和到企业实习相互轮替的教学方式，实现以素质培养、综合应用能力提升为主的人才培养目标。即学生在学校学习两年的理论课程，假期走进企业实习、实践，在实习中分析问题、尝试解决问题，回到学校再进行理论学习，把在企业中遇到的问题带到学习中，并寻求解决方案。

2. "双导师制"教学指导模式

"双导师制"指导模式即为每名学生聘请一位校内导师和一位企业导师，共同完成教学。校内导师负责学生的专业理论学习，并定期与企业导师联系，了解学生在企业的表现，指导实习报告写作。企业导师负责为学生设计实习的工作内容，监督工作表现，指导学生提升工作水平，并配合学校要求，反馈学生实习表现，并给出最终实习评语和分数。

"HR 菁英训练营"项目按以上培养模式，将应用型人才培养作为首要目的，通过双导师指导培养以及"三明治"＋"理论—实践—理论"的周期培养，打造高校人才培养模式和企业校园招聘人才供应链的最佳实践。具体做法是：经校企双方联合筛选的优秀学生，在大二、大三的小学期和暑期进入合作企业进行各约两个月的实习与实践教学活动；大四时，有就业意向的进行就业前的再实习；在企业实习期间，学校和企业共同编制实践教学方案，各指派导师跟进、指导学生的生活、工作、学习与成长，并提供心理压力疏导。这些学生各学期的理论教学计划仍在学校完成。"HR 菁英训练营"项目模式如图 9-3 所示：

图 9-3　HR 菁英训练营项目模式

（三）探索、完善人才培养路径与方案

"HR 菁英训练营"人才培养模式旨在培养更加符合当下企业需求的高素质应用型人才，在具体实行的过程中采取了很多措施来保障项目质量，主要包括合作企业调研与考察、营员企业化模式招聘、营员培养计划定制、营员绩效反馈、人才供需"三端一体库"搭建等几个阶段。

1. 组织调研与考察，落实合作企业及培养需求

"HR 菁英训练营"筹备伊始，院系老师首先筛选一批优质的合作企业，然后组织学生对合作企业进行企业现状调研以及用人需求调查，并据此制定训练营招聘计划、培训计划等。例如，2015 年第二届训练营通过企业用人需求调查，结合学生实际情况，确定 2015 年度协同培养营员为 25 人。

2. 营员企业化模式招聘

"HR 菁英训练营"选拔营员以公正、公平、公开原则为基础，根据制定的报名资格及筛选标准，以企业招聘选拔的模式甄选符合项目要求的优秀学生，充分保证营员质量。

营员的选拔需经过多层环节，严格筛选，筛选程序如图9-4所示，具体可分为四个步骤、三轮筛选：

（1）简历筛选。在校平均分成绩80分以上，有各类社团干部经历的学生优先考虑。

（2）素质测评。采用科学合理的人力资源测评、无领导小组讨论来全面考核学生的综合素质能力。

（3）综合面试。学院组织专业的 HR 教师团队，筛选出合格的训练营成员。

（4）企业录用决策。企业、营员双向选择，合理调配营员去向。

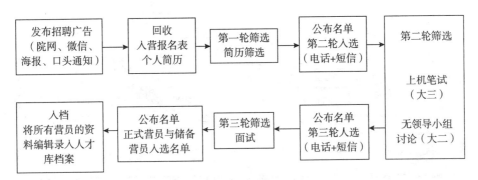

图9-4　营员选拔流程

3. 搭建"人才供需库"

"HR 菁英训练营"项目在营员实习结束后仍持续运营，建立"企业—高校"人才供需库。该人才供需库包括企业库、人才库、管理平台共三方。

企业库：库中企业均是"HR 菁英训练营"项目的合作企业，符合珠三角知名企业、管理体系规范成熟、有能力为学生提供专业化实习培训等条件，旨在为学生提供最适合学习发展的实习平台。

人才库：库中人才均是经过专业化筛选的正式营员以及专业老师推荐的优秀学生构成，旨在挖掘具有发展潜力的优秀大学生，为企业提供后备人才。

管理平台：由学生社团"菁英社"与项目合作企业 HR 管理人员构成。"菁英社"成员主要负责项目日常运营。项目合作企业管理人员主要负责更新本企业招聘动态，并为学生提供实习指导性帮助、组织实习生进行自我评估等工作。

企业可通过管理平台从人才库中挑选合适的人才进行缺编补充，人才库的学生可根据招聘动态投递简历至管理平台，从而实现人才的优质保障。

4. 明确培养目标，构建实践教学课程体系

"HR菁英训练营"在学习和借鉴国内外校企"协同育人"培养模式成果的基础上，为营员建立了系统的实践教学课程体系，包含公司概况、员工管理、职业技能和意识、管理体系、一线业务实践、专业工作实践、合理化建设活动共7个模块，以指导合作单位制定人才培养实习计划，全面、高效培养学生的实践能力。营员实践教学课程体系如图9-5所示。

图9-5　营员实践教学课程体系模式

5. 制定培养计划

"HR菁英训练营"要求合作企业根据企业的自身情况制定实习生培养计划，计划中所涉及的培养模块，则成为营员企业实习的工作内容。在学生实习过程中，企业严格按照培养计划实施人才培养教学，对学生进行针对性任务分配，以此保障营员在企业实习过程中的学习质量。

6. 实施岗前培训

为使学员更快地适应职场生活，结合企业对人力资源管理人才的实际需求状况，学院及"菁英社"为营员科学合理安排岗前培训，具体情况如表9-1所示。

表 9-1　"HR 菁英训练营"校内导师培训课程

课程名称	培训师	培训内容
1. 办公软件及公文写作培训	培训师 A 院长助理，办公室主任	Word/Excel 实用技巧以及日常办公活动中公文写作技巧、复印机打印机的使用
2. 职场礼仪培训	培训师 B 副教授	沟通礼仪、餐桌礼仪、着装礼仪、电梯礼仪
3. 职业道德培训	培训师 C 副教授，人力资源系主任	实习任务、岗位职责、职业伦理、个人职业修养
4. 行为规范及安全培训	培训师 D 副教授	实习目标、行为规范要求及实习过程安全注意事项等

7. 组织营员实习反馈，跟进营员实习动态

"HR 菁英训练营"的营运管理团队——"菁英社"在实习期间监督营员在企业实习的状况，收集营员意见反馈，制作成学员中期实习反馈报告。校内导师根据实习报告了解营员当前具体工作任务，并针对营员实习过程所反馈的问题与企业导师进行沟通，及时调整营员的培养计划。

三、项目成效与影响

"HR 菁英训练营"项目的运作，给校方、企业、学生都带来了良好的收益和影响，受到了共建双方和学生的好评。

（一）学校层面
1. 探索并开创了校企"协同育人"

截至 2015 年，"HR 菁英训练营"已经成功且圆满地运营了两届，共输送 41 人次的优秀人力资源管理专业学生进入珠三角地区知名企业进行顶岗实习，其中 3 人已在实习企业就业。

通过两届营员的选拔和培养工作，目前该培养模式的实施目标明确、运作方案成熟，具备在学院内外进行推广的组织基础和制度、流程基础。

2. 提升了学校人才培养工作的社会口碑

在第一届"HR 菁英训练营"项目取得成功突破之后，连续举办了"首届 HR 菁英训练营分享会""第二届 HR 菁英训练营开营仪式暨协同育人见面

会"等系列活动。珠海市领导、企业嘉宾及学校领导多次到场参加并支持相关活动。这些活动的举办，在促进项目工作顺利推进的同时，也间接宣传了学校的办学理念和办学特色。同时，因营员素质获得了企业的高度认可，大大改善和提升了合作企业对学校的印象。例如：世界500强、家电行业领头羊的珠海格力电器股份有限公司在第一届"HR菁英训练营"营员中接收了4名学员后，在2015年的第二届训练营中接收营员数量增至6人，并表示希望与学校开展长期合作培养关系。

3. 扩大了学校和专业实习实践教学平台

在2015年第二届训练营中原有合作企业全部选择继续展开合作，企业存留率高达100%，同时，丽珠集团、金山软件西山居、兴业太阳能等珠海知名企业也于第二届训练营中加入人才培养的行列，这充分说明企业用人单位对于"HR菁英训练营"人才培养模式的高度认可，使人才合作培养的关键实施环节得到充分的保障。

4. 促进在校学生理论学习的积极性

通过"HR菁英训练营"项目的运作，学生深感在校学习理论知识的价值，反过来提升了理论学习的积极性，并对其他学生起到了示范作用，从而对教师的课堂教学提出了更高要求，从而反过来促进了理论教学工作的推进和提升。

（二）学生层面

1. 获得了到知名企业实践甚至就业的机会

学生获得了提前和自身专业匹配的实践体验机会，将想法付诸实践，并通过主动和企业优秀HR交流学习以及企业导师的不定向培养，可发掘自身的潜在能力，在学习中实践、在实践中学习，以达到理论与实际相结合的目的。

通过实习，营员更真实地了解企业人力资源部工作内容以及内部运作，以HR主人翁的姿态学习，使自己具备成为一名优质人力资源管理人员所需的基本素质以及能力要求，在往后的学习过程中激发起努力向上的斗志，积极提升自身专业知识技能。

2. 增强了学生的竞争意识，有助于提升就业能力

通过到知名企业的学习，让学生认识到了自己与知名企业员工间的差距，增强了自身的就业竞争意识，激励学生通过实际工作锻炼不断提升自身的软实力，为未来就业打下坚实的基础。同时，通过实习，提高了学生的社会适

应能力，减少了就业后的心理落差，提高了学生与企业招聘需求的匹配度。

（三）企业层面

1. 提升了合作企业的社会形象和社会地位

通过"HR 菁英训练营"项目，帮助合作企业对外宣传了企业文化和经营哲学，树立了勇于承担社会责任的公益形象，提升了社会形象，提高了社会地位；同时，由于在学生群体中树立了良好的企业形象，为吸引优秀人才奠定了口碑基础。

2. 实现了高质量的校园招聘

企业可通过"HR 菁英训练营"项目了解、挑选有潜力、优秀、适用的大学生进行前期"准员工"的培养，在实现高质量招聘的同时，提高了人才对企业的适应性和归属感，降低了离职风险。

3. 在培养人才的同时，间接改善了工作绩效

实习期间，训练营学员带着对专业全新的认知和理解，在校内导师和校外导师的指导下，在不同的岗位边实习、边思索工作改善，积极为合作企业提供合理化建议。

按照实习任务要求，实习营员必须在实习结束后提交实习工作报告或专题调研报告，2014 年已有部分高质量的报告被企业采用，例如：张同学《客服部存量维系团队服务模式和管理模式调研报告》，被中国联通珠海分公司采用。朱同学《远光软件公司企业调研报告》，被远光软件公司采用。赵同学《当代 IT 企业员工离职因素探析》，被远光软件公司采用。张同学《佳能珠海实践报告》，被佳能珠海有限公司采用。袁同学《TCL 实践报告》，被 TCL 显示科技（惠州）有限公司采用。

四、大学生职业导航未来期望

"HR 菁英训练营"自 2014 年成立以来，初步摸索出了一条基于就业导向的"三明治"＋"双导师制"相结合的高水平应用型人力资源管理人才校企协同培养的新模式。学生前期的实习、双方共同了解基础上的就业模式，提高了人才匹配性、就业成功率，在正式入职之后能快速胜任岗位工作。学员选拔和培养方式的改革，成功地实现了企业校园招聘和学校人才培养、学生就业工作的融合，项目在创新人力资源管理专业学生人才培养模式的同时，提高了合作企业对人力资源管理专业应届大学生校园招聘的质量和人力资源专业优秀大学生的就业质量。实践证明，这一模式具有推广价值。

未来 3~5 年，在保证现阶段教学质量的前提下"HR 菁英训练营"项目将完成以下工作：

（1）推广至 3~5 所普通高等院校人力资源管理专业，将提供校企"协同育人"项目经验分享，通过实践，整合企业资源，交流人才培养经验，为我国其他高校和企业联合协同培养管理或其他专业高水平应用型人才和解决学生就业提供参考。

（2）在巩固和完善原有合作企业培养模式的基础上，逐年增加 3~5 个知名企业，力争合作知名企业总数达到 20~30 家，以增强学生社会实习的质量和条件保障。

（3）建立"HR 菁英训练营"营员实习反馈系统，系统开放对象包括营员在内的人力资源管理专业所有学生。历届营员在系统中反馈知名企业实习的成果以及个人宝贵经验与收获，未能成为训练营营员的学生则可通过该系统去了解，以借鉴营员的实习经验，提高整体人力资源管理专业学生的专业水平。

研究篇

第十章

目标导向与大学生职业导航

受大学扩招、精英教育变大众教育以及近年来经济形势弱势发展的影响，大学生就业难已成为就业市场的常态。然而与就业市场激烈竞争形成鲜明对照的，却是作为大学生培养基地的大学校园并没有与前者相呼应的紧张氛围，大多数大学生目标迷茫、行为散漫、学习热情低落。就业艰难和消极学习并存，不能不说是国内大学生群体的一个奇怪现象。如何激发大学生学习热情，培养其学习能力，是当代大学教学管理急需解决的重大问题。

第一节　当代高校学风状况分析

一、大学校园学风现状

当前，大学校园的学习风气较之 30 年前有着明显的下降趋势。大学生情绪浮躁、学习消极的现象毫不鲜见。总体来说，大学生消极学习的状态有如下四类：

（1）学习方向感差。不知道应该学习哪些知识，没有明确的学习目标，也没有明确的个人发展方向。

（2）学习兴趣低。对上课漠然视之，极少预习、复习课程知识，作业应付，对考试作弊等行为态度暧昧。

（3）学习动力不足。没有了高考指挥棒压力，大学对学生的学习几乎没什么针对性的激励措施。能够获得奖学金的人只在少数，就业时校内学习成绩并不起决定性作用。

（4）学习节奏散漫。没有高中时的强制性约束，没有家长和老师的密切监督，不少学生就此放纵自己，花大量时间玩游戏、外出交际，甚至逃课宅在宿舍。

二、大学生消极学习原因分析

1. 对身份转换的失落感

一方面，大学生刚从高度紧张的高中学习中解脱出来，容易放松对自己的要求；另一方面，尽管高中时抱怨应试教育，但真正进入大学后，并不能立刻适应无人管教、无人督促的真正宽松的学习生活。尤其大学第一学期一般不开设专业课，所有课程都给学生一种"副科"课程的感觉，很多人不能适应这种没有压力的学习氛围。

2. 学校管理方面的不足

学校对学生学习缺乏有效激励，各种考核名存实亡。首先，学习内容单一，除规定学分外对于课外学习、实践学习没有系统设计，没有考核指标，也没有相应的奖励；其次，即使对规定学分的学习，也没有有效的激励手段，奖学金能够覆盖的面很小，除少部分高分学生能得奖学金外，绝大多数考试成绩在中游以及上中游的学生都没有相应的激励措施，导致学生对考试成绩不重视，日常学习随意化。

3. "严进宽出"的制度缺陷

我国大学实施"严进宽出"的教育制度，只要不出大的问题，一般学生都会顺利毕业，这种宽松的毕业路径不提供真实的压力。

4. 外部环境的影响

当代社会是多元化的社会，社会上一些浮躁因素传入学校，对学生起到极大的诱惑作用，要安心读书比30年前要求有更大的自我克制能力。加上学校在学习方面缺少有效的强化手段，导致学生自我管理意识极度弱化。

5. 扭曲的就业市场传递不良信息

这也是外部环境影响的一部分，就业市场的混杂和个别不良招聘现象，给学校传递了一种不良信息：学习成绩对就业没有影响，家庭条件好的学生即使学习不好也能找到好工作，从另一个侧面导致学生不把主要精力放在学习上。

总体来说，导致大学生学习兴趣低落、动机不足的因素来自社会、体制、个人自身多方面，但大学生活激励弱化、目标缺乏是最重要的原因。因为没有鲜明有效的激励措施，学生学习缺乏动力；因为没有清晰有效的目标，学生学习乃至生活没有了方向，少数拥有清晰目标的学生因受环境影响也使自身目标被弱化，而这一切，与当代大学生缺乏实用的学习能力密切相关。

三、学习能力与学生学习

学习能力作为现代大学生能力结构组成要素之一，是指主动、系统地获得新知识、新技术的能力，主要包括基本学习能力、自学能力、实践操作能力和表达能力[①]。这里实践操作能力和表达能力又包括目标导向能力、自主学习能力、团队学习能力、动力激发与强化能力、学习评价与反馈调节能力、系统思考能力等。

显然，通过训练培养，提升大学生学习能力，继而提升综合能力、积累个人人力资本，是大学生顺利毕业走向社会并在职场中胜出的核心基础。

第二节 大学生培养中的目标理论

学生消极学习的主要原因是缺乏鲜明具体的学习目标，而目标本身又是激发人们工作和学习热情的主要因素。从这个角度说明学习目标是激励大学生努力学习的主要方式，符合以目标为导向进行管理，符合"路径—目标"激励理论，也符合"目标管理法"这一早已成熟的管理体系。

一、路径—目标理论

路径—目标理论来源于激励理论中的期待学说，由多伦多大学的罗伯特·豪斯（Robert House）最先提出，目前已经成为最受人们关注的领导观点之一。

路径—目标理论认为，领导者的工作是利用结构、支持和报酬，建立有助于员工实现组织目标的工作路径，从而激励员工工作的积极性。这里涉及两个主要的概念：建立目标方向和"改善通向目标的路径以确保目标实现"。内容包括以下方面：

（1）领导过程。领导者确认员工的需要，提供合适的目标，通过明确期望与目标的关系，形成对员工的激励。

（2）目标设置。目标设置是取得成功绩效的标的，它可以用来检测个体和群体完成绩效标准的情况。

———————————

① 王娜. 大学生学习能力的培养及提升途径 ［J］. 经营管理者，2010（8）：317.

（3）路径改善。领导者在决定顺利实现目标的路径之前，还需要了解一些权变因素和可供选择的领导方案，特别是必须权衡确定对两类支持的需要。第一类是任务支持，对有效的努力和绩效必须给予及时认可；第二类是心理支持，领导者必须刺激员工乐于从事工作。

本书中定义学校管理者为领导，大学生群体为被管理员工，则路径—目标理论的实际应用就是：设置全面系统的目标体系，了解、掌握、协商和落实系列实现目标的方案，通过明确目标与方案的关系形成对学生学习动力的激励。当然，这里需要教师与校方尽最大努力帮助学生了解目标、认可目标，并协助其完成目标方案。

二、目标管理方法

目标管理方法是管理大师德鲁克①在目标设置理论的基础上提出的目标激励方案，它通过目标的设定、分解、实施和考核形成一个围绕目标展开的系统管理体系，强调这个体系中任一分子都必须通过自我管理设计目标方案并有效完成目标。

目标，是这一管理方法的核心内容和工作依据，又是激励手段以及考核指标。目标管理通常依照目标设计、目标分解、目标实施与目标考核评价四个步骤展开。

目标管理法有两大注意要点：

一是强调"自我控制"。目标管理是最民主的管理，从目标设定、分解，到目标落实、实施都有员工亲自参与。员工自行制定工作方案充分发挥自己的决策能力和协调能力；员工自觉按方案设计完成目标，充分展示自己的工作能力（对于学生来说就是学习能力），目标管理的主旨在于"用自我控制"的管理代替"压制性的管理"。

二是强调效益优先，也就是目标优先。目标管理的目的就是实现目标，团队为实现团队目标而努力，个人为实现个人目标而勤奋。学生使用目标管理法就有了明确的学习方向。

第三节　目标导向的大学生培养体系

我国的教育实践表明，中学生较之大学生拥有更高的学习热情和学习主

---

① ［美］彼得·德鲁克. 管理的实践［M］. 北京：机械工业出版社，2012.

动性，其主要原因之一就是"高考指挥棒"（上大学、上名牌大学）这一明确清晰的强目标导向的存在。无论中学生强目标导向的成功，还是管理领域里已经成熟的目标理论，都从理论和实践两方面证明了目标管理在激励方面的明确性和有效性。但当中学生进入大学后，除考试和分数刺激之外，学校几乎再无其他有效的激励手段，而大学期间考试与分数效用的弱化已经使这一在中学期间极为有效的目标激励失去应有的意义。由此可见，为大学生重新树立目标、建立目标导向的大学生培养体系，是引导大学生提高学习积极性的有力手段。本书就此提出关于目标核心的大学生学习能力培养体系的设想，体系概况如图 10-1 所示：

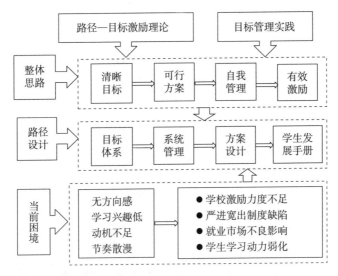

图 10-1　目标导向的大学生学习能力培养体系

一、目标体系构建

目标体系是大学生学习能力培养的出发点和落脚点，目标清晰、定位准确是确保培养体系取得成效的前提条件。我们的目标体系按目标设定 SMRAT 原则进行，尽量实现具体化、可衡量、有时效。

1. 整体目标和具体目标相结合

整体目标指学生四年大学结束时学生对自己的整体要求，是一个相对抽象的自身定位；具体目标指学生为实现整体目标而制定的具体细节，比如能力培养、知识学习、经验积累；还可以细化至具体能力和具体知识，例如沟通能力、组织能力，或者管理知识、法律知识等。

2. 长期目标和短期目标相结合

长期目标指学生学业生涯目标，包括初入职场时的初期目标、短期目标之学期目标。大学四年分八个学期阶段，每一阶段都制定具体的实现目标。

3. 学习目标和实践目标相结合

学习目标又包括课内学习与课外学习，课内学习以培养方案为范本，必修课为主选修课为辅，选修课再确定指选课和自选课；课外学习则指学生在课程之外自行学习的专业知识和其他知识，可以来自专业课堂老师的推荐，也可以来自自我设计安排，每学期初都为自己制定本学期的学习目标，具体到几门课、几本书，学习到什么程度。

4. 强制目标和自定目标相结合

强制目标也是基本目标，是学生为完成学业必须达到的基本目标，比如不挂科；自定目标是学生根据自身特点和学习能力为自己量身定做的目标，可以是分数，也可以是能力或者其他学习目标。图 10-2 显示大学生学习目标系统状况：

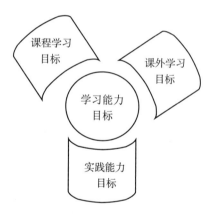

图 10-2　大学生学习目标体系示意图

二、课程体系设计

这部分是根据学校发展目标设计的人力资源管理专业培养方案设计的，依据宽口径、厚基础、重应用的原则，分为理论课系列和实践教学环节两个大的课程系列，学校平台课（公共基础课）、学院平台课（专业基础课）以及专业课（专业核心课和专业选修课）三个层面的课程体系。

理论课系列中除学校平台课统一设计外，学院平台课和专业课设计包含了人力资源管理相关的重要学科如经济学、管理学、法学、心理学以及人力资源管理内部系统课程。

实践教学围绕着人力资源管理实务和管理工具设置，实务部分主要是招聘、薪酬、培训等模块的课程设计，工具部分包括了工作分析、心理测量两大管理工具，和办公软件、HR 流程、Excel 表格应用、公文写作等管理工具，着重培养学生专业领域的工作能力和动手能力。

三、管理体系构建

这里的管理体系分为三级管理：

一是院系管理。学院领导挂帅，系里具体操作，全系老师都是学生学习能力的指导教师，有义务应学生要求为学生目标设计和方案设计提供咨询指导、做出建议、参与设计、监督执行。

二是班主任管理。班主任是学生学习能力培养体的直接管理者和落实者，专业教师兼任的班主任身兼指导教师和现场管理者双重身份。

三是班级管理。由学生自发组成和民主选举学习能力管理小组，专门负责组织学生设置目标、分解目标、落实目标和检测评估目标，此期间可以得到专业教师和班主任教师的指导，同时，利用专业知识进行阶段目标绩效评估及修正。

第四节　目标导向的大学生培养体系的实施路径

要落实前面所述学习能力的培养，靠现在的学校管理机制尚有不足。据河北师范大学人力资源系经验介绍，一个有针对性并专门设计的"大学生发展手册"①效果突出。此类大学生发展手册，是一个兼顾专业与班级、教学与学习、教师与学生、监督与促进，分学期设计、分阶段落实的动态工作手册。

一、大学生发展手册的内容构成

该手册在内容上将专业发展、班级发展与学生发展融为一体，鼓励兼顾集体和个人目标，学生通过实现个人目标促进班级目标完成。手册的主要内

---

① "大学生发展手册"的使用源自河北师范大学人力资源系经验介绍，这里向河北师范大学人力资源系表示感谢。

容有：

（1）院系简介。包括专业简介、教师简介以及教师寄语。手册最初发放对象是入校新生，通过对手册的阅读可以了解院系、专业特征，了解专业教师情况并与教师建立直接的沟通路径。专业介绍也为学生接下来的目标设定提供顶层设计，旨在建议学生在院系设计的基础上设计个人目标。

（2）初期评价。包括学生希望评价和周边知情人的360度评价，评价内容包括兴趣、价值观、能力、知识、自身条件的优劣势分析等综合方面，学生在教师的指导下填写这部分内容，可以对自己有一个整体的客观的认识。为下一步目标设定打好基础。

（3）大学四年整体计划和整体行动方案。这是学生四年学业生涯的总体目标，也是学生对自己四年后的真实期望。如果没有大的变化或者改动，这一整体目标将通过后面的分阶段目标逐步得以实现。

（4）分学期阶段目标。这是学生发展手册的正文和主要内容。一共八个方面，分两个阶段进行。第一阶段即期初目标设计，包括学期规定课程（培养方案提供）及其他自行设定目标，以及预期期末目标值；第二阶段即期末目标检查，需要做出总结并设计下学期改进方案。

二、大学生发展手册的使用及管理

大学生发展手册实行院系、班级、学生三级实施主体，分别由班主任、班委会、学生个人对手册具体内容进行分析、设计和落实。每一级学生由班主任挂帅，学期为基本时间单位。

大学生发展手册的使用是一个动态的周而复始的管理过程，既需要大学生自身的努力，也离不开教师（主要是班主任、学术导师和学期任课老师）的引导与帮助。要将大学生发展手册落到实处，取得成效，全体师生应进一步加深对"达成什么目标，如何完成目标"的理解，明确大学生发展手册中各自的责任和目标。学生要自觉执行规划，努力实现自我的发展和提高；学业导师要自觉履行职责，充分体现教书育人的思想。三级实施主体具体工作内容分布如下：

（1）大学生。在大学生发展手册的实施过程中，大学生既是规划者，也是规划的执行者，是大学生发展手册的主体。因此，大学生要积极参与学业辅导项目，主动请班主任和专业老师给予个性化的指导，认真拟定或调整大学生发展手册的内容。要把握每一环节，不断提高信心，培养恒心，通过规划的实施与及时调整，最终实现每一阶段的目标。

（2）班主任和学术导师。开展大学生发展手册活动是提高教书育人效果的重要途径之一，学业导师是关键。指导学生开展大学生发展手册活动，是学业导师自身责任心的集中反映，也是其事业心的体现。因此，学业导师应坚持"以学生为本"的理念，正确分析专业的发展前景和就业前景，适时介绍专业发展动态，与学生交朋友，进行真诚的交流沟通，建立良好的师生关系，增强彼此信任，释疑解惑，提高大学生发展手册指导的针对性、科学性与可操作性。

（3）院系。院系是组织者，要对大学生发展手册工作进行定期的部署和评比督促。对学业导师、辅导员和学生等提出大学生发展手册总体的指导意见，做好面向全体学生的宣传教育工作，引导学生和学业导师积极主动地实施大学生发展手册。同时，对大学生发展手册执行情况进行定期和不定期的抽查，对抽查中发现的问题及时进行整改，真正做到全员育人。

三、大学生发展手册使用效果分析

大学生发展手册以学期为基本时间单位，分别在期初和期末进行分析和检测，期初由学生在教师辅导、班干部督促和分组讨论的基础上设计目标及目标完成方案，同时，对目标涉及因素的现状进行核定，期末按期初设计目标进行考核。

考核不是发展手册阶段工作的结束，而只是为下一步的分析提供信息。真正的学习目标管理意图在于评价，亦即由教师辅导、班干部负责进行的小组绩效评价。小组评价要对小组内成员逐一进行绩效结果、方案实施状况、结果影响因素的分析，吸取经验总结教训，为下一阶段的目标设计提供依据。

每一阶段的目标设定，都要在前一阶段的基础上有所体现、有所提高，这是大学生发展手册最终需要实现的目的。

第十一章
基于目标的大学生就业引导

当代社会高校毕业生的数量不断增加，从 2008 年的 559 万名增长到 2018 年的 820 万名，10 年的时间里就增长了近 300 万名，年年攀升。数量如此庞大的大学生群体，导致了大学生整体就业难。首先，当前大学生就业难。部分大学生在毕业之后四处碰壁，很难找到适合自己的工作。其次，大学生的需求方——企业，对大学生的能力也存在不满意的现象。大学生的素质不符合企业需求，素质的不完善与不匹配，导致投简历多次被拒，大学生毕业后不被企业所接纳。最后，大学生自身的就业目标十分模糊，对自身能力素质的了解程度低。所以，我们应了解企业究竟需要什么样的人才？大学生需要具备哪些技能才能顺利就业？大学生的大学生活应该树立什么样的目标？一系列的问题亟待我们去解决。

第一节 相关理论和研究现状

一、相关理论

目标管理理论是一种行动方案，其内容是目标设计、目标分解以及目标落实，即一个人的决策目标是什么、如何把既有目标进行分解最终达到目标。对本书的参考价值，从标题中"基于目标"一词可以看出，寻求更好的职业发展是大学生不断提高能力素养的影响因素和最终目标。

路径—目标理论。即有效领导者通过明确实现工作目标的途径来帮助下属，并帮助下属清理各种障碍，从而使下属更容易实现自己的目标。其具体内容包括领导过程、目标设置、路径改善、领导风格等。基于"清理各项障碍和危险"一词，本书相对应的内容即从能力素养方面减轻大学生的就业障碍和困难，通过提升大学生的能力素养来使其更加靠近未来的目标职位。

"冰山模型"理论。将不同个体的素质划分为表面的"冰山上部分"和潜藏的"冰山下部分"。"冰山上部分"包括基本知识、基本技能，是一种外在表现，容易测量和理解，也比较容易通过培训来改变和发展。而"冰山下部分"包括社会角色、自我形象、特质和动机，是内在的、难以测量的部分，对人员的表现和行为起到关键性作用。本书依据冰山模型将被测试者的个人素质划分为四种，即能力、知识、技能以及道德品质。其中能力、知识和技能就是"冰山以上的部分"，而道德品质是"冰山以下的部分"。

二、研究现状

与大学生职业路径发展联系最密切的就是关于大学生的职业规划的研究。相关研究从 2000 年开始，逐渐在 2015 年达到高峰，至今仍保持高速增长状态。其中，黄河科技学院的教授马小红对职业规划的研究比较全面，她认为当代大学生普遍缺乏职业生涯规划意识、缺乏科学的职业定位。针对这些问题可从学生自身职业规划能力和学校指导两方面找到提高大学生职业生涯规划效果、提升大学生就业能力水平的方法[1]。西华大学教授黄敏认为传统的职业规划课程不能很好地满足不同学生的需求，其文章在分析了高校的职业规划现状后提出了相应对策[2]。她还提出帮助大学生从"自我、行业、地区"三方面分析职业发展中的"九种"要素，寻找科学的职业发展轨迹，指导其正确投放职业生命，最大效用实现人生价值的观点。

第二节　目标职位数据库构建

一、目标职位的调研与整合

采用网络信息沟通和实地访谈相结合的方式，以班级为单位对北京信息科技大学人力资源管理专业已经毕业的 10 个年级（即毕业 1~10 年）从事人力资源管理及相关职位的校友进行全数调研，回收信息达到在职人员的 2/3，调研活动具有较强的有效性。

---

① 马小红. 大学新生职业生涯规划教育体系研究［J］. 教育与职业，2015（2）：121-122.
② 黄敏. 大学生职业规划现状和对策研究［J］. 就业指导，2012：43-46.

整合调研数据，在进行分类、合并、筛选、提炼之后将职位分成了 1~2 年的初级职位、3~5 年的中级职位和 9~10 年的高级职位三个类别，详细内容如表 11-1 所示：

表 11-1   人力资源管理专业就业目标职位分类

初级职位分类（1~2 年）	中级职位分类（3~5 年）	高级职位分类（9~10 年）
人力资源咨询师	人力资源主管	薪酬福利经理
行政专员	绩效主管	高级人力资源经理
行政经理	员工关系专员	人力资源部经理
HRBP	绩效管理专员	人事经理
招聘专员	培训主管	行政经理
猎头顾问	招聘总监	招聘经理
薪酬专员	薪酬福利经理	
招聘总监	人力资源管理副总监	
培训主管	人事主管	
人力资源主管		

由表 11-1 可知，不同年限的人力资源管理专业毕业生所从事的人力资源职业是有差别的，而且在数量上也是不同的。初级职位即毕业 1~2 年的人力资源管理毕业生可选择的人力资源管理岗位较多并且岗位大多偏向初级，专员类偏多。中级职位即毕业 3~5 年的人力资源管理毕业生所从事的职业较初级更高一点，主管类职位偏多。高级职位即毕业 9~10 年的人力资源管理毕业生大多从事的是经理级别的岗位。可见毕业年限越长，所从事职位的种类越少、级别越高。

二、目标职位数据库

继上一步职位分类归整之后又对不同职位的职位描述、任职要求以及任职要求量化出的指标进行归纳整理，形成了一个目标职位数据库。由于篇幅所限，仅在此依据职位分类列举几个典型职位的职位描述、任职要求及其量化指标。

1. 招聘专员（初级职位）

（1）职位描述：根据公司的招聘计划，拓展不同的招聘渠道，通过多种方式实施招聘活动；发布职位信息、邀约候选人、组织笔试面试、跟进 Offer

等，及时满足部门需求。快速匹配岗位需求，能够独立面试不同岗位。能够独立跟进招聘后期工作，并做好分析。

（2）任职要求：统招本科及以上学历；对人力资源各模块知识普遍了解，擅长招聘模块；具备一年以上招聘相关工作经验；有良好的沟通协调能力、语言表达能力和业务理解能力。

（3）量化指标：在学历方面要求全日制本科毕业。能力方面要求具有沟通协调能力，语言表达能力和业务理解能力。经验方面要求具有一年以上相关经验。

2. 培训主管（中级职位）

（1）职位描述：制订培训需求计划，协助相关部门经理进行培训需求调研工作，实施计划和方案，协助进行培训课程管理，确保切合培训需求。根据需求计划，收集和评估相关课程及资料，开拓合适的培训渠道，确保培训资源的适用性及丰富性。了解学员需求，参与培训授课，做好备课工作，设计课程结构，根据课程反馈完善培训课程。做好培训记录并跟进培训后的效果反馈；分析总结培训工作，提出培训管理与课程完善合理化建议；对培训效果进行评估，并提交分析报告。

（2）任职要求：两年以上培训相关经验；熟悉建设培训制度的方法和操作过程；熟练运用 PPT 等办公软件。具有人际理解与沟通能力，具备良好的沟通协调能力和组织能力，善于观察他人，能与他人进行良好有效的沟通，能够把握别人的态度和兴趣、观点和行为等。

（3）量化指标：全日制本科毕业。能力方面需要具有人际理解与沟通能力、思维能力、团队合作能力。经验方面要求具有两年以上相关经验。技能方面能够制订培训计划、编写教材，熟练运用 PPT 等办公软件。

3. 薪酬福利经理（高级职位）

（1）职位描述：根据公司战略和发展要求，建立完善的公司薪酬福利体系；制定公司激励方案，并负责方案全面落地执行；负责研究和跟踪市场薪酬福利数据变化，参考公司业务和内部数据，提供分析报告，推动公司薪酬福利调整和完善的改进方案的实施。

（2）任职要求：本科以上学历，五年以上薪酬工作经验；擅长薪酬福利模块方法论，善于系统地解决问题；具有宏观规划能力、统筹协调能力和政策制定能力，具有逻辑思维能力，数字敏感度好，擅长数据分析。

（3）量化指标：全日制本科毕业。能力方面需要具有宏观规划能力、统筹协调能力和政策制定能力、逻辑思维能力。经验方面要求具有五年以上薪酬福利政策设计工作经验。

目标职位数据库的构建为接下来的大学生就业能力评价体系的形成提供

了参考依据。

第三节　大学生素质与能力评价

　　大学生若想更贴近目标职位，适应不同职位的任职要求，必须具备应有的能力和素质，而这些能力和素质应作为可以被测试和评价的部分。所以根据整理出的职位任职要求，将其所蕴含的能力素质等细化分成四个指标，即能力指标、知识指标、技能指标和道德品质指标。每个指标分成四个评价等级，即达到目标、接近目标、低于目标和远低于目标，以为大学生进行能力素质测试提供根据。

一、大学生能力评价体系

　　能力指标评价的是大学生未来获取职位、适应工作的能力，也是在校期间应该先期培养的能力，包括沟通能力、判断和决策能力、人际交往能力、学习能力。其中，沟通能力又分为口头沟通、书面沟通和倾听；判断和决策能力分为决策、推断评估和解决问题；人际交往能力分为团队合作、解决矛盾和关系建立；学习能力分为技能技巧学习和专业知识学习，具体如表11-2所示。

表11-2　大学生就业—能力评价指标

维度	指标	标准			
		达到目标	接近目标	低于目标	远低于目标
沟通能力	口头沟通	出色的谈话技巧，简明扼要，容易理解	基本抓住要点，清晰表达意图，基本不需要重复说明	语言不够清晰，但能大概表达意图，有时需反复解释	含糊其辞，意图不明
	书面沟通	文字表达十分清晰、简洁明了，非常容易理解	表达较为准确，基本不需修改补充	能表达清楚主要意图，但表述不够通顺	语言表达不畅，意图不清，需做大修改
	倾听	能够很好地倾听别人的倾诉，迅速明白对方的想法和要求	能够认真倾听，争取明白	能够倾听，偶尔一知半解	不注意倾听，不知对方所云

172

续表

维度	指标	标准			
		达到目标	接近目标	低于目标	远低于目标
判断和决策能力	决策	对事件能够很快提出合理解决的方案，处理得当	对事件基本能够提出较合理的解决方案，处理较为得当	能够确定决策时机，但很少提出可行方案，常求助于他人	没有主见，模棱两可
	推断评估	对所做决策有较强的权衡和判断评估	大体能给出正确的权衡和判断评估	给出的判断和评估较困难，没有合适的方法和手段	经常判断失误，影响工作进程
	解决问题	能迅速分析遇到的事件，发现关键问题、找到解决方法	问题发生后，基本能分辨关键问题，找到解决办法，并尽力解决	能够发现问题，设法解决，但忽略关键	遇到问题束手无策
人际交往能力	团队合作	能够很好地与他人共事合作，形成良好的团队工作氛围	能与他人共事合作，相互帮助，能够保证任务的完成	团队合作精神一般，影响工作进度	很难与他人合作，特立独行
	解决矛盾	巧妙应对并解决不同矛盾	基本能解决一般矛盾	解决矛盾过程困难，影响工作进程	对矛盾的解决毫无头绪
	关系建立	很好地与他人相处，建立积极融洽的关系	基本能够与他人融洽相处，建立平等和谐的关系	比较自我，不太容易与他人建立关系	自我封闭，不与他人建立关系
学习能力	技能技巧学习	具有本职工作所需要的资格证书，操作娴熟	具有本职工作所需要的资格证书，掌握基本操作	大体了解基本操作，能完成工作任务，比较吃力	对本职工作不熟悉，不会基本操作，很难完成工作任务
	专业知识学习	系统全面掌握本专业理论知识，对某些问题有独到见解	掌握本专业的理论知识，满足工作要求	一般地掌握本专业的知识，稍有欠缺	对本专业知识不够了解，影响工作

二、大学生知识评价指标

知识指标评价的是大学生对未来所从事职位应该掌握的知识构成，这些知识能够对未来职业的发展起到基础性和架构性的作用。其中包括基础知识和岗位专业知识，具体如表11-3所示。

表11-3　大学生就业—知识评价体系

指标	标准			
	达到目标	接近目标	低于目标	远低于目标
基础知识	知识面渊博，自然科学和社会科学知识都很丰富，对某些问题有较深的研究	知识面较广，对自然科学和社会科学知识都有较多了解	对自然科学知识和社会科学知识有较多了解，知识面一般	知识面较窄，除本行业外，对其他知识了解甚少
岗位专业知识	熟练掌握岗位所需专业知识，并不断进步，提高工作效率	基本掌握专业知识，符合岗位要求	具备岗位专业知识，但业务不熟练	不具备岗位所需专业知识

三、大学生技能评价指标

技能指标评价的是大学生对未来所从事职位应该掌握的技能构成。技能对于大学生而言十分重要，其专业性使大学生在岗位上能够更轻松地处理工作及相关事务。其中包括电脑应用能力、英语水平和岗位专业技能（见表11-4）。

表11-4　大学生就业—技能评价指标

指标	标准			
	达到目标	接近目标	低于目标	远低于目标
电脑应用能力	能熟练运用办公软件，工作效率	掌握办公软件的基本操作，解决简单问题	不太会使用办公软件，解决问题较困难	不会使用电脑，影响工作进程

续表

指标	标准			
	达到目标	接近目标	低于目标	远低于目标
英语水平	四六级通过甚至更高	四级通过	没有通过四级	不懂英语，无法交流
岗位专业技能	熟练掌握岗位所需专业技能，并不断进步，提高工作效率	基本掌握专业技能，符合岗位要求	具备岗位专业技能，但业务不熟练	不具备岗位所需专业技能

四、大学生道德品质评价指标

道德品质指标评价的是大学生在未来工作岗位上表现出的个人品质和态度，一个人的道德素养会直接影响到其在工作环境中被接受的程度和他人的评价。其中包括责任心、创新意识、主动性、坚韧性和战略全局性（见表11-5）。

表11-5　大学就业—道德品质评价体系

指标	标准			
	达到目标	接近目标	低于目标	远低于目标
责任心	以工作为重，勇于接受艰巨任务，主动承担责任	能够积极接受任务，承担责任	专心履行岗位职责，承担应负责任	逃避任务和责任
创新意识	工作中不断提出新想法，善于学习总结，大胆创新	能够在工作中努力提出新想法，有创新精神	基本循规蹈矩，偶尔有新想法	没有新想法，思想陈旧
主动性	在工作中有紧迫感，以工作为重，主动性极强	工作积极主动，能按时完成工作任务	工作较缺乏主动性，需要督促	工作消极，经常无法完成工作任务
坚韧性	遇到工作上的艰巨任务能够不受外界干扰，持之以恒、充满热情地完成任务	遇到工作上的困难可以承受压力，尽力完成工作任务	遇到工作上的困难很难坚持应对，影响工作进度	逃避工作上遇到的困难，不能完成工作任务
战略全局性	能够从全局角度出发，以战略的眼光看问题	一贯从全局看问题，有基本的战略思想	有时能够考虑全局，缺乏战略思想	没有全局意识，强调本位主义

能力、知识、技能和道德品质这四个指标能够比较全面地概括大学生在未来职业发展过程中所应具备的各种条件，大学生可根据此评价体系来不断向所从事职位的任职要求靠拢，进而不断提升自己的职业能力素质。

第四节　大学生就业能力提升解决方案

继目标职位数据库、任职资格数据库和就业能力指标数据库建立之后，本书针对性地提出"大学生就业能力提升解决方案"，这是大学生职业导航的最后一步，也是导航活动的预期目标。这里以北京信息科技大学人力资源管理系学生为例，通过测试大学生能力素质、比较大学生能力与目标职位需求的差距，设计大学生就业能力提升解决方案。

一、人力资源管理系在校生的能力测试

根据就业评价指标体系形成测试问卷，从人力资源管理系二、三年级在校生抽取 100 人为样本进行测试，测试结果如表 11-6 所示。

表 11-6　在校生百人调查就业能力测试结果统计

名称	达标程度	频数	百分比（%）	名称	达标程度	频数	百分比（%）
口头沟通能力	达到目标	25	25.0	基础知识	达到目标	30	30.0
	接近目标	54	54.0		接近目标	41	41.0
	低于目标	19	19.0		低于目标	28	28.0
	远低于目标	2	2.0		远低于目标	1	1.0
书面沟通能力	达到目标	36	36.0	岗位专业知识	达到目标	33	33.0
	接近目标	44	44.0		接近目标	45	45.0
	低于目标	18	18.0		低于目标	20	20.0
	远低于目标	2	2.0		远低于目标	2	2.0
倾听能力	达到目标	47	47.0	电脑应用能力	达到目标	34	34.0
	接近目标	38	38.0		接近目标	54	54.0
	低于目标	14	14.0		低于目标	11	11.0
	远低于目标	1	1.0		远低于目标	1	1.0

续表

名称	达标程度	频数	百分比 (%)	名称	达标程度	频数	百分比 (%)
决策能力	达到目标	28	28.0	英语水平	达到目标	42	42.0
	接近目标	55	55.0		接近目标	30	30.0
	低于目标	16	16.0		低于目标	25	25.0
	远低于目标	1	1.0		远低于目标	3	3.0
推断评估能力	达到目标	30	30.0	岗位专业技能	达到目标	34	34.0
	接近目标	51	51.0		接近目标	45	45.0
	低于目标	18	18.0		低于目标	17	17.0
	远低于目标	1	1.0		远低于目标	4	4.0
解决问题能力	达到目标	29	29.0	创新意识	达到目标	37	37.0
	接近目标	53	53.0		接近目标	40	40.0
	低于目标	17	17.0		低于目标	21	21.0
	远低于目标	1	1.0		远低于目标	2	2.0
团队合作	达到目标	36	36.0	责任心	达到目标	41	41.0
	接近目标	54	54.0		接近目标	40	40.0
	低于目标	8	8.0		低于目标	17	17.0
	远低于目标	2	2.0		远低于目标	2	2.0
解决矛盾	达到目标	31	31.0	主动性	达到目标	47	47.0
	接近目标	53	53.0		接近目标	36	36.0
	低于目标	14	14.0		低于目标	14	14.0
	远低于目标	2	2.0		远低于目标	3	3.0
技能技巧学习	达到目标	53	53.0	坚韧性	达到目标	31	31.0
	接近目标	28	28.0		接近目标	55	55.0
	低于目标	17	17.0		低于目标	11	11.0
	远低于目标	2	2.0		远低于目标	3	3.0
专业知识学习	达到目标	52	52.0	战略全局性	达到目标	35	35.0
	接近目标	30	30.0		接近目标	50	50.0
	低于目标	17	17.0		低于目标	12	12.0
	远低于目标	1	1.0		远低于目标	3	3.0

根据调查显示，百分比占比的大多数所对应的达标程度决定了其指标是否需要被提升。由表 11-6 可知，100 名被调查的大学生中还有许多方面的素质是接近目标但却没达到目标的，其中包括口头沟通能力、书面沟通能力、决策能力、推断评估能力、解决问题能力、基础知识、岗位专业知识、电脑应用能力、岗位专业技能、创新意识、坚韧性、团队合作和战略全局性这 13 个方面。

二、测试结果与目标职位任职资格的差距分析

由表 11-1 的目标职位分类表可知，在能力要求方面，"沟通""协调""组织""解决问题"，这四个词频繁出现；在技能要求方面，"掌握办公软件的操作""英语水平"这两方面是最基本且最重要的，而上文得出的 13 项需要提升的素质中，这几个方面都在列。由此可见，人力资源管理专业在校生与目标职位的基本差距重点在于沟通能力、组织协调能力、解决问题的能力，以及电脑办公软件的基本操作。为使学生素质培养与社会对人才的需求更准确衔接，学校教育不仅要考虑已有培养方案涉及的知识与素质培养，还应需要考虑培养方案中未曾涉及的对口职位需求的岗位素质要求，如岗位专业技能、创新意识、战略全局性等。

三、解决方案的设计

综上，鉴于人力资源管理专业大学生就业市场的需求，基于本书研究大学生目标职业的任职素质要求，课题组设计大学生提升就业能力、落实职业导航的提升解决方案在四个年级分别展开：

（1）大一阶段。首先，人力资源管理专业学生应该认真进行基础性知识的学习以及基础性技能的学习，包括英语、电脑办公软件的基本操作、检索信息等，为自己打下一个坚实稳固的基础；在课程方面重点学习人力资源导论、组织行为学、管理学等专业课程，要对经济管理尤其是人力资源管理的大致脉络有一定的认知。其次，应该多参加一些锻炼基础能力的活动，比如辩论比赛、演讲比赛、知识竞赛等，更好地提升自己的沟通能力。最后，还可以多参加运动会、定向越野等团队合作性质的活动，增强团队精神和合作意识。

（2）大二阶段。要认真学习专业知识，重点学习的课程包括工作分析、人力资源规划、招聘与筛选、职业生涯规划等。其中，职业生涯规划的学习可以使自己对未来的规划有着更加明确的认识，并且了解想要达成自己的理

想需要具备怎样的能力以及付出怎样的努力，能够对未来的学习起到促进作用。同时，还应该开始考虑英语四六级的考试，深入学习 Excel 的应用、SPSS 的使用等工具性科目，丰富自己运用电脑办公软件的能力，尽早通过英语四级考试。

（3）大三阶段。首先，要认真学习专业知识，包括绩效、薪酬、员工关系等相应的课程设计。其次，在大三这个阶段应该根据自己感兴趣的领域来选择不同的课程研究，比如对心理学比较感兴趣，就可以选择大学生心理学、社会心理学等课程。在大三阶段，专业能力和实践能力的提升十分重要。此外，可以参加一些更加专业、更有挑战性的比赛。有能力的同学尽早通过英语六级考试。

（4）大四阶段。学生已经积累了足够的专业知识，但是良好的专业背景要想转化成卓越的工作能力还需要实际工作的磨砺。因此，在这一阶段，应该根据自己的未来规划，合理安排时间。想要找工作就在实习的过程中根据相应的职位要求去自学一些专业技能，想要考研就扎实复习专业课知识，想要出国就把重点放在英语上。

第十二章

大学生视角的成功者归因

随着社会发展和物质水平的不断提高，当代大学生的职业追求已经摒弃了传统的就业观，工作不再仅为谋求一份收入，而是越来越多地追求人生完美与自我价值的实现。与身边社会氛围与网络环境的浮躁相伴，大学生对社会上不断曝光的成功者们崇拜与效仿的心理也在不断升级。基于种种原因，生活在象牙塔中未曾步入社会的多数大学生对于成功者的崇拜仅限于表层光环，而对他们成功背后的艰辛曲折了解不足，也对自身的能力预估不足，导致许多大学生浮躁、不踏实，毕业就业眼高手低、急功近利。那么，从大学生视角来看，什么样的人才算成功？这些成功者的成功要素及成功路径都是什么？本章着重探索这些问题。

第一节　相关理论及研究现状

一、相关理论

有关职业成功的理论有埃德加·H. 施恩的职业锚理论、美国哈佛大学教授戴维·麦克利兰的成就动机理论以及伽勒特和乔普森的职业生涯决策理论。其中，埃德加·H. 施恩的职业锚理论认为人在进行职业选择时，有某种始终不会变化的东西或价值观，这是人们选择和发展自己职业时所围绕的核心。他提取了职业锚理论中的个人能力、动机、知识、技能、道德品质五个方面，作为成功要素的基本维度并细分指标分类。戴维·麦克利兰于 20 世纪 50 年代提出的成就动机理论，把人的高层次需求归纳为对成就、权力和亲和的需求。麦克利兰对这三种需求，特别是成就需求做了深入的研究，认为高成就者喜欢设立有一定难度的目标，对自己有一定的自信心，有冒险精神，愿意承担自己所负责的工作的责任且喜欢表现自己，而在权力需求中高成就者喜欢争辩、健谈、直率和头脑冷静；善于提出问题和要求；喜欢教训别人并乐于演讲，他们喜欢具有竞争性的事物。伽勒特和乔普森的职业生涯决策理论则将职业成功的影响因素分为外在因素和内在因素：外在因素包括来自家庭的影响，来自朋友的影响和来自社会环境的影响；内在因素中包括了健康、负担、性别、年龄、个性特征、教育以及职业兴趣。

本章借鉴职业生涯决策的内、外因素划分思路，结合职业锚的五个维度及指标划分运用整合到初期成功要素中，同时，把高成就者的动机需求作为成功要素指标参考。

二、研究现状

国内有关成功要素的研究最早始于 1987 年，于 2015 年达到最高值，且近几年一直保持比较稳定的研究数量。其中，影响最大的是韩力争等（2009）[1]，他将成功要素分为个性、个人能力及环境三个维度。个性维度中包含：兴趣、信念、毅力和人品。个人能力维度中包含：领导力、创新力、学习力、沟通能力、吃苦耐劳、坚强、执行力、专业知识以及健康。环境维度包含：家庭环境、人际环境以及社会环境。邓曦（2006）有关成功者及其成功要素的研究也卓有成效，他通过媒体报道对成功人士的刻画总结出成功人士具有以下共同特点[2]：积极主动，有一定的远见卓识、逻辑思维能力、预判力、渴望成功、理解力，自我充实，以及保持一定的锐气。

一般意义上的成功人士指社会各界中具有基础才能并做出杰出成就的人士，本书从大学生视角看待成功人士，属于一般界定的成功人士。本章所言大学生视角，则只针对从大学生角度看待、大学生心目中的成功人士，这也是本次实证调研的外延口径，术语的具体边界实际上有所缩小。

综合上述既有研究成果，梳理前人研究所得，可见成功要素经常涉及以下要素：兴趣、创新力、家庭环境、信念、学习力、社会环境、人品、沟通能力、人际环境、毅力、专业知识、教育环境、坚强、执行力、吃苦耐劳、健康、积极主动、远见卓识、渴望成功、逻辑思维、自我充实、预判力、锐气、理解力、自信心、保持冷静、敢于冒险、发现问题、责任心、领导力、直率、喜好竞争。

将基础成功要素按照个人品质、个人能力及环境三个维度进行整合，详见表 12-1。

---

① 韩力争，傅宏. 大学生创业自我效能感知量表的构建 [J]. 南京师范大学学报（社会科学版），2009（1）.

② 邓曦. 经济报道中"成功人士"形象的刻板印象再现 [J]. 江南社会学院学报，2006（3）：66-72.

表 12-1　基础成功要素整合

个人品质	兴趣、信念、人品、毅力、坚强、吃苦耐劳、积极主动、渴望成功、自我充实、锐气、自信心、敢于冒险、责任心、直率、喜好竞争
个人能力	创新力、学习力、沟通能力、专业知识、执行力、健康、远见卓识、逻辑思维、预判力、理解力、保持冷静、发现问题、领导力
生存环境	家庭环境、社会环境、人际环境、教育环境

在表 12-1 中个人品质及个人能力维度下已经有了一些因素指标，但环境方面涉及的还较少，且只是一个初步的划分，许多因素还没有被展开，因此，调查仍需继续。但这些成功要素已经为接下来的调查打下了良好的基础，更加便于之后的研究。

第二节　大学生视角下的成功者调研与分析

一、大学生视角下的成功者调研

此次调研以北京信息科技大学人力资源系四个年级学生为样本分年级进行，旨在了解大学生对成功人士的判断，解答"大学生视野中究竟什么样的人属于成功者"的问题，调查方法主要以网络问卷发放为主。问卷采用开放式问题，除基本信息外，剩余问题都不设置答案，由调查对象自主填写。问卷调查问题设置为两个模块：第一模块为学生的基本信息，包括学生的性别和所在年级；第二模块为调查大学生视角下的成功者相关问题，包括大学生心目中的成功者及大学生心目中的成功要素。

问卷被统一发送给人力资源专业大一至大四的各班班长，并由各班班长带领同学们统一作答，由班长最终收集答案并对问卷数据做出初步整合。两周内发放问卷 240 份，回收了 220 份，导航项目组筛选掉重复问卷及不具备研究价值的无效问卷，最终得到 138 份有效问卷。

所有问卷分别按答卷者年级和性别进行分组。

根据问卷内容对成功者进行分类：按专业领域划分为互联网、教育、计算机、商业、影视、经济、科技、文学、金融、体育、网红、政界、慈善和时尚14 个领域；按国籍分为国内和国外两个类别；按成功者身份分为个人成功者、团队成功者、组织成功者及国家民族成功者；按年龄分为 50 岁以上、40～50

岁、30~40 岁以及 30 岁以下四个年龄段。成功者分类详情如表 12-2 所示。

表 12-2 成功者身份统计

		频率	百分比（%）		频率	百分比（%）
成功者身份	个人成功	99	71.7	商业	23	16.7
	团队成功	26	18.8	互联网	43	31.2
	组织成功	4	2.9	影视	15	10.9
	国家民族成功	9	6.5	教育	8	5.8
	合计	138	100.0	计算机	8	5.8
成功者年龄	小于 30 岁	3	2.2	科技	5	3.6
	30~40 岁	18	13.0	体育	9	6.5
	40~50 岁	31	22.5	政界	9	6.5
	大于 50 岁	86	62.3	网红	4	2.9
	合计	138	100.0	文学	9	6.5
成功者国籍	中国	119	86.2	经济	2	1.4
	外国	19	13.8	慈善	1	0.7
	合计	138	100.0	金融	1	0.7
				时尚	1	0.7
				合计	138	100.0

（注：成功者领域一栏跨越年龄和国籍行）

由表 12-2 可知：在大学生认可的成功人士中，以个人成功者频率最高，占整个样本的 71.7%；年龄上大于 50 岁的年龄段的频率最高，占整个样本的 62.3%；中国国籍的频率最高，占整个样本的 86.2%；领域分类中互联网领域的频率最高，占整个样本的 31.2%。这说明，当代大学生对个人奋斗者比较推崇，年青一代崇尚个人价值、依靠自己努力实现职业目标的意识非常清晰；在成功者的领域上，互联网、商业、影视艺术这三个领域所占比重较大，一方面说明当代互联网技术效率之高，另一方面说明网络传播为成功者奠定了基础。

二、大学生对成功者的分类认知

这一步通过不同年级、不同性别的学生样本分别进行，使用 SPSS 统计软件，按大学生样本分类及成功人士分类分别做列联交叉分析。详情如表 12-3、表 12-4 所示。

表 12-3　不同年级学生对成功者的分类认知统计

成功者身份列联分析　年级	成功者身份				合计
	个人成功	团队成功	组织成功	国家民族	
学生年级　大一	24	9	0	1	34
大二	28	7	0	2	37
大三	21	5	3	0	29
大四	26	5	1	6	38
合计	99	26	4	9	138

成功者年龄列联分析　年级	成功者年龄分布				合计
	小于30岁	30~40岁	40~50岁	大于50岁	
学生年级　大一	0	4	10	20	34
大二	0	7	8	22	37
大三	1	3	5	20	29
大四	2	4	8	24	38
合计	3	18	31	86	138

成功者领域列联分析　年级	成功者领域														合计
	商业	互联网	影视	教育	计算机	科技	体育	政界	网红	文学	经济	慈善	金融	时尚	
学生年级　大一	6	15	3	4	1	1	3	1	0	0	0	0	0	0	34
大二	5	17	2	1	2	0	1	2	2	4	1	0	0	0	37
大三	5	5	5	2	2	3	1	1	0	2	1	1	1	0	29
大四	7	6	5	1	3	1	4	5	2	3	0	0	0	1	38
合计	23	43	15	8	8	5	9	9	4	9	2	1	1	1	138

由表 12-3 可见：就成功者身份及年龄来说，除大一学生更多地选择了团队成功者外，其他不同年级学生选择差异都比较小；在成功者领域中，低年级学生更倾向于商业，高年级学生则更倾向于金融和计算机领域。说明年级越高，学生对新兴行业认识越深刻。

表 12-4　不同性别学生对成功者的分类认知统计

成功者身份列联分析　性别	成功者身份				合计
	个人成功	团队成功	组织成功	国家民族	
男	26	8	2	4	40
女	73	18	2	5	98
合计	99	26	4	9	138

成功者年龄列联分析　性别	成功者年龄分布				合计
	小于30岁	30~40岁	40~50岁	大于50岁	
男	1	5	14	20	40
女	2	13	17	66	98
合计	3	18	31	86	138

续表

成功者领域列联分析　性别	成功者领域														合计
	商业	互联网	影视	教育	计算机	科技	体育	政界	网红	文学	经济	慈善	金融	时尚	
男	3	13	5	2	1	2	5	4	0	2	1	1	0	1	40
女	20	30	10	6	7	3	4	5	4	7	1	0	1	0	98
合计	23	43	15	8	8	5	9	9	4	9	2	1	1	1	138

表 12-4 数据显示：在成功者身份方面，女生比男生更倾向于个人成功；年龄方面，女性比男性更认可 50 岁以上的成功者；从不同行业领域看，女生对商业、影视、文学领域成功者的认可远高于男生。

第三节　成功者成功路径与成功要素分析

前面的调研信息及其分析，主要揭示大学生群体对不同成功者的选择与认同，展示他们心目中成功人士的客观存在。接下来，本书继续分析成功者走过的路径以及影响成功的要素，进一步解答"成功者为什么会成功"这一问题。

一、成功者成功要素的理论整合

首先进行理论整合，梳理当前有关成功人士成功要素研究的既有成果，从中整合出影响成功的内、外在因素 51 项指标，作为研究成功要素的初步理论基础。具体内容如表 12-5 所示。

表 12-5　成功要素理论分析整合

内在因素	品质	专注力	沟通能力	执行力	自我管理能力	语言表达能力
		知人善任	审时度势	计划能力	依靠组织	理解力
		资产	良好形象	身体健康	教育程度	学历
		智商情商	收入	技术等级	家庭幸福	社会地位
	能力	人际交往能力	学习力	领导力	号召力	规划力
		洞察力	合作能力	凝聚力	取舍能力	抗压能力

续表

内在因素	能力	专注力	沟通能力	执行力	自我管理能力	语言表达能力
		知人善任	审时度势	计划能力	依靠组织	理解力
	个人条件	资产	良好形象	身体健康	教育程度	学历
		智商情商	收入	技术等级	家庭幸福	社会地位
外在因素	外部环境	机遇				

表 12-5 将成功要素划分为内在、外在两种维度，并逐一按层次分类。内在因素包括：品质、能力及个人条件三个维度。外在因素包括外部环境一个维度。

二、大学生视野中成功者成功要素的调研分析

此次调研依然在北京信息科技大学人力资源管理专业四个年级中进行。项目组在学生们选择的频数最高的 138 位成功者中挑选出研究价值较高的成功者并进行深度调查。经过商讨，项目组筛选掉了一些具有争议性的成功者，防止在研究中产生不健康、不值得提倡的成功要素误导学生，最终确定了 56 位成功者作为二次调研样本，并通过网络调查法对每一位成功者的职业生涯整合出 3000~5000 字的成功路径研究报告。由项目组成员对这些调研报告进行进一步的数据处理。

三、成功人士职业路径分析

职业路径或称职业发展模式，是对一个人职业生涯中成功/失败或职业高峰/波谷的折线描绘。根据成功者在职业路径中的转折次数，将成功者路径分为上述路径模型。在本次样本调查中，共出现了一阶段模式、三阶段模式以及多阶段模式，图 12-1 显示本次整理的成功者路径状况。

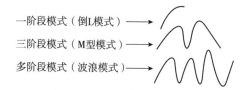

一阶段模式（倒L模式）——➤

三阶段模式（M型模式）——➤

多阶段模式（波浪模式）——➤

图 12-1　成功路径模式图①

注：该图根据廖泉文"职业发展模式"图形修改而成。

---

① 廖泉文.人力资源管理［M］.北京：高等教育出版社，2008：237.

（1）一阶段模式。一阶段模式路径为职业生涯持续上升型路径，属于这种模式的成功者样本为：鲁迅、杨利伟、比尔·盖茨、舒尔茨、巴菲特、刘德华、邵逸夫、成龙、姚明、李彦宏、黄磊、周杰伦、苏芒、汪涵、黄渤、郭德纲、科比、柳青、papi酱、范冰冰、王宝强、丁一晨。不难看出，这种模式的成功者大多为影视艺术领域及有一定家庭背景的成功者。

（2）三阶段模式。三阶段模式路径为在职业生涯中经历过两次转折，二起二落的成长路径模式，属于这种类型的成功者样本为：史玉柱、雷军、袁隆平、J. K. 罗琳、乔布斯、陈道明、褚时健、王石、王健林、张瑞敏、张朝阳、马化腾、詹姆斯、韩寒、陈欧、刘楠、邓紫棋，而在整合的成功要素表中能够看出，这一类成功者在职业转折期和挫折期突出的内在成功要素是职业背景、职业兴趣以及个性特征。

（3）多阶段模式。多阶段模式路径为在职业生涯中经历过多次转折，挫败后又一次次努力重获成功模式，属于这种类型的成功者样本为：张艺谋、董明珠、李嘉诚、柳传志、马云、莫言、任正非、罗永浩、高晓松、董卿、杨澜、扎克伯格、大张伟、杨绛。首先，可以看出这一类成功者的平均年龄在50岁以上；其次，在这类成功者的职业持续繁荣期较为突出的成功要素是他们的职业兴趣和个性特征。因此，不难看出职业兴趣和个性特征对成功产生的重要作用。

第四节　成功人士成功要素归因

根据第二次调研资料，对成功人士的成功要素进行较为宏观的分析。在此将成功要素分为外在因素和内在因素。其中，外在因素包括：家庭背景、学校背景、朋友影响、社会潮流以及其他因素。内在因素包括：教育背景、职业背景、职业兴趣、个人特长以及其他因素。

一、不同领域成功人士影响要素

通过前期对成功人士的深度调查，将不同领域成功人士的成功要素按内在、外在因素划分，并根据不同领域成功者的成功因素对比，整合出不同领域成功者的突出成功因素（见表12-6）。

表 12-6　不同领域成功人士突出因素

	突出内因	突出外因
商业	职业兴趣	家庭、学校背景、社会潮流
互联网	个人特长	职业背景、社会潮流
影视	职业兴趣、个人特长	家庭、社会潮流、其他
教育		家庭背景
计算机	个人特长	教育背景、朋友影响
科技	个人特长	教育背景
体育	个人特长	社会潮流
政界	职业兴趣	家庭、社会背景
网红	职业兴趣	职业背景、社会潮流
文学	个人特长	
经济		教育背景、家庭、社会背景
慈善		社会潮流
金融		教育背景、职业背景
时尚	职业特长	社会潮流

由表 12-6 可见，不同领域成功人士所受环境影响可分外在与内在两大类，外在因素基本集中在家庭背景、教育背景、职业背景、社会潮流等方面，内在因素多集中在个人特长、职业兴趣以及其他方面。从外在因素看，除慈善、时尚、体育与网红比较突出社会潮流和社会背景以外，其他领域几乎都与教育背景有关，但商业、金融、经济和政界同时又重视社会背景；从内在因素来说，互联网、计算机、科技、体育、影视多重视个人特长，商业、影视、政界、网红更重视职业兴趣。

二、不同身份成功人士影响要素

通过前期对成功人士的深度调查，将不同身份成功人士的成功要素按内在、外在因素划分，并根据不同身份成功者的成功因素对比，整合出不同身份成功者的突出成功因素，如表 12-7 所示。

表 12-7　不同身份成功人士突出因素

	突出内因	突出外因
个人成功者		
团队成功者		朋友影响
组织成功者	其他因素	其他因素

从表 12-7 中可以直观看出：外在因素方面，组织成功者突出外在成功因素为其他因素，而团队成功者的突出外在因素则为朋友影响；内在因素方面，组织成功者突出内在因素为其他因素，个人与团队成功者的成功内在因素则较为全面。

三、不同年龄成功人士影响要素

通过前期对成功人士的深度调查，将不同年龄成功人士的成功要素按内在、外在因素划分，并根据不同年龄成功者的成功因素对比，整合出不同年龄成功者的突出成功因素，如表 12-8 所示。

表 12-8　不同年龄成功人士突出因素

	突出内因	突出外因
50 岁以上		
40~50 岁	教育背景	家庭、学校背景
30~40 岁	学校背景	其他因素
30 岁以下		家庭背景、社会潮流

从表 12-8 可以直观看出 50 岁以上的成功者受到的外在因素较为全面，40~50 岁成功者突出成功外因则为家庭背景及学校背景。30~40 岁成功者突出内因为学校背景，突出外因为其他因素，而年龄较小的 30 岁以下成功者的突出外在因素为家庭背景和社会潮流。

从表 12-8 可以直观看出 40~50 岁成功者的突出内在因素为教育背景，30~40 岁成功者突出内在因素为学校背景。

根据上述调查可得出结论，在前期大学生视角下成功者分析中频数较高的互联网、商业、影视三个领域，职业背景、有关机遇的其他因素、家庭背景三个因素较为重要，而除这些突出因素外，从资料整合表（表 12-9）中可以看出,所有成功者都基本共有的成功要素为职业兴趣以及个性特征。因此,可以得出的结论是:职业兴趣和个性特征是所有人走向成功时必备的成功要素。

四、成功要素归纳

通过一系列的调查研究,大学生职业导航项目组将相关文献资料、大学生视角下成功要素初步调查及深度调查进行整合,并按照个人品质、个人能力、个人条件和外部环境四个维度整合出最终微观成功要素,如表 12-9 所示。

表 12-9 最终微观成功要素整合

维度	重频要素	一般要素
个人品质	职业兴趣	胆识、锐气、毅力、坚强、吃苦耐劳、积极、人品、自我充实
	成功欲望	自信、冒险精神、创业精神、优秀品德、胸怀大志、自制力、心理素质、不屈不挠
	信念	敬业、三观、匠人精神、意志力、习惯、诚信、魄力、无私
	远见卓识	执着、公益、格局、有目标、奉献、社会责任感、创新意识
个人能力	学习能力	人际交往、领导力、号召力、规划力、应变能力、主观能动性、洞察力、合作能力
	抗压能力	取舍能力、凝聚力、组织能力、决断力、专注力、语言能力、执行力、自我管理能力
	沟通能力	自我认识、逻辑思维、知人善任、审时度势、计划能力、依靠组织、理解力、适应能力
	创新意识	执行力、保持健康、预判力、保持冷静、发现问题、专业知识
个人条件	专业技能	情商智商、身体健康、教育程度、学历、出身背景、良好形象、外貌
	职业背景	才华天赋、家庭幸福、社会地位、家产、技术等级、经验累积
外部环境	家庭背景	社会环境(机遇)、人际环境(人脉)、教育环境、媒体影响力

表 12-9 中,第二列列示的重频要素是整合两次调研中不同维度与分类要素出现频数最高的成功要素,其中按频数降序顺序依次为:专业技能、职业背景;职业兴趣、学习能力、创新意识;成功欲望、信念、远见卓识、抗压能力、沟通能力、家庭背景。

从这 56 位成功者的成功路径分析中可以总结出，绝大多数成功者都在各自的领域有很丰富的专业技能。不管是在学校积攒的知识储备和专业技能，还是在工作及创业中后期弥补上的，专业技能对于成功者创业或工作都起着至关重要的作用。此外，在研究了许多成功者的成功路径后发现，90%的成功者都在成功的重大转折点前有过不小于五年的相关职业背景，有很丰富的工作经验。

在当前人才辈出的大环境下，要想取得成功，个人对所从事领域是否有强烈的职业兴趣、是否具有学习能力、创新意识也是相当重要的指标和因素，许多成功者正是具备了普通人没有的超强的意志力去努力学习、观察，才能够发现普通人发现不了的机遇和趋势；也正是具备了普通人没有的创新意识，才能挖掘出一些未开发出的领域，并取得成功。另外，成功欲望、信念、远见卓识、抗压能力、沟通能力、家庭背景等个人品质也是成功道路上必不可少的成功要素。

五、成功要素比较

将最终要素整合表中的这些成功人士身上所具备的共同成功要素与之前对北京信息科技大学学生进行的问卷调查结果对比后可以看出，绝大部分学生对于成功要素和成功人士缺乏一定的了解，观点有些粗糙和片面。只关注到了平时媒体宣传出的较为浅显的成功人士形象，而没有对这些成功人士的成功路径进行较为深入的调查。大部分学生忽略了专业技能、机遇、家庭背景、前期累积经验和人脉的重要性，也忽略了大部分成功人士自身所具备的一些如天赋、成长环境等无法复制的因素对于成功起到的作用，尤其对于个人能力和外部环境两个维度的因素了解很少，也不了解不同领域、不同成功人士之间存在的不同成功要素。

第五节　结　论

一、结论

综上，本书经过大学生实地调查和网络资料搜寻两次调研，对大学生视角下的成功人士成功要素的调查分析，得出结论如下：

（1）大学生视角下不同类别成功人士具备的共同要素是：职业兴趣、个人能力以及个性特征。其中，个人能力方面较为具体的共同因素是：人际交往、学习能力、领导能力、号召力、规划能力、应变能力、主观能动性、洞察力、合作能力、凝聚力、取舍能力、抗压能力、组织能力、决断力、专注力、沟通能力、执行力、自我管理能力、语言能力、自我认识、逻辑思维、知人善任、审时度势、计划能力、依靠组织、理解力、适应能力、创新能力、保持健康、预判力、保持冷静、发现问题以及专业知识。这些成功人士共同具备的成功要素，是学生自始至终需要关注和学习的方面。

（2）除共同成功要素外，不同领域、不同类别的成功人士具备的成功要素是不同的。各领域成功人士具备不同的突出要素，包括外在因素中的家庭背景、学校背景、朋友影响及社会潮流，以及内在因素中的教育背景、职业背景和其他因素等。

二、建设性建议

基于以上研究，本书对大学生成功之路提出如下建议：

（1）设计职业规划须以兴趣为基础。鉴于不同类别、不同领域的成功人士具备的成功要素有所不同，大学生在进行职业规划前，应首先对自身的职业兴趣进行挖掘和确定。在大一阶段，学生应深入了解各个领域职业的工作内容，根据自身情况找出适合自己的职业发展方向，了解从事该方向行业应当具备的个人条件、个人能力，该职业所需的教育背景、职业背景以及该领域的杰出成功者，学习借鉴该领域成功人士所具备的突出成功要素。为接下来的学习和培养规划方向，做到有目标、有规划地学习和提升。

（2）学好专业知识是走向成功的基础。针对前期结论中成功人士的成功要素中的个人能力和个人品质方面，学生应重视专业知识的学习，包括专业基础知识、英语、计算机等必备个人技能以及相关领域的专业技能学习。在学习过程中找到适合自己的学习方法，培养学习能力、创新意识、抗压能力以及专注力。

（3）职业规划不是一成不变的，需要适时调整。在大四阶段，学生应当进行一次细致且更有方向性的职业发展规划，如选择创业或就业、具体职业、具体工作岗位等。并针对该方向选择继续深造或参加相关方面的实习，以便适应未来的工作环境和增加工作经验。

第十三章

大学生就业能力评价体系

自 1999 年高校扩招以来，我国大学毕业生数量逐年增加，人才市场供需矛盾日益深化。2015 年，全国高校毕业生总数达到 749 万人，以 22 万人增幅再创历史新高，毕业生需求压力进一步增大。就业能力是大学生走出校门得到社会认可、顺利实现"毕业—就业"转换的关键。在以培养应用型人才为主要方向的普通高校中，就业是绝大多数学生毕业后的主要出路，就业能力及其构成以及评价体系的研究、开发及培养，对这类学校的长远发展和教学改革具有特殊意义，是规划学生职业生涯、合理设计课程体系的重要工作。本章以北京信息科技大学人力资源管理专业为例，对大学生就业能力的内容构成及评价标准进行实证研究。

第一节 理论综述

一、就业能力

就业能力的概念最早出现在 20 世纪初的英国，由英国经济学家贝弗里奇（1909）首先提出，认为其本质是个人在经过学习过程后，能够具备获得工作、保有工作以及做好工作的能力[1]。近一个世纪之后，ILC（国际劳工大会，2000）将就业能力定义为个体获得和保持工作，在工作中进步，以及应对工作生活中出现的变化的能力[2]。简单地说，就业能力就是获得及持续完成工作

---

[1] 斯米尔诺夫等 . 心理学 [M] . 北京：人民教育出版社，1957：488.
[2] 彭聆龄 . 普通心理学（修订版）[M] . 北京：北京师范大学出版社，2004：404-406.

的能力。从这个角度说，就业能力包括找到工作的能力、完成工作的能力以及必要时重新获得工作的能力。

大学生就业能力是一般就业能力的属性概念，是就业能力在特定人群中的具体展现。我国首先明确提出大学生就业能力概念的是学者郑晓明（2002），他认为大学生就业能力是指大学毕业生在校期间通过学习理论和培养综合能力素质，从而获得能够实现就业理想、满足社会需求、在社会生活中实现自身价值的本领①。同时，就业能力是一种比较综合的能力，需要从多方面进行培养。这种观点代表了国内大部分学者的观点。大多数观点是将大学生就业能力界定为发现、获得并保持就业机会的能力、知识和技能等。

本章研究的"大学生就业能力"中有关就业的界定较以上所言范围要狭窄，仅包括大学生走出校门、走向社会的初次就业。这也是现实中一般人对大学生就业的理解，即大学毕业生初次就业（找到工作、进入职场）的状况，甚至包括读研、出国、考公务员、做村官。这与官方统计大学生就业率的口径也是一致的。在此基础上，本章的大学生就业能力便特指大学生获取社会职业时，所需要具备的与职业互相关联的一系列能力。

正常情况下，大学生就业需要经过"就业信息搜寻—目标职位选择—目标职位获取（应聘）"三个阶段或者三个步骤，每个步骤分别具有独特的任务内容、需要解决的问题以及必须实现的目标，大学生完成这些任务、解决这些问题以及实现这些目标需要分别具备相应的能力，因此，就业能力就是这三个阶段中各种不同能力的组合。

就业信息搜寻的主要内容是大学生通过报刊、广播、电视、网络等渠道，寻找自己希望得到的相关就业信息，并根据自身对职业的定位，筛选自身需要的就业信息，主要包括：单位名称、单位性质、地理位置、联系方式、职责范围等信息。需要解决的主要问题为在多种渠道下，求职者如何选择一种有效的途径来确定适合自己的就业信息，最终实现找到多种就业信息的目标。

目标职位选择的主要内容是应聘者在具体企业里的具体职位。职位指员工在组织内从事的工作内容和所处的岗位，包括两方面的含义，即做什么工作和处于怎样的地位。需要解决的主要问题是应聘者如何选择适合自己的职位，最终实现确定自身期望从事的职位的目标。

目标职位获取（应聘）的主要内容是通过应聘者的一系列学习和实践，通过企业筛选或考核，成功获取（应聘）自身期望的目标职位，需要解决的主要问题有：在面试或获取目标职位时，需具备何种能力或技能来应对考核，

① 郑晓明."就业能力"论［J］.中国青年政治学院学报，2002（3）：91-92.

最终实现成功获取（应聘）目标职位的目标。

二、相关理论

（1）冰山模型。这个模型最初由美国哈佛大学心理学教授 McClelland 于 1973 年第一次提出。同时，他将人员个体素质的不同体现，分为水上部分及水下部分，并构建了著名的冰山模型①。冰山模型与大学生就业能力的关系如图 13-1 所示。

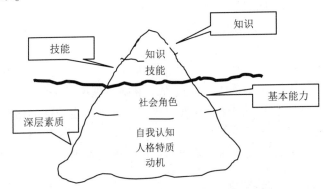

图 13-1 冰山模型与大学生就业能力

"冰山以上部分"包括基本知识和基本技能，是外在表现，是容易了解与测量的部分，相对而言也比较容易通过培训来改变和发展。在本书中，专业知识维度即为冰山以上部分，可以通过在校期间考试成绩对该维度做出一定程度的考察。

"冰山以下部分"包括社会角色、自我认知、人格特质和动机，是人内在的、难以测量的部分。它们不太容易通过外界的影响而得到改变，但却对人员的行为与表现起着关键性的作用。

以冰山模型为依据解释大学生就业能力，可以以冰山为界划分上层知识技能与下层综合素质两大类。由于"知识""技能"所体现的"所知"与"所会"范畴差异鲜明，可细分为知识和技能两个分支。综合素质中接近海平面的"社会角色"是基于态度和价值观的能力方式，灵活性和可测性虽较知识技能弱，但通过环境熏陶和有意培训可以改变，不同于认知特质及动机层具有与生俱来的稳定性，所以冰山之下又可细分为"基本能力"和"深层素质"两个分支。

---

① Davod C. McClelland. Testing for Competency Rafher Than Intelligence［J］. American Psychologist, 1973（28）：1-14.

（2）个体差异理论。个体差异是指在社会群体竞争中，个体之间先天禀赋差别和后天环境条件的差异以及由此形成的个体的差异结果[1]。该理论主要探究了个体参与竞争与合作活动时，不同个体之间的初始禀赋差异对竞争规则和"既定"规则下的行为对策存在怎样的影响。在本章中，主要依据该理论对个人素质、基本能力两个维度的就业能力因子进行确定，并根据该理论对个体在活动中的不同表现，确定不同的就业能力因子。故该理论对于本书确定这两个维度的就业能力因子提供了理论依据。

（3）搜寻理论。该理论认为，人们对信息的搜寻是有成本的。因此，在搜寻过程中，人们要注意知识对现实决策问题的有效性，并充分利用信息来降低搜寻成本。

根据本章对于大学生就业能力概念范围的界定，大学生在成功就业的过程中，必定会经历就业信息搜寻的过程。根据该理论相关原理，大学生在对就业信息的搜寻过程中，同样存在搜寻成本，提高学生个体的信息收集能力、信息处理能力可以进一步降低在搜寻过程中所产生的成本，故该理论对本书制定大学生就业能力评价指标因子起到一定的推动作用。

三、国内外相关研究

美国培训与开发协会（ASTD，1990）对就业能力的构成进行研究后定义了16项技能，分为五个类别：基本胜任能力（阅读、写作、计算）、沟通能力（说服、倾听、交流）、适应能力（问题解决、创造性地思考、融入组织）、群体效果（人际技能、团队工作、协商能力）以及影响能力（了解组织文化、理解组织战略、分享领导力、重承诺)[2]。

美国劳工部就业技能调查委员会（SCANS，2001）提出，就业人员需具备三大基础和五大能力。三大基础指能力基础、思维基础和素质基础；五大能力是资源确定组织规划与分配能力、人际关系及与他人合作能力、获取利用信息能力、复杂关系认知并系统运作的能力、能利用多种科技知识手段进行工作的能力。

我国对大学生就业能力的研究源自 20 世纪 80 年代末计划体制下大学生毕业背景，21 世纪以来随大学扩招和环境变化，就业市场的竞争和职业规划前景开始进入研究范畴并日益成为研究重点。在为数不多的研究成果中主要

---

① 陈光辉. 就业能力解释维度、概念、内涵、研究历程及评述［J］. 教育与职业，2011，4（12）：80-82.

② 黄希庭. 心理学导论［M］. 北京：人民教育出版社，2007：526.

以定性研究为主，少有定量研究。2000 年以来少数定量研究的主要内容归纳如表 13-1 所示：

表 13-1　大学生就业能力有关研究内容汇总

序号	大学生就业能力构成
1	基础性能力：人际交往能力、正确的就业动机、应聘能力、适应能力；专业性能力：专业知识、岗位所需的专业技能；差异性能力：个性化、创新性、创业型[①]
2	内在素质：诚实正直、吃苦耐劳、敬业精神、责任感、主动性、上进心；处理工作能力：分析判断能力、适应能力、善于思考、解决问题能力、独立工作能力、应变能力、学习能力、团队协作能力；社交领导能力：表达能力、领导能力、社会活动能力、组织协调能力、人际交往能力、创业精神[②]
3	思维能力：创新能力、纳新能力、信息处理能力、分析判断能力、社会洞察力、解决问题和应变能力；社会适应能力：忍耐力、心理调适能力、抗挫力、抗压力和修饰力；自主能力：勤奋、计划能力、奉献精神和自学能力；社会实践能力：沟通能力、合作能力和组织能力；应聘能力：竞争能力、推销能力、自信和表达能力[③]
4	基本工作能力：适应环境能力、组织管理能力、人际沟通能力、团队协作能力、外语和计算机运用能力、爱岗敬业、敢于吃苦、乐观自信、诚实守信；专业技能：实践动手能力、分析问题解决问题的能力、学习能力、创新能力；求职技能：信息收集与处理能力、准确定位能力、抓住机遇能力、表达能力、自我决策能力、自我推销能力、自我保护能力[④]
5	基础技能：沟通能力、信息管理能力、数理运算能力、思考解决问题的能力；个体管理技能：态度行为积极、负责人、适应变化、持续学习；团队工作技能：和别人工作、参与项目和工作[⑤]
6	社会兼容度：解决问题能力、行为社会化、积极主动性、内在修养、日常生活安排、独立性；就业人格：团队合作能力、情绪稳定性、社交能力、沟通能力、环境适应能力；准职业形象：精神风貌、谈吐、礼仪性、工作取向、生活态度倾向[⑥]

① 谢志远. 关于培养大学生就业能力的思考［J］. 教育发展研究，2005（1）：90-92.
② 李颖，刘善仕，翁赛珠. 大学生就业能力对就业质量的影响［J］. 高教探索，2005（2）：91-93.
③ 张丽华，刘晨楠. 大学生就业能力结构及发展特点的实验研究［J］. 航海教育研究，2005（1）：52-55.
④ 任江林. 关于提高大学生就业能力的几点思考［J］. 教育与职业，2005（6）：47-48.
⑤ 汪怿. 就业能力：促进高校毕业生就业的重要方面［J］. 教育发展研究，2005（4）：31-34.
⑥ 贾利军. 大学生就业能力的心理学剖析［J］. 教育学研究，2006（10）：129-134.

整合表 13-1 内容，可以看出，尽管国内学者对于大学生就业能力的评价标准不同、表述也不同，但总体来看，大致集中在个人素质、基本能力、专业知识和通用能力四个方面，之前具体的评价指标也基本围绕这四个方面展开。这与 ASTD 和 SCANS 的研究也基本吻合。本章借用以上思路，从个人素质、基本能力、专业知识和通用能力四个方面进行研究。

四、大学生就业能力评价指标体系理论模型

1. 大学生就业能力评价指标体系构建的基本原则

在参阅、借鉴大量国内外文献的基础上，以既有文献对大学生就业能力构成中因子出现的频数为依据，筛选并归纳出大学生就业能力评价的指标因子为四个基本维度——个人素质、基本能力、专业知识和通用能力。此后，通过专家咨询法对五位业界前辈和校内专家进行信息搜集和专业咨询，归纳专家意见形成以下大学生就业能力体系构建的基本原则。

（1）与教育部"毕业生就业率"口径统计保持一致。该能力体系在时间轴上包括了大学毕业后择业、初次就业两个阶段，初次就业之后的从业经历和再次择业排除在外。

（2）依据差异化理论和胜任力理论。该指标体系所包含指标必须在大学生择业和成功就业过程中作用明显。

（3）依据冰山模型。该指标体系内容体现冰山模型的上下两部分和深浅五层次，指标类别体现内在和外在两种性质。

2. 大学生就业能力评价指标体系构建的理论模型

依据以上基本原则，根据前面所提基础理论，基于国内外前期研究成果的启发作用，最初从个人素质、基本能力、专业知识和通用能力四个方面设计 70 项指标形成"大学生就业能力评价指标体系草案"。该草案经多轮讨论，同时在外围专家中广泛收集意见，外围专家包括 10 名人力资源管理专业任课教师和 10 名校外人力资源管理从业者。最终 70 项指标缩减到 35 项，四个维度保持，但名称根据修改之后的特征做了改变：因"基本能力"和"通用能力"在外延上重合较多且指向性不够清晰，故将"通用能力"改为"专业能力"，就此构建"大学生就业能力评价指标体系理论模型"。该模型共包括 36 个指标，分别属于个人素质、专业知识、基本能力和专业能力四个维度。理论模型的具体内容如表 13-2 所示。

个人素质，为了凸显个人本身内在的情感或自身所具备的素质。通过这一维度的改变可以进一步激发自身的能力，能够更好地在工作中发挥自身的

能力。因此，本章根据对就业能力概念的界定并结合冰山模型理论，将个人素质划分为创新精神、就业动机、吃苦耐劳、奉献精神、诚实守信、主动性、协作意识、责任意识和竞争意识共 9 个指标。

表 13-2   大学生就业能力评价指标理论模型

维度	个人素质	专业知识	基本能力	专业能力
指标	创新精神 吃苦耐劳 诚实守信 主动性 责任意识 就业动机 奉献精神 协作意识 竞争意识	外语水平 数据分析 法律知识 管理学知识 心理学知识 办公和专业软件应用	决策力 执行力 分析能力 沟通能力 学习能力 应变能力 抗压能力 文字表达能力 语言表达能力 人际交往能力 逻辑思维能力 独立工作能力	适应能力 组织能力 社会活动能力 信息收集能力 自我推销能力 信息处理能力 职业规划能力 自我激励能力

专业知识，是大学生就业能力指标体系中必不可少的组成部分。本章根据人力资源管理专业学生毕业后从事相关工作所需要的专业知识，将这一维度定义为 6 个指标：外语水平、数据分析、法律知识、管理学知识、心理学知识、办公和专业软件应用。

基本能力，也被称作通用能力，这一能力主要指学生在从学校到社会工作的转变过程中，一直存在且发挥作用的能力。根据国内外学者对基本能力概念的界定及对基本能力结构的研究，本章将基本能力设定为：决策力、执行力、分析能力、沟通能力、学习能力、应变能力、抗压能力、人际交往能力、文字表达能力、语言表达能力、逻辑思维能力和独立工作能力这 12 个指标。

专业能力，指大学生经过一系列的学习和专业训练后，在全面系统地掌握了专业知识理论后，能够真正应用到实际工作之中的专业技能。本章的专业能力包括：组织能力、适应能力、社会活动能力、信息收集能力、信息处理能力、自我推销能力、职业规划能力、自我激励能力共 8 个指标。

第二节 人力资源专业学生就业
能力评价指标体系的构建

一、研究设计及研究方法

在前期理论模型的基础上形成测试问卷，问卷主要分为两大部分：个人信息及大学生就业能力维度选项，见附件 1。以往的研究显示，在大多数情况下五点量表是最可靠的，点数过多一般人难以有足够的辨别力，而点数过少则限制了温和意见与强烈意见的表达。因此，本书的指标采用李克特量表（Likert Scale）五等级打分制。

为体现本书基于北京信息科技大学人力资源管理专业大学生就业特征，本次调研对象要求符合两个条件：①必须毕业于北京信息科技大学人力资源管理专业；②必须从事人力资源管理工作。人力资源管理专业于 1994 年初次招生，至今已有 11 届毕业生约 650 人，HR 从业者，在 350 人左右，约占六成，调研以这 350 人为样本进行。调研方式采用网络调研、现场调研以及纸质问卷发放调研结合进行，回收后的问卷处理借助 SPSS 21 统计软件进行；具体包括信度和效度检验，采用探索性因子分析的方法筛选变量，诊断性因子分析整合模型，最终形成"大学生就业能力指标体系"，确定最终模型。

二、初始问卷的发放及数据回收

本次调查问卷的调查对象是已经毕业并从事 HR 及相关工作的校友，共有 200 人参与问卷填写，采用电子版和现场施测相结合的方式发放问卷，除去未回收的以及有答案缺失、明显不合格情况等的无效问卷，实收有效问卷 182 份。其中，男性 81 人，女性 101 人，约占已毕业校友中 HR 从业者的 52%，样本具有一定的代表性，也具有一定的统计价值。问卷数据描述统计如表 13-3 所示。

表 13-3 描述性统计

		频率	百分比	有效百分比	累计百分比
性别	男	81	44.5	44.5	44.5
	女	101	55.5	55.5	100.0
	合计	182	100.0	100.0	

续表

		频率	百分比	有效百分比	累计百分比
年龄	20~25	94	51.6	51.6	51.6
	26~30	75	41.2	41.2	92.9
	31~40	10	5.5	5.5	98.4
	41~50	2	1.1	1.1	99.5
	51~60	1	0.5	0.5	100.0
	合计	182	100.0	100.0	
工作年限	1年以下	26	14.3	14.3	14.3
	1~3年	92	50.5	50.5	64.8
	3~5年	23	12.6	12.6	77.5
	5年以上	41	22.5	22.5	100.0
	合计	182	100.0	100.0	

本次调查人群的年龄主要集中在20~25岁和26~30岁两个年龄段，分别占到94人和75人，人群较为年轻，对于新一代大学生就业能力的认识较为新颖，对当下就业形势较为了解。同时，调查问卷参与人群大部分为毕业参加工作1~3年人群，占总体人数的50.5%。此外，3年以上人数也占到总人数的35.1%，具有一定的工作经验，对社会及各企业需要大学生具备何种的就业能力及通过自身工作所体验出的对工作有益的就业能力因子有着明确的看法，为本书理论模型的修改提供了很好的参考意见。

三、各维度描述分析

本次调研以理论模型中四项能力维度（如表13-2所示）及其细化的35项具体指标为底版，请从业者做出选择。各指标采用李克特量表（Likert Scale）五等级打分：1=极不重要，2=不重要，3=中等，4=较为重要，5=十分重要，描述数据见表13-3。下面根据样本选择的均分对不同维度的各项指标进行初次筛选。

1.维度一：个人素质

个人素质维度包括主动性、诚实守信、责任意识等9项指标。调研打分情况如表13-4、表13-5所示，该矩阵题平均分：4.27分。

表 13-4　个人素质维度调查打分统计

选项	1	2	3	4	5	平均分
主动性	6（3.30%）	3（1.65%）	11（6.04%）	35（19.23%）	127（69.78%）	4.51
诚实守信	4（2.20%）	2（1.10%）	8（4.40%）	41（22.53%）	127（69.78%）	4.57
责任意识	5（2.75%）	2（1.10%）	10（5.49%）	39（21.43%）	126（69.23%）	4.53
协作意识	4（2.20%）	1（0.55%）	2（1.10%）	51（28.02%）	124（68.13%）	4.59
吃苦耐劳	3（1.65%）	7（3.85%）	25（13.74%）	61（33.52%）	86（47.25%）	4.21
奉献精神	3（1.65%）	9（4.95%）	28（15.38%）	61（33.52%）	81（44.51%）	4.14
竞争意识	1（0.55%）	8（4.40%）	40（21.98%）	72（39.56%）	61（33.52%）	4.01
就业动机	3（1.65%）	12（6.59%）	31（17.03%）	76（41.76%）	60（32.97%）	3.98
创新精神	5（2.75%）	8（4.40%）	40（21.98%）	71（39.01%）	58（31.87%）	3.93

表 13-4 中，按选择人数多寡排序，选择 5 分"十分重要"的人数排名最高为主动性和诚实守信，人数均达到总体人数的 69.78%，说明这两项因子在实际工作中为招聘人员看重，也是大学生参加工作需要具备的个人素质；选择 2 分"不重要"和 1 分"极不重要"两项人数之和最多的是就业动机、奉献精神、竞争意识和创新精神这四个因子。这四个因子暂列为备选删除的因子之中。

为了更好地判断该维度中哪项因子不重要，通过由填写问卷人员根据主观认识来选择有哪些因子是不重要的或者在大学生就业过程中不是必须具备的。如表 13-5 所示，在这一题的选项统计中，选择人数最多的为就业动机、竞争意识这两项，分别占到总人数的 23.08%、9.34%，结合上一题分析，这两项正好在"不重要"和"极不重要"综合选择人数较多的四项指标之中，由此可见，大多数人认为这两项在大学生求职应聘过程中不是特别重要，故删除这两个因子。

表 13-5　个人素质维度不重要因子统计

选项	小计	比例
主动性	10	5.49%
吃苦耐劳	15	8.24%
诚实守信	5	2.75%

选项	小计	比例	
就业动机	42		23.08%
创新精神	14		7.69%
奉献精神	13		7.14%
责任意识	7		3.85%
协作意识	9		4.95%
竞争意识	17		9.34%
（空）	99		54.40%
本题有效填写人次	182		

2. 维度二：专业知识

专业知识维度包括外语水平、数据分析等 6 项指标。打分情况如表 13-6 所示，该矩阵题平均分：3.89 分。

表 13-6　专业知识维度统计

选项	1	2	3	4	5	平均分
办公和专业软件应用	2（1.10%）	7（3.85%）	19（10.44%）	62（34.07%）	92（50.55%）	4.29
法律知识	2（1.10%）	10（5.49%）	41（22.53%）	60（32.97%）	69（37.91%）	4.01
数据分析	4（2.20%）	16（8.79%）	39（21.43%）	63（34.62%）	60（32.97%）	3.87
管理类知识	4（2.20%）	14（7.69%）	40（21.98%）	70（38.46%）	54（29.67%）	3.86
心理学类知识	3（1.65%）	14（7.69%）	42（23.08%）	71（39.01%）	52（28.57%）	3.85
外语水平	12（6.59%）	17（9.34%）	67（36.81%）	49（26.92%）	37（20.33%）	3.45

以 5 分"十分重要"作为排序依据，排名最好的前三项分别为办公和专业软件应用、法律知识以及数据分析，相反，对于管理类知识、心理学类知识及外语水平的选项却排在了倒数三项。

表13-7　专业知识维度不重要因子统计

选项	小计	比例
外语水平	41	22.53%
数据分析	14	7.69%
法律知识	11	6.04%
管理类知识	17	9.34%
心理学类知识	13	7.14%
办公和专业软件应用	6	3.30%
（空）	112	61.54%
本题有效填写人次	182	

表13-7中，在"哪些因子是不重要的或者在大学生就业过程中不是必须具备的"的选择，"外语水平"为最多人选，占到总人数的22.53%。另外，在与老师沟通及研读文献的过程中，发现"办公和专业软件"也较为不重要，虽然在问卷中体现并不强烈，但是作者依然剔除了该项因子。

3. 维度三：基本能力

基本能力维度包括沟通能力、执行力、学习能力等12项指标。打分情况如表13-8所示，该矩阵题平均分：4.36分。

表13-8　基本能力维度统计

选项	1	2	3	4	5	平均分
沟通能力	3（1.65%）	4（2.20%）	7（3.85%）	40（21.98%）	128（70.33%）	4.57
人际交往能力	3（1.65%）	3（1.65%）	12（6.59%）	39（21.43%）	125（68.68%）	4.54
语言表达能力	2（1.10%）	2（1.10%）	10（5.49%）	48（26.37%）	120（65.93%）	4.55
执行力	4（2.20%）	2（1.10%）	10（5.49%）	48（26.37%）	118（64.84%）	4.51
学习能力	4（2.20%）	2（1.10%）	11（6.04%）	53（29.12%）	112（61.54%）	4.47
应变能力	2（1.10%）	3（1.65%）	13（7.14%）	53（29.12%）	111（60.99%）	4.47
抗压能力	2（1.10%）	3（1.65%）	20（10.99%）	58（31.87%）	99（54.40%）	4.37
逻辑思维能力	2（1.10%）	5（2.75%）	17（9.34%）	65（35.71%）	93（51.10%）	4.33
文字表达能力	2（1.10%）	6（3.30%）	20（10.99%）	63（34.62%）	91（50.00%）	4.29
独立工作能力	3（1.65%）	4（2.20%）	28（15.38%）	58（31.87%）	89（48.90%）	4.24
分析能力	4（2.20%）	2（1.10%）	18（9.89%）	83（45.60%）	75（41.21%）	4.23
决策力	4（2.20%）	19（10.44%）	44（24.18%）	54（29.67%）	61（33.52%）	3.82

这一维度排名最好的前三项分别为沟通能力、人际交往能力、语言表达能力，决策力、分析能力及独立工作能力的选项却排在了倒数三项。

表 13-9 基本能力维度不重要因子统计

选项	小计	比例	
决策力	28		15.38%
执行力	6		3.30%
分析能力	3		1.65%
沟通能力	3		1.65%
抗压能力	8		4.40%
学习能力	3		1.65%
应变能力	5		2.75%
人际交往能力	7		3.85%
文字表达能力	7		3.85%
语言表达能力	4		2.20%
逻辑思维能力	10		5.49%
独立工作能力	12		6.59%
（空）	129		70.88%
本题有效填写人次	182		

根据表 13-9，对于"哪些因子是不重要的或者在大学生就业过程中不是必须具备的"的选择，人数最多的为决策力，占到总体人数的 15.38%，因此剔除该项因子。

4. 维度四：专业能力

专业能力维度包括适应能力、组织能力、信息处理能力等 8 项指标。校友从业者打分情况如表 13-10 所示，该矩阵题平均分：4.18 分。

表 13-10 专业能力维度统计

选项	1	2	3	4	5	平均分
适应能力	5 (2.75%)	2 (1.10%)	16 (8.79%)	71 (39.01%)	88 (48.35%)	4.29
信息处理能力	4 (2.20%)	4 (2.20%)	23 (12.64%)	63 (34.62%)	88 (48.35%)	4.25
自我激励能力	4 (2.20%)	4 (2.20%)	17 (9.34%)	69 (37.91%)	88 (48.35%)	4.28

续表

选项	1	2	3	4	5	平均分
社会活动能力	4（2.20%）	11（6.04%）	22（12.09%）	63（34.62%）	82（45.05%）	4.14
信息收集能力	3（1.65%）	5（2.75%）	22（12.09%）	74（40.66%）	78（42.86%）	4.20
组织能力	3（1.65%）	8（4.40%）	32（17.58%）	62（34.07%）	77（42.31%）	4.11
自我推销能力	4（2.20%）	4（2.20%）	29（15.93%）	68（37.36%）	77（42.31%）	4.15
职业规划能力	5（2.75%）	9（4.95%）	32（17.58%）	64（35.16%）	72（39.56%）	4.04

表 13-11 中，对于"哪些因子是不重要的或者在大学生就业过程中不是必须具备的"的选择差异不明显，各因子选择的人数较平均，故保留所有 8 项指标。

表 13-11 专业能力维度不重要因子统计

选项	小计	比例
组织能力	10	5.49%
适应能力	9	4.95%
社会活动能力	12	6.59%
信息收集能力	6	3.30%
信息处理能力	7	3.85%
自我推销能力	19	10.44%
职业规划能力	9	4.95%
自我激励能力	6	3.30%
（空）	133	73.08%
本题有效填写人次	182	

综合上述结果，个人素质维度中，认为"就业动机"和"竞争意识"两个因子不重要的人数最高，占到 23%及 9.3%，故删掉，保留主动性等 7 个因子。专业知识维度中，删除掉了外语水平及办公和专业软件应用这两项因子，保留了心理学知识等 4 项因子；基本能力维度中，根据被调查者的数据，认为决策力因子不重要的人数占到 15.4%，故删除，保留执行力等 11 项因子；专业能力维度中，各因子选择频数较为均匀，所以保留了所有因子。

至此，原有理论模型（表 13-2）变成一个包括四个维度、30 项指标的实用模型，大学生就业能力指标体系初步完成。具体状况如表 13-12 所示。

表 13-12 大学生就业能力评价指标体系

维度	指标
个人素质 （学生个人先天的基本素质）	创新精神
	吃苦耐劳
	诚实守信
	主动性
	奉献精神
	协作意识
	责任意识
专业知识 （通过学校等机构获取的理论知识）	数据分析
	法律知识
	管理类知识
	心理学类知识
基本能力 （在工作中的基本工作要求， 亦可理解为通用能力）	执行力
	分析能力
	沟通能力
	学习能力
	应变能力
	抗压能力
	语言表达能力
	逻辑思维能力
	独立工作能力
	人际交往能力
	文字表达能力
专业能力 （人力资源管理专业学生 所需要特别具备的就业工作能力）	适应能力
	组织能力
	社会活动能力
	信息收集能力
	自我推销能力
	信息处理能力
	职业规划能力
	自我激励能力

第三节　探索性因子分析

一、适用性分析

首先需要考查问卷数据所呈现的原有变量之间是否存在一定的线性关系。相关性检验是进行探索性因子分析的必要条件。检验结果如表 13-13 所示。

表 13-13　KMO 和 Bartlett 的检验

取样足够度的 Kaiser-Meyer-Olkin 度量		0.953
Bartlett 的球形度检验	近似卡方	5031.740
	df	595
	Sig.	0.000

根据 Kaiser 的适用性标准，只有 KMO 值大于 0.6 并且 Bartlett 球形度检验的结果是达到显著性水平的，才能在这些项目间进行因子分析。KMO 越接近于 1，变量间的相关性越强，原有变量越适合做因子分析。表 13-13 显示，KMO 值为 0.953，远超过门槛值 0.6，而且 Bartlett 检验统计量近似服从卡方分布，在显著性水平 α 为 0.05 的情况下，相应的概率 P 值（Sig.）接近于 0，可以认为已到达显著水平。因此，样本数据或变量适合做因子分析。

二、因子提取

本节主要采用正交旋转的方法进行主成分分析，抽取出公共因子，最终求得因子负荷矩阵，并建立大学生就业能力模型。

从表 13-14 解释的总方差可知，第一项数据项第一个因子的特征值为 17.935，解释原有 35 个方差的 51.242%，累计方差贡献率为 51.242%。以此类推，在初始解中由于提取了 35 个因子，所以原有变量的总方差均被解释掉。在第二项数据项中，由于提取了五个因子，它们共解释了原有变量总方差的 67.462%，提取了较大部分的信息。第三项数据项累计方差没有改变，但同时重新分配了五个因子解释原有变量的方差，从而使因子更易于解释。

表 13-14　因子方差贡献

成分	初始特征值			提取平方和载入			旋转平方和载入		
	合计	方差的百分比（%）	累计百分比（%）	合计	方差的百分比（%）	累计百分比（%）	合计	方差的百分比（%）	累计百分比（%）
1	17.935	51.242	51.242	17.935	51.242	51.242	7.635	21.814	21.814
2	2.019	5.768	51.010	2.019	5.768	57.010	5.563	15.893	37.707
3	1.424	4.067	61.077	1.424	4.067	61.077	4.646	13.274	50.981
4	1.196	3.417	64.494	1.196	3.417	64.494	3.987	11.392	62.373
5	1.039	2.968	67.462	1.039	2.968	67.462	1.781	5.089	67.462
6	0.839	2.398	69.860						
7	0.754	2.156	72.016						
8	0.712	2.035	74.051						
9	0.681	1.946	75.997						
⋮	⋮	⋮	⋮						
31	0.158	0.451	98.573						
32	0.151	0.430	99.004						
33	0.133	0.381	99.385						
34	0.130	0.371	99.756						
35	0.085	0.244	100.000						

注：提取方法：主成分分析。

在分析探索性因子得出的结果，即最终确定因子个数时，主要遵循以下标准：首先，根据因子特征值大于 1 的标准，结合碎石图检验来提取因子，即因子解释必须符合由特征值的大小形成的碎石检验；其次，该项目在某一因子上的负荷必须大于等于 0.4；每个因子至少包含一定的项目，项目数为大于等于 3，最终达到相关系数矩阵数据分布的集中趋势良好，探索性因子分析的结果达到合理与最优化为止。

在进行第一次探索性因子分析时，采用方差最大法对因子载荷矩阵实施正交旋转，共抽取出了五个特征值大于 1 的因子，但第五个因子只包含T10Q7 外语水平一个题项，不具有代表性以及可操作的意义，因此，有必要将其剔除。此时，经过第一轮筛选，共筛选出四个因子（见表 13-15）。

表 13-15　旋转成分矩阵[a]

项目	1	2	3	4	5
T7Q6 责任意识	0.847				
T17Q8 执行力	0.806				
T19Q8 沟通能力	0.769				
T8Q6 协作意识	0.702				
T1Q6 主动性	0.676				
T3Q6 诚实守信	0.672				
T20Q8 学习能力	0.623				
T29Q9 适应能力	0.614				
T23Q8 人际交往能力	0.596				
T2Q6 吃苦耐劳	0.561				
T15Q7 办公和专业软件应用	0.534				
T22Q8 抗压能力	0.500				
T18Q8 分析能力	0.461				
T27Q8 独立工作能力	0.441				
T33Q9 自我推销能力		0.747			
T35Q9 自我激励能力		0.671			
T30Q9 社会活动能力		0.559			
T21Q8 应变能力		0.551			

项目	1	2	3	4	5
T25Q8 语言表达能力		0.549			
T34Q9 职业规划能力		0.537			
T31Q9 信息收集能力		0.525			
T32Q9 信息处理能力		0.519			
T24Q8 文字表达能力		0.504			
T26Q8 逻辑思维能力		0.481			
T4Q6 就业动机			0.732		
T6Q6 奉献精神			0.658		
T5Q6 创新精神			0.621		
T9Q6 竞争意识			0.500		
T28Q9 组织能力			0.494		
T16Q8 决策力			0.460		
T12Q7 法律知识				0.784	
T11Q7 数据分析				0.702	
T14Q7 心理学类知识				0.694	
T13Q7 管理类知识				0.672	
T10Q7 外语水平					0.780

注：提取方法：主成分分析法。旋转法：具有 Kaiser 标准化的正交旋转法。a 表示旋转在 8 次迭代后收敛。

在题项剔除之后，因子结构也会相应地发生改变，因此，需要再次对因子的结构进行探索。在新的因子结构中，共提取了四个因子，它们共解释了原有变量总方差的 65.506%，仍能提取较大部分的信息（见表 13-16）。经过方差最大化法对因子载荷矩阵实施正交旋转后，各个项目在相应的因子上都具有较大负荷，幅度为 0.441～0.842，项目数均大于三个，旋转分析结果如表 13-17 所示。从某种程度上，可看出此次探索性因子分析结果与原先模型设定存在一定出入，为进一步完善模型提供了数据上的支持。

表 13-16 解释的总方差

成分	初始特征值			提取平方和载入			旋转平方和载入		
	合计	方差的百分比（%）	累计百分比（%）	合计	方差的百分比（%）	累计百分比（%）	合计	方差的百分比（%）	累计百分比（%）
1	17.838	52.465	52.465	17.838	52.465	52.465	8.229	24.204	24.204
2	1.816	5.342	57.807	1.816	5.342	57.807	5.089	14.966	39.170
3	1.422	4.183	61.989	1.422	4.183	61.989	4.826	14.195	53.365
4	1.195	3.516	65.506	1.195	3.516	65.506	4.128	12.140	65.506
5	0.898	2.641	68.147						
6	0.839	2.468	70.615						
7	0.754	2.219	72.833						
8	0.690	2.029	74.862						
9	0.629	1.851	76.713						
⋮	⋮	⋮	⋮						
31	0.151	0.444	98.971						
32	0.134	0.394	99.364						
33	0.131	0.384	99.749						
34	0.085	0.251	100.000						

注：提取方法：主成分分析。

表 13-17 旋转成分矩阵[a]

项目	成分				项目	成分			
	1	2	3	4		1	2	3	4
T7Q6 责任意识	0.842				T30Q9 社会活动能力		0.561		
T17Q8 执行力	0.835				T21Q8 应变能力		0.529		
T19Q8 沟通能力	0.739				T32Q9 信息处理能力		0.491		
T20Q8 学习能力	0.702				T31Q9 信息收集能力		0.490		
T8Q6 协作意识	0.695				T34Q9 职业规划能力		0.479		
T3Q6 诚实守信	0.652				T26Q8 逻辑思维能力		0.441		
T1Q6 主动性	0.638				T4Q6 就业动机			0.694	
T23Q8 人际交往能力	0.629				T6Q6 奉献精神			0.659	

续表

项目	成分				项目	成分			
	1	2	3	4		1	2	3	4
T2Q6 吃苦耐劳	0.605				T5Q6 创新精神			0.642	
T29Q9 适应能力	0.594				T9Q6 竞争意识			0.581	
T25Q8 语言表达能力	0.587				T28Q9 组织能力			0.571	
T22Q8 抗压能力	0.567				T16Q8 决策力			0.532	
T15Q7 办公和专业软件应用	0.517				T12Q7 法律知识				0.792
T27Q8 独立工作能力	0.517				T11Q7 数据分析				0.742
T18Q8 分析能力	0.457				T13Q7 管理类知识				0.702
T24Q8 文字表达能力	0.441				T14Q7 心理学类知识				0.697
T33Q9 自我推销能力		0.781							
T35Q9 自我激励能力		0.644							

注：提取方法：主成分分析法。旋转法：具有 Kaiser 标准化的正交旋转法。a 表示旋转在 10 次迭代后收敛。

图 13-2 展示的是最终的碎石图，按一般的碎石图检验标准来看，从第五个因子开始坡度线趋于平坦，根据平坦状态以后的共同因子可以去掉的原则，抽取四个因子是合适的。

三、因子命名

接下来需要按照项目涉及的内容为各个因子进行命名。因子命名不能遗漏，每个公因子尽可能涵盖其下所有的项目内容，命名优先向因子负荷较高的题项贴近。

从表 13-18 可知，因子一包含 15 个题项，大部分项目主要围绕个人品质和基本能力方面，我们就将这一因子命名为"基本品质及能力"维度。因子二包含了 8 个题项，主要仍以专业能力为主，我们就将这一因子命名为"专业能力"维度。因子三包含了 3 个题项，大部分项目主要围绕个人素质方面，我们就将这一因子命名为"个人素质"维度。因子四包含了 4 个题项，主要围绕的是知识方面的内容，我们仍将这一因子命名为"专业知识"维度。旋转后重新命名的因子及项目情况如表 13-18 所示。

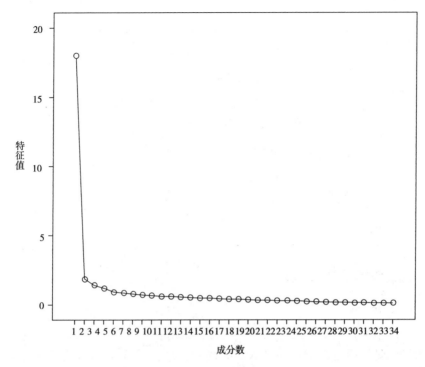

图 13-2 碎石图

表 13-18 因子及项目归属情况

维度	原先维度	因子一	因子二	因子三	因子四
指标	维度一	T1Q6 主动性 T2Q6 吃苦耐劳 T2Q6 诚实守信 T7Q6 责任意识 T8Q6 协作意识		T6Q6 奉献意识 T5Q6 创新精神	
	维度二				T11Q7 数据分析 T12Q7 法律知识 T13Q7 管理类知识 T14Q7 心理学类知识
指标	维度三	T17Q8 执行力 T19Q8 沟通能力 T20Q8 学习能力 T22Q8 抗压能力 T23Q8 人际交往能力			

续表

维度	原先维度	因子一	因子二	因子三	因子四
指标	维度三	T25Q8 语言表达能力 T27Q8 独立工作能力 T18Q8 分析能力 T24Q8 文字表达能力	T21Q8 应变能力 T26Q8 逻辑思维能力		
	维度四	T29Q9 适应能力	T30Q9 社会活动能力 T31Q9 信息收集能力 T32Q9 信息处理能力 T33Q9 自我推销能力 T34Q9 职业规划能力 T35Q9 自我激励能力	T28Q9 组织能力	

四、信度及效度检验

1. 信度检验

信度指的是测量结果的稳定性程度，是衡量一致性和可靠性的指标，它反映了测量过程中随机误差的大小。内部一致性信度又称内部一致性系数，是指用来测量同一个概念的多个计量指标的一致性程度。

研究从 Cronbach's α 系数和折半信（Split-half Reliability）两个方面检验模型的内部一致性。一般内部一致性系数大于 0.7，表明问卷的可靠性较高，也值得接受，而当问卷项目数量小于 6 个时，内部一致性系数大于 0.6，就可表明问卷是有效的。问卷数据的 Cronbach's α 系数和折半信（Split-half Reliability）状况如表 13-19 所示。

表 13-19　信度检验

范围	Cronbach's α	项数	Spearman-Brown 系数	Guttman Split-Half 系数
总模型	0.971	34	0.949	0.949
基本品质及能力	0.957	16	0.936	0.935
专业能力	0.924	8	0.910	0.910
个人素质	0.856	6	0.802	0.802
专业知识	0.840	4	0.814	0.814

表 10-19 显示：各维度的内部一致性检验的 α 系数均超过了 0.8 。总模型的 α 系数也达到了 0.971，它的 Sperman-Brown 折半信度和 Guttman 折半信

度均超过了 0.9，达到了非常高的标准。因此，问卷的信度是符合要求的，基本模型信度较高，具有统计价值。

2. 效度检验

效度是指测量手段能够测量到所要测量的变量或者预测它所要预测的结果的程度，反映了测验的准确性和有用性。本书主要探究内容效度和结构效度。

首先是内容效度。内容效度指的是题项在多大程度上代表了所要测量的属性，由于本次调查问卷选取的调查对象为人力资源管理专业毕业的学生，且全部从事人力资源管理工作，样本数量为 182 份，超过调查整体的 50%，调查样本具有代表性。在所有被调查人群中，大多都有从事招聘工作的经历或者正在从事招聘工作，无论从自身择业就业经验还是工作中对员工的录用选拔经验来说，对于大学生应具备何种就业能力的理解都比较直观。其填写问卷可靠性高，客观真实，可以认定本书的内容效度良好。

其次是结构效度。结构效度反映了结构与测值之间的对应程度。问卷的结构效度可以通过探索性因子分析进行，即提取因子后，看主因子解释总变异的百分比和各因子的因子载荷，主因子解释总变异一般若大于 60% 和因子载荷大于 0.6 的话说明结构效度很好。由表 13-16 解释的总方差可知，主因子一的解释总变异为 52.465%，接近于 60%，说明本书结构效度很好。

第四节 人力资源专业学生就业能力
评价指标体系的验证

以上进行探索性因子分析后得到了降维之后的新的指标体系，解释了大学生就业能力评价指标体系的适用性和可靠性。为了验证本专业校友对 HR 大学生就业能力影响因素的观点，本章以同一问卷对另外一组非本校校友的 HR 从业人员再次进行调研，同时做验证性因子分析，用于验证探索性因子分析中提出的因子模型能否得到别的样本的支持。

一、第一次验证性因子分析

此次问卷调查同样采取随机抽样的方式，除去未回收的以及对有答案缺失、明显充好情况等的无效问卷，实收有效问卷 110 份。研究的验证性因子分析主要运用了 AMOS 22 软件，图 13-3 大学生就业能力结构模型为首次分析的输出结果。

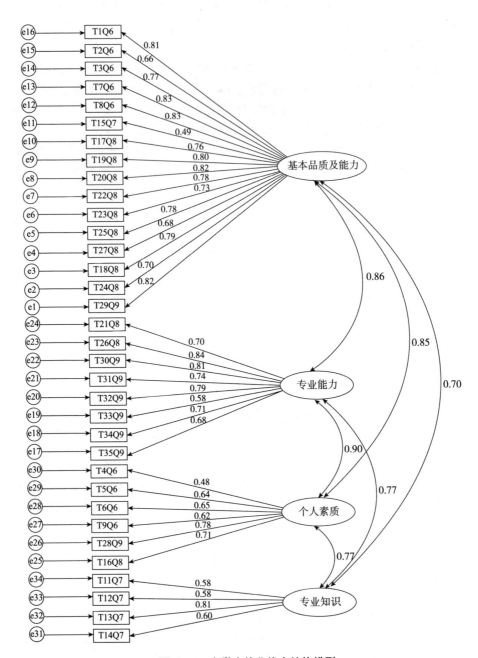

图 13-3　大学生就业能力结构模型

由拟合评价标准可知，当 RMSEA 的值小于 0.08，CFI 大于 0.90 时，说明模型拟合得较好。从表 13-20 拟合评价标准与实际指标对比情况可知，RMSEA 的值为 0.103，CFI 小于 0.90，均未达到理想的拟合标准。当初始模型不能拟合观察数据时，即模型被拒绝，这时需要参考修正指数 MI，继续对模型进行修正与调整。

表 13-20　拟合评价标准与实际指标对比情况

指标	评价标准		参考文献	实际拟合指标
	可以接受	好		
卡方值与自由度比（Chi-square/d. f.）	<3.0		Hayduk	1.888
拟合优度指数（GFI）	(0.70, 0.90)	>0.90	Scott	0.621
修正拟合优度指数（AGFI）	(0.70, 0.90)	>0.90	Scott	0.567
模型比较适合度（CFI）	(0.70, 0.90)	>0.90	Bagozii&Yi	0.784
近似误差均方根（RMESA）	<0.10	<0.08	Bagozii&Yi	0.103

二、第二次验证性因子分析

参考修正指数 MI 对模型进行修正与调整时，MI 一般按照从大到小的顺序进行修正，研究的操作方法是看最大的 MI，如表 13-21 MI 修正依据表所示，均为较大的 MI 值所对应的项目残差，例如 e13<-->e14 的 MI 为 20.186，直接把这两个残差所指向的测量项目进行删除，以修正出最优的模型。最终，根据表 13-21 的拟合评价标准，得出最终大学生就业能力结构模型，如图13-4所示。

表 13-21　MI 修正依据

	MI	Par Change
e20<-->e21	16.198	0.118
e19<-->e27	11.694	0.205
e18<-->e19	10.592	0.191
e13<-->e14	20.186	0.126
e12<-->e15	18.685	-0.157
e4<-->e9	10.181	-0.085

续表

	MI	Par Change
e3<-->e25	14.969	0.150
e3<-->e24	15.019	-0.143
e2<-->e5	16.685	0.146

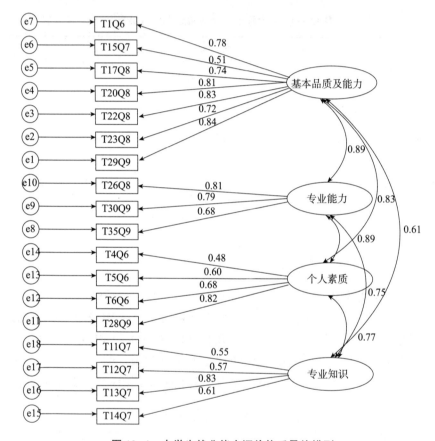

图 13-4　大学生就业能力评价体系最终模型

表 13-22 展示的是第二次修正的验证性因子分析的拟合结果，可以发现，卡方值与自由度比为 1.540，小于 3.0，同时，模型比较适合度（CFI）为 0.911，说明拟合效果很好；拟合优度指数（GFI）为 0.807，修正拟合优度指数（AGFI）为 0.744，近似误差均方根（RMESA）为 0.080，数值均在可以接受的范围。综上可知，本次验证性因子分析的模型虽未达到最优，但整体状况还算乐观。

表 13-22　评价标准与实际指标对比

指标	评价标准		实际拟合指标
	可以接受	好	
卡方值与自由度比（Chi-square/d. f.）	<3.0		1.540
拟合优度指数（GFI）	(0.70, 0.90)	>0.90	0.807
修正拟合优度指数（AGFI）	(0.70, 0.90)	>0.90	0.744
模型比较适合度（CFI）	(0.70, 0.90)	>0.90	0.911
近似误差均方根（RMESA）	<0.10	<0.08	<0.080

第五节　结论与展望

一、结论

综上，以冰山模型理论、个体差异理论及搜寻理论为基础，设计、分析并构建了大学生就业能力评价指标理论模型。通过实证性的统计分析，得到大学生就业能力结构模型，包括个人素质等四个维度和 30 个指标，从不同的角度全面阐释能够促进大学生顺利就业的重要因素。大学生就业能力体系具体内容如表 13-23 所示。

表 13-23　大学生就业能力评价指标体系

维度	指标
个人素质（3 个指标）	奉献精神、创新精神、组织能力
专业知识（4 个指标）	数据分析、法律知识、管理类知识、心理学类知识
基本品质能力 （15 个指标）	主动性、吃苦耐劳、诚实守信、责任意识、协作意识、执行力、沟通能力、学习能力、抗压能力、人际交往能力、语言表达能力、独立工作能力、分析能力、文字表达能力、适应能力
专业能力 （8 个指标）	应变能力、逻辑思维能力、社会活动能力、信息收集能力、信息处理能力、自我推销能力、职业规划能力、自我激励能力

二、指标体系实测

研究结束之时，正值 2011 级人力资源管理专业学生毕业之际。以毕业班学生为样本，对该指标进行实地验证。问卷发放 54 份，回收并剔除不合格部分后，共得到有效问卷共45份，男生9人，女生36人。其中，毕业后直接就业人数达26人，占总人数的57.8%；6人考取公务员或村官，占总人数的13.3%；5人选择出国留学；3人选择读研深造；4人选择二次考研；1人进行自主创业。

1. 实测数据维度分类分析

以下对不同维度做简单分析。各素质维度均分如表13-24至表13-27所示。

表13-24 个人素质维度各因子均分

个人素质维度	主动性	诚实守信	吃苦耐劳	创新精神	奉献精神	协作意识	责任意识	维度均值
就业	4.5	5.2	4.7	3.7	4.3	4.8	5.1	4.61
读研深造	4.3	5.3	3.7	3.7	3.3	4.0	4.3	4.09
出国留学	4.2	5.6	4.4	4.6	3.8	4.8	5.6	4.71
考公务员	4.6	5.3	4.8	4.2	4.6	4.9	5.1	4.79
准备二次考研	4.5	5.8	4.0	5.3	5.8	5.0	4.0	4.91
自主创业	5.0	6.0	6.0	6.0	6.0	6.0	6.0	5.86
总平均分	4.5	5.3	4.7	4.0	4.5	4.9	5.1	4.71

表13-24显示：个人素质中均分最高的是自主创业，排在第二位的是准备二次考研，再次是考公务员。排名最低的是读研深造，说明学生在校期间对读研深造理解并不充足，但毕业前夕面临就业压力时反向思考却理解了考研的重要性。

表13-25 专业知识维度各因子均分

专业知识维度	数据分析	法律知识	管理类知识	心理学类知识	维度均值
就业	3.3	3.4	4.2	3.7	3.65
读研深造	3.3	3.3	4.7	4.7	4.00
出国留学	3.6	2.8	3.8	3.4	3.40
考公务员	3.6	3.5	4.2	4.1	3.85
准备二次考研	4.5	4.5	4.8	5.3	4.78
自主创业	6.0	6.0	6.0	6.0	6.00
总平均分	3.6	3.6	4.33	4.0	3.88

表13-25显示：专业知识中均分最高的为准备自主创业的样本人群，均

分最低的为准备出国留学的人群。但就业者一项所有平均分均低于总平均分。所以对于就业的样本人群需要对知识方面加强培养。

表 13-26 基本品质及能力维度各因子均分

基本品质及能力维度	执行力	抗压能力	分析能力	沟通能力	学习能力	应变能力	文字表达能力	语言表达能力	逻辑思维能力	独立工作能力	人际交往能力	维度均值
就业	4.5	4.5	4.0	4.9	4.8	4.5	4.1	4.7	4.2	4.4	5.1	4.52
读研深造	4.7	4.3	4.7	4.7	5.0	4.7	3.7	4.0	4.0	4.7	4.3	4.44
出国留学	5.0	4.4	5.0	4.6	4.8	4.6	3.6	3.6	4.4	4.4	4.2	4.42
考公务员	4.8	4.5	4.6	4.9	4.9	4.7	4.4	4.5	4.3	4.7	4.8	4.65
二次考研	4.5	4.3	5.3	5.5	5.8	5.5	5.5	5.3	5.0	5.3	5.5	5.23
自主创业	6.0	6.0	6.0	6.0	6.0	6.0	5.0	4.0	5.0	5.0	6.0	5.55
总平均分	4.7	4.5	4.4	5.0	4.9	4.7	4.2	4.5	4.3	4.6	5.0	4.52

表 13-26 显示：基本品质及能力一项中均分最高的为自主创业的样本人群，均分最低的为准备出国留学的人群，两者间分数差值较大。出国留学超过半数的因子（低于总平均分），所以对于出国人员应该对其大部分基本品质及能力加以培养。

表 13-27 专业能力维度各因子均分

专业能力维度	适应能力	组织能力	社会活动能力	信息收集能力	信息处理能力	自我推销能力	职业规划能力	自我激励能力	维度均值
就业	4.7	4.2	4.8	4.3	4.5	4.4	4.2	4.5	4.45
读研深造	4.3	4.7	4.3	4.7	4.0	3.7	3.3	4.0	4.13
出国留学	4.4	4.6	5.0	4.6	4.4	4.6	4.6	4.8	4.58
考公务员	4.8	4.6	4.9	4.6	4.5	4.3	4.3	4.5	4.56
二次考研	5.8	5.0	4.8	4.8	4.8	3.5	3.5	4.3	4.56
自主创业	6.0	6.0	5.0	4.0	5.0	6.0	6.0	6.0	5.50
总平均分	4.7	4.5	4.8	4.4	4.5	4.3	4.1	4.6	4.49

表 13-27 显示：专业能力中均分最高的依然是自主创业的样本人群，均分最低的为读研深造的人群，该维度中信息处理能力、自我推销能力、职业

规划能力三项因子低于总平均分，可视为下一步重点培养要素。

2. 不同人群实测特征分析

45 位同学在四个维度中综合得分最高的为 174 分，最低的为 86 分，平均分值为 135.04 分，有 22 位同学在均分以上，23 位同学低于综合平均分。分类指标显示：

（1）就业者。对于以直接就业为毕业意向的样本群体来说，四个维度得分均较为优秀，每个维度均分均处于中上等水平。其在个人素质维度中，创新能力和协作能力相对较弱；在专业知识中，数据分析及法律知识相对掌握较弱；在基本能力维度中，沟通能力、语言表达能力和人际交往能力比较好，但是分析能力、执行力及应变力相对较弱；在专业能力维度中，除组织能力相对较弱之外，其他因子均处于较好的水平。

（2）读研者。已经考取研究生的样本群体专业知识掌握很好，但个人素质及专业能力相对较弱，主动性、创新精神、奉献精神和协作意识相对较弱，分析能力、适应力、自我推销能力和职业规划能力相对较弱。

（3）出国留学者。出国留学的样本群体在专业能力和个人素质方面表现很好，但基本能力及专业知识表现较弱，其中，法律知识、管理类知识及心理学类知识掌握不是很好，沟通能力、文字及语言表达能力和人际交往能力这些与人有交集的能力相对较弱。

（4）考取公务员者。已经考取公务员的样本群体专业知识较弱，其中，对于法律知识和管理类知识掌握较少，在基本能力中，创新精神相对较弱。

（5）准备二次考研者。这是一个在各维度表现均为最高的群体。

（6）自主创业者。自主创业有一人作为研究样本，但各维度得分都很好，说明自主创业更需拥有较高的就业能力。

三、大学生就业能力开发建议

因北京信息科技大学 2011 级大学生已经通过不同渠道实现了就业目标，故以上测试主要从不同就业方向及不同能力指标中分别论证，总的说来，2011 级人力资源管理专业学生就业能力整体较高，但在基本能力、专业能力方面依然存在不足。根据测试结果和学生座谈收集的信息，这里对本专业人才培养提出如下建议：

第一，开设有关数据分析和实证调研方面的课程，以提高选择就业和读研深造的学生数据分析能力。同时，增加实际应用数据分析的实践调研课程，增强学生的实操能力。

　　第二，开设管理应用类课程，以提高学生的实际管理能力、组织能力，通过课堂模拟等实训，以适应社会企业中的组织模式。

　　第三，开设法律课程，通过针对不同专业具有针对性的法律课程的开设，来弥补学生对于法律知识的欠缺，以应对竞争激烈、变化多样的劳动力市场。

　　第四，增加公文写作或应用写作课程，通过对实际企业中正式文件的模拟撰写，提高学生的文字沟通能力及逻辑思维能力。

　　第五，开设商务洽谈、社会心理学相关课程，通过对实际情况的模拟演练，提高学生的沟通能力、协作意识，弥补学生在心理学方面知识的欠缺。

　　第六，学校通过增加实习学时或名企参观、成功人士讲座等形式，加深学生对于社会企业实际工作方式的理解，通过在实际工作中的锻炼和观察，逐步提高自身执行力、社会活动能力、职业规划能力等。

　　第七，开设就业能力测评环节，自进入大学起每年一测，及时发现能力短板，提高学生所欠缺的能力，以应对瞬息万变的社会环境。

参考文献

［1］Bhaerman R. , Spill R. A Dialogue on Employability Skills: How Can They be Taught? ［J］. Career Development, 1988 （15）: 41-52.

［2］D. C. McClelland. Testing for Competency Rather than Intelligence ［J］. American Psychologist, 1973 （28）: 1-14.

［3］J. D. Krumboltz. Private Rules in Career Decision Making ［M］. Columbus: Ohio State University Center on Education, 1984.

［4］Parsons F. Choosing a Vocation ［M］. Boston: Houghton Mifflin Company, 1909.

［5］P. Kearns. Generic Skills for the New Economy ［J］. NCVER, 2001 （12）: 13-16.

［6］Roe A. Early Determinants of Vocational Choice ［J］. Journal of Counseling Psychology, 2003 （4）: 212-217.

［7］Schein E. H. Career Anchors: Discovering your Real Values ［M］. San Diego, CA: University Associates, 1985.

［8］Spencer L. M, Spencer S. M. Competence at Work: Models for Superior Performance ［M］. New York: John Wiley & Sons Inc. , 1993.

［9］Super D. E. Vocational Development: A Frame for Research ［M］. New York: Columbia University, 1957.

［10］［美］彼得·德鲁克. 管理的实践 ［M］. 北京: 机械工业出版社, 2002.

［11］常万里. 大学生职业生涯规划问题及研究 ［D］. 北京: 北京化工大学硕士学位论文, 2010.

［12］陈彦晓. 高职院校职业生涯规划教育创新性探析 ［J］. 职业时空, 2014, 10 （7）: 36-37, 39.

［13］陈勇. 大学生就业能力及其开发路径研究 ［D］. 杭州: 浙江大学博士学位论文, 2012.

［14］戴翕昀, 黎坚, 张博, 高一然. 当代大学生职业兴趣的结构与测量 ［J］. 心理学探新, 2013, 33 （3）: 260-265.

［15］方振邦. 战略性绩效管理 （第四版） ［M］. 北京: 中国人民大学出版社, 2015.

［16］傅小龙．基于"职业锚"理论的大学生职业生涯规划［J］．商业经济，2011（12）：128-129．

［17］顾波．马克思心理动力理论探析［J］．理论探讨，2012（1）：52-57．

［18］韩力争，傅宏．大学生创业自我效能感量表的构建［J］．南京师范大学学报（社会科学版），2009（1）：113-118．

［19］何晓萍，林新荣．大学生职业生涯规划教育策略分析［J］．中国成人教育，2013（23）：83-84．

［20］胡冬临．大学生职业生涯规划教育的困境与出路［J］．职业时空，2014，10（9）：123-124，127．

［21］胡哲．财经类院校学生职业生涯规划课程现状与对策分析［J］．特区经济，2014（11）：91-92．

［22］黄德桥．基于职业锚理论的大学生择业观研究［D］．重庆：重庆大学硕士学位论文，2012．

［23］黄林楠．大学生职业生涯决策影响因素及对策研究［J］．教育探索，2009（1）：127-128．

［24］黄敏．大学生职业规划现状和对策研究［J］．就业指导，2012（20）：43-46．

［25］黄希庭．心理学导论［M］．北京：人民教育出版社，2007．

［26］黄雪娜，金盛华，张爽．当代大学生职业价值观定量分析与对策研究［J］．辽宁大学学报（哲学社会科学版），2014，42（4）：186-192．

［27］贾虹，黄颖．高职生求职行为与职业价值观、职业决策自我效能的关系研究［J］．黑龙江高教研究，2014（2）：111-113．

［28］贾虹，孙若颖．高职院校学生职业价值观调查研究［J］．教育与职业，2014（14）：101-103．

［29］康健．"羊群行为"的理性视角——社会学习理论综述［J］．生产力研究，2009（23）：254-256．

［30］孔洁珺，臧宏．大学生职业生涯发展的特征及其影响因素研究［J］．思想教育研究，2014（6）：63-67．

［31］梁润华．基于职业兴趣、校企联动的大专生职业决策困难的对策研究［J］．中国成人教育，2013（9）：65-68．

［32］林松柏，刘妍．基于职业兴趣的高职学生职业能力开发的探索［J］．中国成人教育，2013（22）：127-129．

［33］刘俊彦，王珑玲．青年职业生涯设计导航［J］．中国青年研究，2003（8）：5．

［34］刘晓磊．职业生涯决策策略的分类和研究范式综述［J］．继续教育研究，2009（3）：41-42.

［35］刘颖，任泽中．职业发展视域下大学生学业规划促进机制研究［J］．学校党建与思想教育，2014（16）：81-82.

［36］鲁伟，刘承赫．高等职业院校大学生职业价值观的调查研究——以常州机电职业技术学院为例［J］．职教论坛，2014（5）：31-33.

［37］吕淑萍．经济新常态下大学生就业观的现状分析及引导［D］．重庆：重庆师范大学硕士学位论文，2017.

［38］马小红．大学生职业生涯发展与规划课程教学改革的实践探索［J］．教育探索，2014（8）：62-63.

［39］潘家俊．职业环境面向的实践教学创新研究［J］．黑龙江高教研究，2009（10）：193-195.

［40］潘丽萍．高职学生学业规划体系创新研究［J］．中国职业技术教育，2013（32）：104-106.

［41］蒲晓婷．基于生涯发展理论的大学生就业能力开发研究［D］．西安：西安工程大学硕士学位论文，2016.

［42］沈之菲．生涯心理辅导［M］．上海：上海教育出版社，2001.

［43］石青竹．从大学生就业难视角谈关于大学生职业生涯规划的几点思考［J］．齐齐哈尔师范高等专科学校学报，2016（6）：99-101.

［44］宋健，白之羽．城市青年的职业稳定性及其影响因素——基于职业生涯发展阶段理论的实证研究［J］．人口研究，2012，36（6）：46-56.

［45］宋君卿，王鉴忠．职业生涯管理理论历史演进和发展趋势［J］．生产力研究，2008（23）：129-131.

［46］宋媛．浅论大学生职业规划与有效就业［J］．西安文理学院学报，2016（3）：110-112.

［47］谭福成．大学生创业成功影响要素及有效规避风险的路径［J］．继续教育研究，2016（5）：29-31.

［48］唐爱华．大学生有效就业与气质类型的关系研究［J］．甘肃教育，2014（16）：24.

［49］陶礼军．基于职业锚理论的大学生择业观分析与对策研究——以绍兴市为例［J］．学术论坛，2013，36（12）：210-213.

［50］王娜．大学生学习能力的培养及提升路径［J］．经营管理者，2010（8）：317.

［51］王强．高校大学生职业素养提升路径构建与研究［J］．文教资料，

2017（17）：160-167.

[52] 王文博. 大学学习学 [M]. 北京：中国纺织出版社，1996.

[53] 翁清雄，席酉民. 动态职业环境下职业成长与组织承诺的关系 [J]. 管理科学学报，2011，14（3）：48-59.

[54] 吴薇，刘继亮. 大学生职业规划的现状及对策思考 [J]. 中国大学生就业，2007（16）：116-117.

[55] 吴志功，乔志宏. 美国大学生生涯发展与就业指导理论评述 [J]. 比较教育研究，2004（6）：52-55，61.

[56] 肖干，齐雪. 堆状决策情境下的大学生职业生涯决策 [J]. 中国软科学，2011（S1）：30-34.

[57] 谢志远. 关于培养大学生就业能力的思考 [J]. 教育发展研究，2005（1）：90-92

[58] 徐辉. 试论在职业锚理论指导下开展大学生创业教育 [J]. 黑龙江高教研究，2009（8）：102-104.

[59] 徐松美. 社会学习理论视域下的大学生就业教育探析 [J]. 中国青年政治学院学报，2014，33（3）：56-59.

[60] 颜亮. 生涯发展阶段理论视角下的医学本科生就业教育理论与实践探究 [J]. 教育与职业，2013（15）：118-120.

[61] 颜苏勤. 培养职业兴趣开发自身潜能 [J]. 成才与就业，2012（Z3）：104-106.

[62] 杨铖，吴泽俊. 大学生素质拓展计划的实践探索：职业生涯规划的视角——以南昌工程学院为例 [J]. 职教论坛，2014（14）：38-41.

[63] 杨英，龙立荣. SWOT 分析法在职业生涯决策中的运用 [J]. 华东经济管理，2005（2）：81-84.

[64] 姚金凤，张芬，曹婧. 从成功创业大学生人格特质视角谈高校创业教育 [J]. 苏州教育学院学报，2016（6）：93-96.

[65] 于泳红，姚柏林. 气质类型与大学生职业决策困难的关系研究 [J]. 中外企业家，2013（12）：137-139.

[66] 袁明锋，钟永淑. 在校大学生职业生涯探索与自我导航分析 [J]. 教育与职业，2011（26）：85-86.

[67] 曾维希，张进辅. MBTI 人格类型量表的理论研究与实践应用 [J]. 心理科学进展，2006（2）：255-260.

[68] 张博. 大学生学业规划目标的有效性研究 [J]. 中国成人教育，2013（11）：26-27.

［69］张海宁．女研究生择业困境的出路：特质因素理论的分析视角［J］. 河北师范大学学报（教育科学版），2008（4）：65-67.

［70］张辉．基于职业生涯规划的就业启航模式研究［J］．教育与职业，2014（21）：87-88.

［71］张军．职业生涯规划与大学生就业能力提升［J］．现代企业教育，2011（2）：185-186.

［72］张澜．霍兰德职业人格与大学生职业选择新探［J］．人民论坛，2012（36）：174-175.

［73］张氢．大学生职业生涯规划实效性探析［J］．黑龙江高教研究，2009（9）：163-165.

［74］张清芳．服务视角下大学生职业生涯规划发展的路径研究［J］．江苏高教，2014（2）：123-124.

［75］张瑞．现阶段我国大学生就业存在的问题及对策研究［D］．南京：南京工业大学硕士学位论文，2016.

［76］张守祥．正确认识和判断当前职业教育的发展环境［J］．安徽大学学报，2006（4）：153-156.

［77］张添洲．生涯发展与规划［M］．台北：五南图书出版公司，1993.

［78］张翔云．职业价值观教育内容构建［J］．职教论坛，2014（5）：85-88.

［79］张铮．大学生职业生涯决策分析与干预策略［J］．继续教育研究，2014（8）：69-71.

［80］赵小云，薛桂英．大学生生涯适应力现状及其与生涯决策风格的关系［J］．现代教育管理，2010（10）：119-122.

［81］郑晓明．"就业能力"论［J］．中国青年政治学院学报，2002（3）：91-92.

［82］周洁，黄令．职业生涯决策困难研究述评——基于职业心理学视角［J］．职业技术教育，2008，29（13）：75-77.

［83］周喜英．高校学生职业规划与成长成才的研究［J］．中外企业家，2014（8）：149，151.

［84］朱辉荣．论MBTI性格测评在创新人才选拔中的应用［J］．黑龙江高教研究，2011（12）：129-131.

［85］朱祥勇．生涯发展教育的实践研究［J］．中国教育学刊，2013（S4）：84-85.

大学生就业能力结构调查问卷
（人力资源管理专业）

第一部分：基本信息

1. 您的性别：○男　○女
2. 您的年龄：○18~25 岁　○26~30 岁　○31~40 岁　○41~50 岁
3. 您目前工作的行业：

○IT/软硬件服务/电子商务/因特网运营

○快速消费品（食品/饮料/化妆品）

○批发/零售　　○服装/纺织/皮革　　○家具/工艺品/玩具

○教育/培训/科研/院校　　○家电

○通信/电信运营/网络设备/增值服务

○制造业　　○汽车及零配件　　○餐饮/娱乐/旅游/酒店/生活服务

○办公用品及设备　　○会计/审计　　○法律　　○农业/渔业/林业

○银行/保险/证券/投资银行/风险基金

○电子技术/半导体/集成电路　　○仪器仪表/工业自动化

○贸易/进出口　　○机械/设备/重工

○制药/生物工程/医疗设备/器械　　○医疗/护理/保健/卫生

○广告/公关/媒体/艺术　　○出版/印刷/包装

○房地产开发/建筑工程/装潢/设计　　○物业管理/商业中心

○中介/咨询/猎头/认证　　○航天/航空/能源/化工

○交通/运输/物流　　○其他行业

229

4. 您目前的职业：

○人力资源（招聘）　　　○人力资源（其他模块）　　　○顾问/咨询

○管理人员　　○专业人士（如猎头等）　　　○教师

○生产人员　　○销售人员　　○市场/公关人员　　○客服人员

○行政/后勤人员　　○财务/审计人员　　○文职/办事人员

○技术/研发人员　　○其他

5. 您的工作年限：

○1年以下　　○1~3年　　○3~5年　　○5年以上

第二部分：就业能力

您认为在人力资源管理专业学生求职、就业和实际工作过程中，以下就业能力符合各维度能力指标的数字代表的含义为：1＝极不重要；2＝不重要；3＝中等；4＝较为重要；5＝十分重要。

6. 维度一：个人素质。

	1	2	3	4	5
主动性	○	○	○	○	○
吃苦耐劳	○	○	○	○	○
诚实守信	○	○	○	○	○
就业动机	○	○	○	○	○
创新精神	○	○	○	○	○
奉献精神	○	○	○	○	○
责任意识	○	○	○	○	○
协作意识	○	○	○	○	○
竞争意识	○	○	○	○	○

7. 判断替换：写出您认为在"维度一：个人素质"这一维度中不合适的指标，以及您认为应该具备但"维度一：个人素质"中未曾列入的指标。

8. 维度二：专业知识。

	1	2	3	4	5
外语水平	○	○	○	○	○

续表

	1	2	3	4	5
数据分析	○	○	○	○	○
法律知识	○	○	○	○	○
管理类知识	○	○	○	○	○
心理学类知识	○	○	○	○	○
办公和专业软件应用	○	○	○	○	○

9. 判断替换：写出您认为在"维度二：专业知识"这一维度中不合适的指标，以及您认为应该具备但"维度二：专业知识"中未曾列入的指标。

10. 维度三：基本能力。

	1	2	3	4	5
决策力	○	○	○	○	○
执行力	○	○	○	○	○
分析能力	○	○	○	○	○
沟通能力	○	○	○	○	○
学习能力	○	○	○	○	○
应变能力	○	○	○	○	○
抗压能力	○	○	○	○	○
人际交往能力	○	○	○	○	○
文字表达能力	○	○	○	○	○
语言表达能力	○	○	○	○	○
逻辑思维能力	○	○	○	○	○
独立工作能力	○	○	○	○	○

11. 判断替换：写出您认为在"维度三：基本能力"这一维度中不合适的指标，以及您认为应该具备但"维度三：基本能力"中未曾列入的指标。

12. 维度四：专业能力。

	1	2	3	4	5
组织能力	○	○	○	○	○
适应能力	○	○	○	○	○
社会活动能力	○	○	○	○	○
信息收集能力	○	○	○	○	○
信息处理能力	○	○	○	○	○
自我推销能力	○	○	○	○	○
职业规划能力	○	○	○	○	○
自我激励能力	○	○	○	○	○

13. 判断替换：写出您认为在"维度四：专业能力"这一维度中不合适的指标，以及您认为应该具备但"维度四：专业能力"中未曾列入的指标。

14. 根据工作经历，您认为人力资源管理专业学生还有哪些欠缺的就业能力？

MBTI 性格倾向测验

要求：每题考虑的时间不得超过 10 秒钟。每 7 题为一部分找出你选择最多的那个字母，按顺序进行排列。（记录）

（1）你倾向从何处得到力量？

（E）别人。

（I）自己的想法。

（2）当你参加一次社交聚会时，你会：

（E）在夜色很深时，一旦你开始投入，也许就是最晚离开的那一个。

（I）在夜晚刚开始的时候，我就疲倦了，并且想回家。

（3）下列哪一件事听起来比较吸引你？

（E）与情人到有很多人的地方，且到社交活动频繁的地方。

（I）待在家中与情人做一些特别的事情，例如，观赏一部有趣的录影带并享用你最喜欢的外卖食物。

（4）在约会中，你通常：

（E）整体来说很健谈。

（I）较安静并保留，直到你觉得舒服。

（5）过去，你遇见你大部分的异性朋友是：

（E）在宴会、工作、休闲活动、会议中或当朋友介绍我给他们的朋友时。

（I）通过私人的方式，例如，个人广告或是由亲密的朋友和家人介绍。

（6）你倾向拥有：

（E）很多认识的人和很亲密的朋友。

（I）一些很亲密的朋友和一些认识的人。

（7）过去，你的朋友和同事倾向对你说：

（E）你难道不可以安静一会儿吗？

（I）可以请你从你的世界中出来一下吗？

（8）你倾向通过以下哪种方式收集信息？

（N）你对有可能发生的事富于想象和期望。

（S）你对目前状况的实际认知。

（9）你倾向相信：

（N）你的直觉。

（S）你直接的观察和现成的经验。

（10）当你置身于一段关系中时，你倾向相信：

（N）永远有进步的空间。

（S）若它没有被破坏，不予修补。

（11）当你对一个约会觉得放心时，你偏向谈论：

（N）未来，关于改进或发明事物和生活的种种可能性。例如，你也许会谈论一个新的科学发明，或用一个更好的方法来表达你的感受。

（S）实际的、具体的、关于"此时此地"的事物。例如，你也许会谈论品酒的好方法，或你即将要参加的新奇旅程。

（12）你是以下哪种人？

（N）喜欢先综观全局。

（S）喜欢先掌握细节。

（13）你是以下哪种类型的人？

（N）与其活在现实中，不如活在想象里。

（S）与其活在想象里，不如活在现实中。

（14）你通常：

（N）偏向于去想象一大堆关于即将来临的约会的事情。

（S）偏向于拘谨地想象即将来临的约会，只期待让它自然地发生。

（15）你倾向如此做决定：

（F）首先依你的心意，然后依你的逻辑。

（T）首先依你的逻辑，然后依你的心意。

（16）你倾向比较能够察觉到：

（F）当人们需要情感上的支持时。

（T）当人们不合逻辑时。

（17）当和某人分手时：

（F）你通常让自己的情绪深陷其中，很难抽身出来。

（T）虽然你觉得受伤，但一旦下定决心，你会直截了当地将过去恋人的影子甩开。

（18）当与一个人交往时，你倾向于看重：

（F）情感上的相容性：表达爱意和对另一半的需求很敏感。

（T）智慧上的相容性：沟通重要的想法；客观地讨论和辩论事情。

（19）当你不同意情人的想法时：

（F）你尽可能地避免伤害对方的感情；若是会对对方造成伤害的话，你就不会说。

（T）你通常毫无保留地说话，并且对情人直言不讳，因为对的就是对的。

（20）认识你的人倾向形容你为：

（F）热情和敏感。

（T）逻辑和明确。

（21）你把大部分和别人的相遇视为：

（F）友善及重要的。

（T）另有目的。

（22）若你有时间和金钱，你的朋友邀请你到国外度假，并且在前一天才通知，你会：

（J）必须先检查你的时间表。

（P）立刻收拾行装。

（23）在第一次约会中：

（J）若你所约的人来迟了，你会很不高兴。

（P）一点儿都不在乎，因为你自己常常迟到。

（24）你偏好：

（J）事先知道约会的行程：要去哪里、有谁参加、你会在那里多久、该如何打扮。

（P）让约会自然地发生，不做太多事先的计划。

（25）你选择的生活充满着：

（J）日程表和组织。

（P）自然发生和弹性。

（26）哪一项较常见：

（J）你准时出席而其他人都迟到。

（P）其他人都准时出席而你迟到。

（27）你是一个喜欢……的人：

（J）下定决心并且做出最后肯定的结论。

（P）放宽你的选择并且持续收集信息。

（28）你是以下哪种类型的人？

（J）喜欢在一段时间里专心于一件事情直到完成。

（P）享受的同时进行好几件事情。

职业价值观测验

　　下面有 52 道题目，每个题目都有 5 个备选答案，请根据自己的实际情况或想法，在题目后面圈出相应字母，每题只能选择一个答案。通过测验，你可以大致了解自己的职业价值观念倾向。

　　A. 非常重要　B. 比较重要　　C. 一般　D. 较不重要　　E. 很不重要

　　（1）你的工作必须经常解决新的问题。

　　（2）你的工作能为社会福利带来看得见的效果。

　　（3）你的工作奖金很高。

　　（4）你的工作内容经常变换。

　　（5）你能在你的工作范围内自由发挥。

　　（6）工作能使你的同学、朋友非常羡慕你。

　　（7）工作带有艺术性。

　　（8）你的工作能使人感觉到你是团体中的一分子。

　　（9）不论你怎么干，你总能和大多数人一样晋级和涨工资。

　　（10）你的工作使你有可能经常变换工作地点、场所或方式。

　　（11）在工作中你能接触到各种不同的人。

　　（12）你的工作上下班时间比较随便、自由。

　　（13）你的工作使你不断获得成功的感觉。

　　（14）你的工作赋予你高于别人的权力。

　　（15）在工作中，你能试行一些自己的新想法。

　　（16）在工作中你不会因为身体或能力等因素，被人瞧不起。

　　（17）你能从工作的成果中，知道自己做得不错。

　　（18）你的工作经常要外出、参加各种集会和活动。

　　（19）只要你干上这份工作，就不再被调到其他意想不到的单位和工种上去。

（20）你的工作能使世界更美丽。

（21）在你的工作中，不会有人常来打扰你。

（22）只要努力，你的工资会高于其他同年龄人，升级或涨工资的可能性比干其他工作大得多。

（23）你的工作是一项对智力的挑战。

（24）你的工作要求你把一些事务管理得井井有条。

（25）你的工作单位有舒适的休息室、更衣室、浴室及其他设备。

（26）你的工作有可能结识各行各业的知名人物。

（27）在你的工作中，能和同事建立良好的关系。

（28）在别人眼中，你的工作是很重要的。

（29）在工作中你经常接触到新鲜的事物。

（30）你的工作使你能常常帮助别人。

（31）你在工作单位中，有可能经常变换工作。

（32）你的作风使你被别人尊重。

（33）同事和领导人品较好，相处比较随便。

（34）你的工作会使许多人认识你。

（35）你的工作场所很好，比如有适度的灯光，安静、清洁的工作环境，甚至恒温、恒湿等优越的条件。

（36）在工作中，你为他人服务，使他人感到很满意，你自己也很高兴。

（37）你的工作需要计划和组织别人的工作。

（38）你的工作需要敏锐的思考。

（39）你的工作可以使你获得较多的额外收入，比如：常发实物、常购买打折扣的商品、常发商品的提货券、有机会购买进口货等。

（40）在工作中你是不受别人差遣的。

（41）你的工作结果应该是一种艺术而不是一般的产品。

（42）在工作中不必担心会因为所做的事情领导不满意，而受到训斥或经济惩罚。

（43）在你的工作中能和领导有融洽的关系。

（44）你可以看见你的努力工作的成果。

（45）在工作中常常要你提出许多新的想法。

（46）由于你的工作，经常有许多人来感谢你。

（47）你的工作成果常常能得到上级、同事或社会的肯定。

（48）在工作中，你可能做一个负责人，虽然可能只领导很少几个人，你信奉"宁做兵头，不做将尾"的俗语。

（49）你从事的那种工作，经常在报刊、电视中被提到，因而在人们的心目中很有地位。

（50）你的工作有数量可观的夜班费、加班费、保健费或营养费。

（51）你的工作比较轻松，精神上也不紧张。

（52）你的工作需要和影视、戏剧、音乐、美术、文学等艺术打交道。

评分与评价标准

上面的 52 道题分别代表 13 项工作价值观。每圈一个 A 得 5 分、B 得 4 分、C 得 3 分、D 得 2 分、E 得 1 分。请你根据下面附表 1 中每一项前面的题号，计算一下每一项的得分总数，并把它填在每一项的得分栏上，然后依次列出得分最高和最低的三项。

附表 1　评分与评分标准

价值观	题号	总分	说明
利他主义	2，30，36，46		工作的目的和价值，在于直接为大众的幸福和利益尽一份力
美感	7，20，41，52		工作的目的和价值，在于能不断地追求美的东西，得到美感的享受
智力刺激	1，23，38，45		工作的目的和价值，在于不断进行智力的操作，动脑思考，学习以及探索新事物，解决新问题
成就感	13，17，44，47		工作的目的和价值，在于不断创新、不断取得成就、不断得到领导与同事的赞扬，或不断实现自己想要做的事
独立性	5，15，21，40		工作的目的和价值，在于能充分发挥自己的独立性和主动性，按自己的方式、步调或想法去做，不受他人的干扰
社会地位	6，28，32，49		工作的目的和价值，在于所从事的工作在人们的心目中有较高的社会地位，从而使自己得到别人的重视与尊敬
管理	14，24，37，48		工作的目的和价值，在于获得对他人或某事物的管理支配权，能指挥和调遣一定范围内的人或事物
经济报酬	3，22，39，50		工作的目的和价值，在于获得优厚的报酬，使自己有足够的财力去获得自己想要的东西，使生活过得较为富足
社会交际	11，18，26，34		工作的目的和价值，在于能和各种人交往，建立比较广泛的社会联系和关系，甚至能和知名人物结识
安全感	9，16，19，42		不管自己能力怎样，希望在工作中有一个安稳局面，不会因为奖金、涨工资、调动工作或领导训斥等经常提心吊胆、心烦意乱

续表

价值观	题号	总分	说明
舒适	12, 25, 35, 51		希望能将工作作为一种消遣、休息或享受的形式，追求比较舒适、轻松、自由、优越的工作条件和环境
人际关系	8, 27, 33, 43		希望一起工作的大多数同事和领导人品较好，相处在一起感到愉快、自然，认为这就是很有价值的事，是一种极大的满足
变异性	4, 10, 29, 31		希望工作的内容应该经常变换，使工作和生活显得丰富多彩，不单调枯燥

资料来源：Super D. E. Career Education and the Meaning of Work［M］. Washington DC：The office of career education（U. S. Office of education），1976.

得分最高的三项代表你最看重的三个职业价值观，在选择专业和职位时要考虑能否满足这三项价值观的要求。

后 记

　　《大学生职业导航》一书终于封笔。貌似匆匆，其实已经过去两年多时间，远超最初的设想。两年多来，多少困惑、多少纠结、多少煎熬、多少向往。多少次放下笔，因为复杂的现实活动实在难以捋出理想的理论范式；又多少次捡起笔，伴随着同伴、编辑的鼓励继续写下去。无他，只因为大学生择业就业的话题，实在是多年来摆在高校教育出口处的一大难题；还因为职业导航这个项目，是作者身为高校教师一直希望为学生做的一件事情。以企业岗位要求作为学生就业目标，以就业目标导向设计人才培养方案，将市场需求引导人才培养的思路通过具体项目落实下来，这是本书写作的初始设计，也是最终目的。

　　本书编写工作主要由梁栩凌、廉串德和韩圣完成。梁栩凌与廉串德在主导大学生导航项目的过程中产生了编书立说的想法，并经反复商讨设计了全书框架、拟定了内容概要。上篇由廉串德与韩圣完成，中篇由梁栩凌完成，下篇由梁栩凌主持完成。北京信息科技大学聂铁力老师与北京师范大学珠海校区王立华、何建华老师分别编写了实务篇的两个案例，王璐、李响、汤怡凡和梅云朗为研究篇的写作做出了极大贡献，刘莹莹、李笑与周澳佳为本书资料收集做了大量工作。

　　本书编写和出版过程中，经济管理出版社杨雪编辑给予了帮助和支持，多次探讨，多次督促。从某种意义上说，没有杨编辑的帮助和支持，就没有这本书今天的问世。这里谨向杨编辑致以诚挚的感谢！

　　导航活动初期，河北师范大学商学院人力资源管理专业为我们提供了"大学生发展手册"的最初样本，我们在这里对兄弟院校的友情分享表示衷心感谢。

　　本书写作过程中参阅了大量书籍文献，参考文献已在书中列示，这里向文献作者表示感谢。

梁栩凌

2019 年 7 月